J'entendais, je voyais, je respirais,
comme je n'avais jamais fait
jusqu'alors.

SPRING 野

更具体地生长

All This Wild Hope

若我们不那么经常体认到幸福，
是因为它并非总以我们预期的面目出现。

一个可能很快就凋萎的桂冠，
我一点都不想要。

André Gide
1869—1951

Si le grain
ne meurt

如果种子不死

André Gide

[法] 安德烈·纪德　著

严慧莹　译

GUANGXI NORMAL UNIVERSITY PRESS
广西师范大学出版社
·桂林·

图书在版编目（CIP）数据

　　如果种子不死 / （法）安德烈·纪德著；严慧莹译.
桂林：广西师范大学出版社，2025.4（2025.6重印）.
（纪德人生三部曲）. -- ISBN 978-7-5598-7849-6

　　I. K835.655.6

　　中国国家版本馆CIP数据核字第20258J6J40号

RUGUO ZHONGZI BUSI
如果种子不死

作　　者：（法）安德烈·纪德
责任编辑：彭　琳
特约编辑：王一婷　赵　晴
装帧设计：汐　和　at compus studio
封面图片：周雨晨
内文制作：陆　靓

广西师范大学出版社出版发行

　（广西桂林市五里店路 9 号　邮政编码：541004

　　网址：www.bbtpress.com

出版人：黄轩庄

全国新华书店经销

发行热线：010-64284815

北京启航东方印刷有限公司印刷

开本：889mm×1260mm　　1/64

印张：8.125　　　　字数：200千

2025年4月第1版　　2025年6月第4次印刷

定价：66.00元

如发现印装质量问题，影响阅读，请与出版社发行部门联系调换。

目　录

TABLE DES MATIÈRES

Si le grain
ne meurt

"我是异端中的异端"

安德烈·纪德

André Gide

诺贝尔文学奖授奖辞及领奖辞

"我实实在在地告诉你们：
一粒麦子不落在地里死了，仍旧是一粒；
若是死了，就结出许多子粒来。"

《约翰福音》第 12 章第 24 节

1947 年，安德烈·纪德被授予诺贝尔文学奖，表彰其内容广博且极具艺术质地的著作，以对真理无畏的热爱和敏锐的心理洞见，呈现了人类的种种问题与处境。

翻开安德烈·纪德横跨半个世纪的日记，第一页中，年仅二十岁的作者身处拉丁区一栋大楼的七层，为他所属的青年团体"象征派"寻找集会地点。他望向窗外，看到塞纳河与巴黎圣母院沐浴在秋日黄昏的余晖之中，不禁感到自己就像巴尔扎克小说中的主人公拉斯蒂涅[1]一样，正准备征服脚下这座城市："现在，就看咱俩的了！"不过，纪德豪情万丈地踏上了一条漫长而曲折的前行之路，从不曾满足于轻易得来

---

[1] 贯穿《人间喜剧》系列小说的主线人物之一，巴尔扎克笔下罕见地能靠个人奋斗爬到欲望最高峰的青年野心家，一个典型的法兰西新贵族人物形象。——若非特殊说明，本书注释皆为译者注

的胜利。

　　今天，这位七十八岁的作家被授予诺贝尔文学奖。他始终是一位备受争议的人物。职业生涯伊始，纪德率先成为精神危机的代言人，如今，他已然跻身法国最知名的文学家之列，其作品经久不衰的影响力跨越世代。他最早的作品于十九世纪九十年代问世，最近一部作品则于一九四七年春季发表。他的作品清晰地勾勒出欧洲精神史上一个极为重要的阶段，也为他漫长的一生奠定了某种戏剧性的底色。也许有人会问，为何其作品的重要性直到最近才被广泛承认——安德烈·纪德无疑属于这样一类作家，对他们的充分认知需要长远的视角和能够容纳事物辩证发展的三段论结构的充足空间。与同时代的作家相比，纪德的自我中含有许多彼此对立的成分，他是名副其实的普洛透斯[1]，形体变化万千，天性中的两极不知疲倦地碰撞，

---

[1] 普洛透斯是古希腊神话中的一位神祇，通常被描绘为海神波塞冬的随从，具有预言的才能和自由变换形体的本领。

激发出耀眼的火花。因此，他的作品以一种持续不断的对话状态呈现在我们面前，其中，信仰与怀疑交锋，禁欲主义与无畏的爱对峙，约束与自由相互角力。甚至，他的生活本身也是流动而多变的；他于一九二七年前往刚果，一九三五年前往苏联——仅举这两个知名的例子，就足以证明他并非安于一隅的文人。

纪德出身于新教家庭，后者赋予他的社会地位使他能够自由地探索自己的使命，并比多数人更有条件专注于个性的培养和内在精神的发展。他在一九二四年出版的著名回忆录作品中描述了自己的成长环境，书名《如果种子不死》典出《约翰福音》，代表种子在结出果实之前必须死去。尽管他曾对自己接受的清教徒教育做出强烈的反抗，但他一生不遗余力探讨的，皆为道德与宗教的根本问题，并且在某些时刻，以罕见的纯粹性阐释了基督之爱的讯息，尤其是一九○九年出版的小说《窄门》——这部作品足与拉辛的悲剧相提并论。

另一方面，在安德烈·纪德的作品中，我们发现了明显的"背德主义"的踪迹——这一概念常常被他的批评者曲解。实际上，它指的是自由的行为，"无动机"的行为，抛弃一切束缚、摆脱一切成规的行为，正如美国隐士梭罗所言，"最糟糕的便是贩卖灵魂"。我们应当牢记，纪德将某种与公序良俗相悖的行为定义为美德，曾面临相当的阻力。一八九七年出版的《地粮》是他早年的一次尝试，后来，他的立场有所转变，而他热情歌咏的种种欢愉则让人联想到南方土地上美味多汁却不耐贮藏的果实。他对读者和追随他的青年所发出的号召——"现在，扔掉我的书吧，离开我！"——由他自己率先在之后的作品中践行。然而，在《地粮》及其他作品中，给人留下最深刻印象的，仍然是他在散文的悠扬笛音中巧妙捕捉到的分离和回归的极致诗意。我们一次次重新发现着这种诗意，例如，在五月的一个清晨，他在布鲁萨的一座清真寺附近写下一篇简短的日记："啊！重新开始，不断再来！如痴如醉地感受这细胞间的细腻柔和，情感似乳汁般渗透……繁茂花园中的灌木，纯洁的玫瑰，梧桐树荫下慵懒的花蕾，难道你从不曾见证我的青春？从前？我身处其中的，究竟是回忆吗？坐在清真寺的一隅、呼吸着、爱着你的，真的是我吗？抑或我只是在梦中爱着你？……如果我是真实的，这只燕子会离我这么近吗？"

　　在纪德的小说、散文、游记和时评文章中，在他的作品为我们提供的奇特且不断变化的视角背后，我们总能发现同样轻盈的智慧、同样纯粹透亮的心灵，而承载它们的语言以最审慎的手法呈现出了最古典的澄澈，捕捉到了最微妙的变化。在此，我们无法深入讨论全部作品，只提著名的《伪币制造者》，这部发表于一九二六年的作品对一群法国青年进行了大胆深刻的剖析，以其新颖的创作手法，开辟了当代叙事艺术的全新方向。前文提及的回忆录也具有同等的重要性；纪德在书中以令人震动的诚实叙述自己的一生，不增添任何对自己有利的内容，也不隐藏任何令人不快的内容。卢梭曾不抱同样的目标，但不同的是，卢梭展示了自身的缺点，只因他深信所有人都像他一样邪恶。无人敢对他进行评判或谴责。纪德则干脆拒绝给予世人评判他的权利；他呼喊着更高的审判庭，更广阔的视野，让他在至高无上的上帝面前为自己辩护。因此，《圣经》中关于麦粒的神秘引文正蕴含着这部回忆录的深意，麦粒象征着人格：只要是有感知力的、深思熟虑的、以自我为中心的人格，都只能孤独地栖息，无法发芽；唯有接受死亡和嬗变的代价，才能获得新的生命，结出果实。纪德写道："我不认为有哪一种看待道德和宗教问题的方式，或面对这些问题时的行为方式，是我在生命的某个时刻不曾体验并据为己有的。事实上，我希望将所有的分歧加以调和，通过包容一切，将酒神狄奥尼索斯与太阳神阿波罗之间的争斗，交由基督来裁决。[1]"

这段声明揭示了纪德在思想上的多面性；他常常因此受到指责和误解，但从未因此背叛自己。他的哲学倾向是不惜一切代价的新生，不禁让人联想到凤凰涅槃的奇迹。

今时今日，我们满怀敬仰之情，流连于纪德作品中丰富的思想和重要的主题，自然而然地忽略了作者本人似乎乐于激发的、具有批判性的保留意见。即使到了晚年，他也从未主张完全、彻底地接纳过去的经历，或是得出确凿的结论。他最希望引发争论、提出质疑。纪德对后世产生的影响或许不会体现在对其作品的全然接受上，而更可能在围绕其作品的激烈争论中显形。他真正的伟大之处就在于此。

借由几乎无与伦比的大胆剖白，纪德的书写即为一场反叛。他希望与法利赛人[2]斗争，但

---

[1] 古希腊神话中，酒神狄俄尼索斯代表的是放纵、脱序，而太阳神阿波罗代表的是秩序、严谨。

[2] 法利赛人是古代犹太教的一个教派。《新约·马太福音》中，耶稣谴责他们表面上严格遵守律法，但行为充满伪善。

在缠斗中很难避免触犯某些人性中相对微妙的准则。我们应当牢记，这样的行动是一种对真理的热切追求，而蒙田和卢梭之后，对真理的热爱便成了法国文学的公理。纪德从来都是文学完整性的真正捍卫者，在人生的各个阶段，他坚信个体有权利，也有义务果敢而诚实地呈现内心的一切困惑。从这一角度来看，他漫长且丰富的创作活动，被各种方式所激励，蕴蓄着理想主义的价值。

安德烈·纪德先生由于健康原因未能到场，他对这一殊荣深表感激，他的奖项现在将交给法国大使阁下。

一九四七年十二月十日，在瑞典斯德哥尔摩市政厅举行的诺贝尔奖颁奖晚宴上，由于诺贝尔奖得主安德烈·纪德无法出席，其获奖致辞由法国大使加布里埃尔·皮奥代为宣读。

我既无法见证这个庄严的时刻，也无法用自己的声音表达感激之情。我不得不放弃一次注定愉快而富有教益的旅程，就不在此赘述我的遗憾之情了。

众所周知，我一向拒绝接受荣誉，至少是那些国家授予法国人民的荣誉。诸位，我必须承认，我怀着一种眩晕的心情接受了您们授予我的奖项——一位作家所能收获的至高殊荣。多年来，我一直以为自己是在荒野中高声疾呼，后来又以为自己仅仅在对极少数人讲话，但今天，您们向我证明，少数人的力量值得信赖，微末之焰也能燃尽荒原。

"我是异端中的异端"

先生们，在我看来，评委会的选票与其说是投给我的作品，不如说是投给推动我创作的独立精神，这种精神在我们的时代正遭受来自各方的攻击。您们不仅承认了这种精神，而且认为有必要保护和捍卫这种精神，这使我充满信心，内心被赋予了极大的满足。然而，我不禁想到，直到最近，法国还有一个人比我更能代表这种精神。我指的是保罗·瓦莱里，在与他长达半个世纪的友谊中，我对他的钦佩之情与日俱增。仅仅因为他已不在人世，否则今天站在这里接受表彰的应该是他。我常常说，我一直怀着多么友善的敬意，毫无保留地被他的天资折服。在他面前，我总觉得自己只是"人性的，太人性的"[1]。但愿对他的缅怀能够成为这场典礼的一部分，在我看来，随着周遭的黑

---

[1] 出自尼采的著作《人性的，太人性的》，书中探讨了人性的局限，同时寄希望于"自由精灵"，即更具超越性的，能够颠覆传统价值的智慧和才华。

暗愈加浓厚，他所代表的精神也愈发光彩夺目。您们今日为自由的精神加冕，并在这个暂时消除派系分歧、消弭一切边界的授奖时刻，为这种精神提供了罕见的光芒万丈的舞台。

（赵晴 译）

如果种子不死

Si le grain ne meurt

(1924)

是以哪个上帝之名、以何种理想典范，
能禁止我依照我的天性来活?

无论多么想忠于事实，
回忆录永远都只能呈现一半的真实，
因为一切都永远比说出口的更为复杂。
或许只有在小说中，才能更贴近真实。

第一部

Première Partie

让我全身充满光亮吧，
是的，光亮而轻盈！

安德烈·纪德，1874 年
André Gide en 1874.
Archives Fondation Catherine Gide.

I

我出生于一八六九年十一月二十二日。当时我父母住在美第奇街一套位于五楼或六楼的公寓里，几年之后搬离，所以那套公寓没给我留下什么印象。但是我记得公寓的阳台，或说是从阳台上看到的景物：正前方的广场和水池中的喷泉——更准确地说，我记得父亲为我剪的纸龙，我们从阳台投向空中，它们随风飘过广场水池上空，一直飞到卢森堡公园，被高高的栗树树枝截住。

我也记得一张很大的桌子，无疑是餐桌，铺着一块垂地的桌布，我和门房的儿子溜到桌布下，他和我同龄，有时会来找我玩。

"你们在下面搞什么鬼？"保姆大声问。

"没什么。我们在玩。"

我们把带到桌下当幌子的玩具大声晃动，其实我们玩的是别的：我们不是在一起玩，而是两人紧靠着，后来我才知道我们玩的是叫作

"坏习惯"的游戏。

我们两个当中，是谁教对方这个玩法的？是谁先开始？我不知道。必须承认，有时候小孩不必人教，自己就会发明这些游戏。至于我，我不记得到底有没有人教我，我又是如何发现了这种快感。在我记忆所及之处，它就已经存在了。

我知道说出这件事是个错误，也清楚会造成的后果，我已预感到人们或许会拿这件事来攻击我。但我的自传存在的唯一原因就是真实。就当我是因忏悔才写这本自传的吧。

在那个纯真的年纪，人们希望孩子的心灵只有透明、温柔、纯净，然而我在自己身上看见的，却只有忧郁、丑陋、阴险。

大人带我到卢森堡公园去，但我不肯和其他孩子一起玩，离得远远的，一脸忧郁，待在保姆身旁，看着其他孩子玩。他们用小桶装沙子，做了一排排漂亮的沙堆……趁保姆转过头的一瞬间，我冲过去踩塌了所有沙堆。

　　我下面要叙述的另一件事更奇怪，可能因为奇怪，我反倒觉得没那么可耻。后来我母亲常常跟我提起这件事，她的叙述让我的记忆更为鲜明。

　　这件事发生在于泽斯，我们每年去一次，探望我祖母以及其他几个亲戚，其中包括弗洛家的堂兄妹，他们在市中心有一栋带花园的古老房子。这件事就发生在弗洛家的这栋房子里。我堂姐长得非常美，她自己也知道这一点。她留着一头黑亮的长发，中分，服帖地垂在鬓角左右两侧，更衬托出她玉石雕刻般的侧面（我后来也看过她的照片）和晶莹白皙的肌肤。这皮肤晶亮的光泽，我记忆十分深刻，我更记得跟她见面的那一天，她穿着一件领口开得很低的连衣裙。

　　"快去亲吻堂姐问好。"我一走进客厅，母亲便说（我那时应该最多四五岁）。我走上前，弗洛堂姐一边把我拉向她，一边弯下身来，露出肩膀。我面对这晶莹的肌肤，不知发了什么疯。没有把嘴唇凑到她靠过来的脸颊上，而是被光滑的肩膀蛊惑，竟张嘴在上面狠狠咬了一口。堂姐痛得叫出声来，我也吓坏了，赶紧恶心地吐着口水。我很快被带走，大家都太过惊愕，甚至忘了惩罚我。

我找到一张那个时期的照片，我缩在母亲裙边，穿着一件可笑的格子长衫，脸上带着病态、恶意的神情，目光歪斜。

我六岁时，全家搬离美第奇街。我们的新公寓位于图尔农街二号二楼，靠着圣叙尔皮斯街的转角，父亲书房的窗户就对着这条街，我房间的窗户则朝着一个大院子。我记忆最深的是会客室，因为当我不去学校也不在房间里时，最常待在那里。母亲厌烦我围着她转个不停时，就会叫我去找"好朋友皮埃尔"玩，意思就是自个儿待着。会客室里五颜六色的地毯上印着许多硕大的几何图案，在地毯上和我那"好朋友皮埃尔"一起打弹珠真是有趣极了。

我有一个小网袋，用来装最漂亮的弹珠，

这些弹珠是一颗一颗得来的，不和其他普通弹珠混在一起。每次握在手里，我都醉心于它们的美丽：尤其一颗小的黑色玛瑙，上面有一条赤道和两条白色的回归线，还有一颗是半透明的光玉髓，浅贝壳色，是我拿来当母弹的珠子。另外装在一个大帆布袋里的，是一堆有时输掉、有时赢回来的灰色弹珠，后来我找到真正的玩伴一起玩弹珠时，就拿它们做赌注。

另一个令我乐此不疲的玩具，是人们称为万花筒的神奇东西。那是一个像望远镜一样的器具，眼睛凑上去看时，它的底端会显现出不停转换的玫瑰图形，是由密封在两片透明玻璃片里的许多彩色玻璃碎片移动组成的。万花筒里嵌着好几面镜子，只消轻轻一转，就会折射出瑰丽的玻璃片变幻出的图案。玫瑰图形的变幻让我目眩神迷，难以言喻。我现在还清楚记得那些彩色玻璃片的颜色和形状：最大的一片是浅宝石红，三角形，因为它最重，总是先移动，牵动着其他玻璃片一起；还有一片是深石榴红，几乎呈圆形；一片镰刀状的翡翠色；一片黄玉色，形状我忘了；一片青玉色；还有三小片赤金色。它们从不会同时出现在图案里：有的完全被镜子后端的外缘挡住，有的只露出一半，唯有那片浅宝石红的，因为最重要，所以始终都在。堂姐妹们也喜欢看万花筒，但不像我这么有耐心，总是大力晃动一下，再观察完全变换过的图形。我不一样，我的眼睛紧盯着，一点点缓缓转动万花筒，欣赏玫瑰图形缓慢地变化。有时，一个小玻璃片轻柔的变动，就会使整个图形彻底翻转。我既好奇又惊讶，很快就想拆开万花筒一探究竟。我剥下底端的玻璃，一一拿出里面的玻璃片，从厚纸板管子里抽出三面镜子，之后再组装回去，但只放回三四片有颜色的玻璃片。图形的变化少了，也不再令我惊讶，但是我能清清楚楚地看到每一种变化的轨迹了，这让我明白了乐趣的来源！

然后，我兴致来了，拿一些千奇百怪的东西替代小玻璃片装进去，例如鹅毛笔的笔尖、苍蝇翅膀、一截火柴、一根草。结果弄得黑乎乎，一点都不缤纷，但因为镜子的反射，仍会出现美丽的几何图形……总之，我对这个游戏乐此不疲，玩上几小时、几天都不厌倦。我相信今日的孩子不识其中乐趣，所以我花了这么多笔墨来描写。

我幼年时的其他游戏，如单人纸牌、移印画、积木，都是一个人玩的游戏。我没有任何玩伴……噢，有一个小朋友，但可惜，他并不是玩伴。玛丽带我去卢森堡公园时，我经常看见一个和我同年纪的孩子，纤弱、斯文、安静，苍白的脸被一副大眼镜遮住了一半，镜片之厚，根本看不清后面的眼睛。我不记得他的名字了，也或许我从不知道他的名字。我们都叫他"羊咩咩"，因为他穿一件白色羊毛大衣。

"羊咩咩，您为什么戴眼镜？"（我记得没有对他用平语。）

"我眼睛有毛病。"

"让我看看。"

他摘下那恐怖的镜片，他可怜、迷离、眨动着的眼睛让我心中一阵刺痛。

我们并不一起玩，除了手牵着手，一句话不说地散步之外，我不记得我们还做过其他事。

这段最初的友谊持续得不久。羊咩咩再也不来了。啊！自此之后，卢森堡公园如此寂寥！……但我真正的绝望，是从明白羊咩咩瞎了的时候开始的。玛丽在附近遇到那小男孩的保姆，之后对我母亲转述了她们的对话；她低声地说，怕我听到，但我还是听到了这几个字："他现在连嘴巴在哪儿都找不到了！"这当然是句无理而可笑的话，我也立刻意识到了，因为要吃东西，何须用眼睛找嘴巴的位置？可我听了很难过。跑回房间里哭泣，之后好几天我都试着把眼睛闭紧，闭着眼睛走路，努力体会羊咩咩必须承受的感觉。

我父亲忙着准备法学院的课程，无暇照顾我。一天中大半时间，他都关在那间有点昏暗的大书房里，除非他邀我，否则我不能随便进他的书房。一张父亲的照片让我回忆起他的模样：一把修剪成四方形的胡子，长而卷曲的黑发，若非这张照片，我对父亲的记忆就只有他极度的温和。后来母亲告诉我，同事们昵称他为"君子"；我又从他的一位同事那儿得知，大家经常向他请教问题。

我对父亲既崇拜又有点畏惧，书房的严肃气氛又让我的敬畏添了几分。我走进他的书房像踏进神庙，暗影里的书架像神龛一般矗立，华丽的深色厚地毯吸收了我的脚步声。一个斜面书架放在两扇窗户中的一扇旁边，书房中央有一张很大的桌子，桌上摆满书和纸张。父亲找出一本厚厚的书，好像是《勃艮第风俗志》或《诺曼底风俗志》，是厚重的对开本，他把书摊开在扶手椅的扶手上，和我一起逐页翻看，直到碰到蛀虫辛劳工作的痕迹。那是身为法学家的父亲之前查阅书中的一篇古文时看见的，他赞赏蛀虫咬出的这些秘密而曲折的通道，不禁说："嘿！我的孩子看到这个一定觉得有趣。"我的确觉得很有趣，但那也是因为他的反应加深了我的趣味。

但是我对书房的记忆，还是与父亲让我在那里读的书息息相关。关于这一点，他的看法很独特，我母亲并不认同，我经常听见他们俩讨论，对一个幼童的脑袋，应该灌输什么养料才合适。关于顺从，也有这样类似的讨论，母亲认为孩子不必了解过多，先顺从即可，父亲却一直主张要对我解释一切。我记得很清楚，母亲把我比喻为希伯来子民，在得到恩宠之前，最好先经受虔诚法规的洗礼。今日，我觉得母亲是对的；但在当时，我经常不服从她，老是跟她争辩，而只要父亲一开口，我就会百依百顺。我认为他的教育方式应该是顺应心性，而非按照方法，所以他教导我的那些让我惊奇、欢喜的事物，也都是他自己所欢喜或为之惊奇的。那个时代，法国的儿童读物根本不适合孩子阅读，我相信他若看到我之后阅读的那些书籍，例如塞居尔夫人[1]的著作，一定很不以为然。我必须承认，当时我和那个时代所有儿童一样，对那些读物带着愚蠢的兴趣，看得津津有味。幸而，这些还是比不上先前听父亲给我念书所带来的乐趣，他念莫里哀戏剧中的某一幕、《奥德赛》或《帕特林的闹剧》[2]里的片段、辛巴达或阿里巴巴的冒险故事，以及莫里斯·桑《面具与小丑》[3]里介绍的意大利喜剧中的一些滑稽故事，那本书里介绍的丑角阿勒坎、科隆班、波利凯尼、皮埃罗我都好喜欢，借着父亲的声音，我好像能听到他们之间的对话。

这些阅读经验如此成功，使父亲对我的信

---

[1] 指塞居尔伯爵夫人（Comtesse de Ségur），法国著名女作家，法国儿童文学的开创者，代表作有《苏菲的烦恼》等。

[2] 一部 15 世纪法国闹剧作品，其起源仍存在争议。

[3] 莫里斯·桑（Maurice Sand），法国作家、艺术家、昆虫学家，著名法国小说家乔治·桑的独子。他最为人所熟知的是研究喜剧作品的专著《面具与小丑》。

心如此之大，甚至于有一天开始念《约伯记》[1]
给我听。母亲说她也想参与，因此这次不是在
往常念书的书房里，而是在她觉得特别自在的
一间小客厅里进行的。当然，我不敢发誓说我
立即理解了这卷圣书之美，但可以确定的是，
这次诵读给我留下的最深刻印象，不仅是内容
的主严，还有父亲虔敬的声音和母亲的面部表
情。她不时闭上眼以便展现或守护她的虔诚静
思，只偶尔抬起眼看着我，眼神里充满了爱、
询问和希望。

　　某些夏季晴朗的晚上，若晚餐结束得不太
晚，父亲又没有太多工作，他会说：

　　"我的小朋友来和我一起散散步吗？"

　　他一向把我叫作"我的小朋友"。

　　"你们会乖乖的，对不对？"母亲说，"别太
晚回来哟。"

　　我喜欢和父亲一起出门，因为他很少有时

[1]　《圣经·旧约》的一卷，被公认为《圣经》中最美的书卷之一，
　　其序幕与尾声为叙事散文，中间为长篇诗歌。

间照顾我，我们一起做过的不多的事都带着一种不寻常的、重要的、略微神秘的气息，让我欣喜迷醉。

我们一边玩着猜谜或同音异义字的游戏，一边沿着图尔农街往前走，然后穿越卢森堡公园，或是沿着公园外缘的圣米歇尔大道，一直走到连接着巴黎天文台的第二个公园。那时候，医药学院对面的荒地上还没有建筑，连医药学院都还不存在。现在这些六层的房屋，当时只是一些乱搭的临时棚子，卖旧衣服或是租售大小轮自行车的摊子。连接卢森堡公园的第二个公园，外面环着一圈铺着柏油或碎石子的空地，是大小轮自行车爱好者的领地。他们跨在这种取代了脚踏车的怪异且令人费解的机器上，转弯，迅速超过我们，消失在暮色里。我们赞羡他们的大胆和高雅姿态。维持这高大车身平衡的后方小轮小得几乎看不见，前方细窄的大轮子转啊转，骑在上面的人好似某种古怪而神奇的生物。

夜色降临，稍远处一家音乐咖啡馆的灯光将夜晚映照得格外明亮，音乐声吸引着我们。我们看不见煤气灯，只看到围篱上方透出的光把栗树照得怪异地发亮。我们走过去，围篱的木板并不严实，眼睛凑近两片木板间的缝隙，我看见一群黑压压的兴奋的观众上方，有一个令人讶异的舞台，一名女歌手在上面唱着庸俗的歌。

有时候我们还有时间，就回头再穿过偌大的卢森堡公园。过不多久就听见咚咚的鼓声，表示公园关门时间到了。最后一些散步者极不情愿地朝出口走去，公园管理员紧跟着他们，后方是宽阔无人的林荫道，无比神秘。那些夜晚，我与树影、瞌睡欲、怪异的感觉一同沉沉入梦。

我五岁时，父母亲送我到弗勒尔小姐以及拉克博埃夫人家上儿童初级课程。

弗勒尔小姐住在塞纳街 [1]。同我一样的年龄

---

[1] 见附录。——作者注

较小的孩子一脸惨白地看着字母或一页页文字时，那些大孩子——准确地说，是那些大女孩（弗勒尔小姐收了许多年纪稍大的女孩，男孩则只收年纪小的）——在兴奋地准备一出将在家长面前表演的话剧。她们准备的是《诉讼人》[1]里的一幕，正忙着试戴假胡子。我好羡慕她们能穿着戏服乔装，一定好玩极了。

至于拉克博埃夫人家，除了那架古老的拉姆斯登牌发电机之外，我什么都不记得了。那架机器令我好奇心痒，一个玻璃圆片上黏着许多小金属片，一个手摇把可以转动玻璃片。大家全不许碰这架机器，仿佛上头挂有高压电线杆上的警告牌："有生命危险"。一天，拉克博埃夫人想要转动机器发电，我们这些孩子围成一大圈，离得远远的，因为大家都很害怕，以为会看到女老师被电死，尤其她弯曲着食指去碰那个铜球时，手还微微发抖。但是最后并

---

[1] 拉辛创作于 1668 年的一部三幕喜剧。

没有一丁点火星冒出……啊！我们大大松了一口气。

我七岁时，母亲认为除了弗勒尔小姐和拉克博埃夫人的课程之外，还应加上高克琳小姐的钢琴课。我们从这个头脑简单的人身上，感受到的不是对艺术的热忱，而是赚钱糊口的亟需。她很瘦弱，脸色苍白，好像随时会昏倒。我想她应该经常吃不饱。

如果我听话，高克琳小姐会从小小的暖手套里拿出一张画片送我。画片本身很普通，我甚至不屑一顾。但它香香的，非常香，一定是放在暖手套里的缘故。画片我几乎看都不看，只是嗅着，然后放进画册里，和其他百货公司送顾客孩子的画片放在一起，但那些画片都没有香气。最近我打开画册给一个小侄子看，高克琳小姐的那些画片还残留着香气，把整本画册都薰香了。

我练习完音阶、琶音，学习了一些乐理，反复弹了几段"传统钢琴练习曲"之后，就把位置让给母亲，换她坐在高克琳小姐旁边。我相信母亲是因为谦虚才从不单独弹琴，但是双人合奏时，她多么有兴致！她们弹的通常是海顿某首交响曲中的某个乐章，尤其是最后的乐章，因为她认为最后的章节节奏较快，需要表达的情感较少。愈弹到结尾时她的节奏愈是加快，从头到尾都大声数着拍子。

我长大一些之后，高克琳小姐不来家里授课了，换成我去她家上课。她和她姐姐同住一间很小的公寓，她姐姐好像是残疾或弱智，需要她照顾。公寓里头一间房充作餐厅，里面有一个大鸟笼，装满了梅花雀，钢琴放在后面那一间，高音部分有些琴键走调非常严重，因此双人演奏时我总不太想弹高音部分。高克琳小姐当然知道我为什么厌恶弹高音，就用埋怨的语气漫不经心地说："得找调音师来了。"就像对某个精灵下命令似的，但是精灵从未理会过。

每年夏季，我父母都会到卡尔瓦多斯省的

拉罗克贝尼亚庄园度假，这庄园是我外祖母遗留给母亲的。新年假期我们到鲁昂和母亲娘家亲戚一起过，复活节假期则去于泽斯和祖母一起过。

这两家人天差地别，这两个地方也天差地别，两者的差异对我产生了矛盾的影响。我时常确信自己走上艺术这条路，是因为我只能借由艺术来调和这些不协调的因素，否则这些差异就算不彼此冲突，也至少会在我身上引起对抗。诚然，这些不协调的因素都拥有各自强烈的特质，如果顺应它们其中一方、只朝一个方向发展的话，就会一口气将其特质全部继承下来。相反，若任其交汇、相互碰撞、共存、苗壮成长，使之融合而消除激烈的对立，我认为这是成为仲裁者和艺术家的必要条件。这一点还需找到例子佐证，否则就是我错得离谱了。

然而，我所意识到并指出的这个法则，到目前为止似乎都没有历史学家好奇并研究过，在我写下这些字句的屈韦维尔，从能找得到的传记、辞典，甚至共有五十二巨册的《世界名人传记》中，我查阅了几个名字，无论是伟人或历史英雄，都找不到任何提到母系影响的内容。我之后会再回头讨论这一点。

我的外曾祖父龙多·德·蒙布莱，与他父亲一样是审计院的审计长（一七八九年时担任鲁昂市长），审计院那座华美的建筑至今还矗立在大教堂前的圣母广场上。一七九三年时，他和艾布米先生一起被送进圣伊翁监狱，市长职位由被视为较"激进"的德·丰特奈先生取代。出狱之后，他退隐到卢维耶，我想他是在那里再婚的 [1]。他第一次婚姻中育有两个孩子，直到那时为止，龙多家族都向来信奉天主教，但这第二次婚姻，龙多·德·蒙布莱娶了一位新教徒迪富尔小姐，她又为他生下三个孩子，其中

---

[1] 这些事以及下面将说到的事，是我舅妈龙多夫人最后一次到屈韦维尔小住时讲述给我听的，我按照她所说原封不动写下。本书附录中我刊出表兄莫里斯·德马雷写来的一封信，里面指出了我书中一些错误。——作者注

一个，爱德华，是我的外祖父。这些孩子受洗为天主教徒，接受天主教信仰的教育。但是我外祖父也娶了一个新教徒，即朱莉·普歇小姐，他们生了五个孩子，我母亲是最小的女儿，五个孩子都接受新教教育。

然而，在我写下这些文字的时代，也就是我记忆力最清晰的时代，我母亲的娘家又重拾了天主教信仰，甚至比以往任何时期都信仰得更纯粹、更正统。外祖母过世后，房子由舅舅亨利·龙多和舅妈带着两个孩子入住，舅舅很小就改信回天主教，早在虔诚的天主教徒露西·K小姐成为我舅母之前。

那栋房子在克罗斯纳街和丰特内勒街拐角口上，马车进出的大门朝向克罗斯纳街，大部分窗户朝着丰特内勒街，在我眼中，那栋房子庞大无比。的确如此，它的楼下除了门房住的地方，还有厨房、马厩、储藏室，以及一间库房，存放舅舅在离鲁昂几公里外的乌尔姆工厂生产的棉毛印花织布，在它旁边还有一间小小的办公室，孩子们不准进入。何况那间办公室充满雪茄的煤烟味，阴暗又令人厌恶，根本让人却步。相对地，那栋房子却是多么舒适可人！

　　一踏进门，门口铃铛柔和低沉的响声就像在迎接客人的到来。拱门下，左手边高出三个台阶的门房里，门房太太隔着玻璃门对客人微笑。进了门就是内院，沿墙摆了一排观赏用的盆栽，在这里透透气，它们是从乌尔姆的温室搬来的，之后还要送回温室去受保护，在此期间，它们就轮流放在室内当摆饰。啊！这屋里多么温暖、潮湿、不刻意，虽然有点单调，但舒适平实、令人愉快。楼梯的采光来自下方的拱门和上方的一块玻璃屋顶。每个楼层都摆着绿色天鹅绒长椅，趴在上面看书真是惬意。坐在二楼的楼梯上更是舒服，上面铺着黑白云纹镶红边的地毯。玻璃屋顶洒下柔和又沉静的天光，我坐在一级台阶上，手肘支在上一级，把它当作书桌，台阶边缘慢慢陷进肋骨之中……

　　我将如实写下我的记忆，不去试图整理它

们。我顶多能把记忆里的地点和人物归类起来，时间却常常混淆。若是要我按照时序来写，我就会迷失。一旦追溯过往，我就像一个肉眼无法测准距离的人，有时会极度后退，仔细考证一下，其实距离近得多。这就是为什么很长一段时间里我以为自己记得普鲁士军队进驻鲁昂时的情景：那是在夜里，耳边传来军乐号角声，从克罗斯纳街的阳台上，我们看见军队行进时所持的松脂火炬忽明忽暗，把两旁房屋的墙壁照得摇摇晃晃……

后来我和母亲提起这个记忆时，她说首先我那时还太小，根本不可能有什么印象[1]；再说，没有一个鲁昂居民会跑到阳台上去看热闹，或至少我家没有一个人会这样做——哪怕是俾斯麦或普鲁士国王本人从街上经过；何况就算普军真的在大街上游行，家家户户也都是紧闭门

---

[1] 前文所指为 1870 年爆发、次年结束的普法战争，当时纪德的年龄还不满两岁。

窗的。我脑中的记忆一定是每个星期六晚上在克罗斯纳街来回的"火炬游行",那是普军撤离鲁昂很久之后的事了。

"我们在阳台上欣赏的是另一个游行,还一边唱歌,你记得吗?"

噢呀呀!呀呀!
威武的军人呀!

突然,我也记起了这首歌。一切又重新回到原本的位置和比例。然而我却隐隐觉得像被偷走了什么,仿佛我原先的想象才更贴近真实,被我这孩童的全新感受赋予如此重要性的事件,本该够格是一桩历史大事才对。因此,在潜意识里,我总是把事件都推得远远的,想让时光的距离让它们更显灿烂。

对克罗斯纳街那次舞会的记忆也是这样,我一直固执地把时序放在外祖母还在世时——她在一八七三年过世,我那时还不到四岁。其实那必然是她过世三年之后，亨利舅舅、舅妈为女儿成年礼举办的舞会：

　　我已经上床了，但一种奇异的低响、由上至下充满屋子的一股骚动、一阵阵随之而来的音乐声，令我睡意全消。白天时我已然注意到了那些准备工作，大家也告诉我晚上会有舞会。但我知道什么是舞会吗？我并未放在心上，晚上照常上床。但这时传来这低沉的声响……我伸长耳朵仔细倾听，试着捕捉某个比较清晰的声音，试图了解发生了什么。最后实在忍不住，从床上爬起来，走出房间，在阴暗的走廊上光着脚摸索着前进，一直走到明晃晃的楼梯。我的房间在四楼，一波波声音是从一楼传上来的，得去瞧瞧。我一级一级往下走，分辨出说话声、衣服摩擦的窸窣声、耳语和笑声。一切都那么不寻常，我好像突然闯入另一个世界——神秘、超现实，更灿烂、更动人，而且是在小孩子睡下之后才展开的世界。三楼走廊漆黑一片、空无一人，舞会是在更下一层。我还要再往前吗？

我会被发现，会因为不睡觉、偷看而受到处罚。
我把头伸出楼梯扶手的铁栏杆间偷看。几位宾
客正好抵达，一位是穿军服的军官，一位是全
身缎带丝绸的女士，手上拿着一把折扇。我的
好朋友男仆维克托，穿着及膝短裤和白色长袜，
害我一时认不出来。他站在第一间敞开的客厅
门边，领宾客进去。突然间，一个人扑向我，
是我的保姆玛丽，她正躲在更下方楼梯转角处
和我一样在偷看。她把我抱在怀里，我本以为
她要把我带回房间关起来——不，她是要把我
带到她刚才躲着的地方，那里可以瞥到舞会一
角。现在我可以清楚地听到音乐。随着我看不
到的乐器演奏出的乐曲，先生女士们旋转起舞，
女士们花枝招展，比白天时美丽多了。音乐一
停，舞也停了，说话声取代了音乐。保姆正要
带我回房间，就在此时，一位倚在门边扇着扇
子的美丽女士看见了我，向我跑了过来，亲吻我，
笑着说我怎么认不出她来了。她显然是那天早
上我见过的母亲的一位朋友，但我又不敢确定

真的是她。我回到床上，脑中一团乱，在沉入梦乡之前，心里困惑地想：这世上有真实，有梦境，还有一种是半真半梦。

我模糊且无法界定地相信，在真实、日常与公开的事物之外，同时存在着其他事物。这个想法在我心里持续了很多年，直到今天，我也不敢确定这样的想法是否仍残留在心中。这和童话故事中的仙女、食尸鬼、女巫完全不一样，甚至与霍夫曼[1]和安徒生的童话也不同，何况我那时还没读过这两位作家的作品。不，我想那是一种想使生命更坚实的笨拙渴望——之后，宗教更适宜地满足了这种渴望——以及我倾向于怀疑生命有不为人知的一面。正因如此，对于父亲的死，虽然那时我已经是个大男孩了，我却依然想象过他并非真的死去！或至少——如

[1] 指德国浪漫主义作家霍夫曼（E. T. A. Hoffmann），其创作影响了陀思妥耶夫斯基、狄更斯、爱伦·坡等著名作家。柴可夫斯基著名的芭蕾舞剧《胡桃夹子》就改编自其童话作品《胡桃夹子与鼠王》。

何描述我的这种感知呢——他只是在我们这个开放的、白日世界里死了，到了夜晚，当我睡着时，他会偷偷来找我母亲。白天里我的怀疑还不时动摇，但到了晚上睡觉前，这怀疑立刻变得清晰而确定。我并未尝试解开这个谜团，我感觉所有我试图揭穿的事都会被硬生生阻止。无疑地，我年纪还太小，母亲又太常对我说："你以后就会懂了。"但有些夜晚，即将入睡时，我真的快忍不住了……

我回头再说克罗斯纳街。

三楼，通向所有房间的那道走廊尽头，是读书室，它比二楼的大客厅更舒适，也比较隐秘，因此母亲喜欢待在这里，让我待在她身边。一个大书柜占据了整面内墙，两扇窗户朝着内院，其中一扇是对开的窗，两扇窗框之间，摆在垫盘上的花盆中，盛开着番红花、风信子和"杜尔公爵"郁金香。壁炉两侧摆着两张扶手椅，上面的绒绣是母亲和舅妈们的作品，母亲坐在一张扶手椅上，沙克尔顿小姐坐在桌子旁一张带石榴红丝绒椅垫的桃花心木椅子上,手上绣着网格花边。一小方网格愈绣愈多色彩,绷在一个金属箍子上,像一张蜘蛛网,针在网上穿来穿去。沙克尔顿小姐不时参考一张样式图,蓝底的图上用白色标出绣线的位置。

母亲看着窗子说:"番红花开了,天气要转好了。"

沙克尔顿小姐轻声回答:"朱丽叶,您就是改不了,是因为天气已经转好,番红花才开的,您很清楚,阳光不足,花是不会开的。"

安娜·沙克尔顿!我眼前又出现您那恬静的面容、纯净的额头、有些严肃的嘴唇,以及盈满我童年时光的慈爱、带笑的目光。为了描绘您,我多想发明出更动人、更充满敬意、更温柔的词汇。我要叙述您不起眼的生命吗?我希望在我笔下,这个低微的生命发光发亮,如同它将在神面前闪耀,在有权者被贬低,而卑屈者获得荣耀的那一天。我向来不喜欢描绘尘世间那些凯旋、光荣的人物,而喜欢描述隐藏着真正光辉的人。

我不知道是什么不幸的原因，让沙克尔顿家的孩子由苏格兰的穷乡僻壤流落到欧洲大陆。娶了一位苏格兰妻子的罗贝蒂牧师认识这家人，我想一定是他把沙克尔顿家的大女儿介绍给我外祖母的。下面我要讲的，当然是很久之后我从母亲或表兄表姐那里听来的[1]。

沙克尔顿小姐是以母亲家庭教师的身份进入我们家的。我母亲那时已届适婚年纪，不少人认为当时年轻而美丽的安娜·沙克尔顿会让她的学生相形失色。更何况，坦白说，年轻的朱丽叶·龙多是有点棘手的追求对象。她老是退缩，在每次该闪耀时就消失，不仅如此，她还总是不失时机地把安娜推到前头，她们几乎立刻就成了挚友。朱丽叶无法忍受自己穿戴得比她朋友好。她的家世、金钱以及所有外在排场，都引起她和她母亲、姐姐克莱尔之间的无

---

[1]　见附录。——作者注

尽斗争。

　　我的外祖母其实并不冷酷，但她尽管不算顽固，却还是保留着等级观念。这观念在她女儿克莱尔身上也多有体现，只不过克莱尔缺少了她的善良仁慈，同时除了这个观念之外，也没有多少其他的想法了。克莱尔恼怒于妹妹居然完全没有等级观，反而在她身上发现一种本能，或说反叛，至少是不服从——这并非出于朱丽叶的天性，而应是被与安娜的友谊唤醒的。克莱尔难以原谅妹妹对安娜的友情，她认为友谊应该有阶级、有分寸，而沙克尔顿小姐不应忘记自己只是个家庭教师而已。

　　"什么！"我母亲心想，"我比她更美，还是更聪明，更好？是我的家产还是姓氏让我被偏爱？"

　　"朱丽叶，"安娜说，"您给我一套参加您婚礼穿的茶色丝质连衣裙，我就会很快乐了。"

　　朱丽叶·龙多很长一段时间都拒绝鲁昂最显贵的那些求婚者，当大家知道她接受了一个家无恒产的年轻法学教授时，都非常惊讶，这年轻人来自偏远的法国南部，若非罗贝蒂牧师窥知母亲心意，好心地牵线，那小子是绝对不敢求婚的。六年之后，我出生了，安娜·沙克尔顿立刻将我视为己出，她对在我之前一个接一个出生的表哥表姐也一样。美丽、优雅、善良、涵养、美德，这些都无法让人淡忘贫穷，除了苍白遥远的模糊记忆，安娜也从不了解被爱的滋味，除了我父母收容她之外，安娜没有其他家人。

我记忆中的她，脸庞线条因年龄已经有点僵硬，嘴角略显严厉，只有眼神还充满微笑，只要稍稍一件小事就能让她的微笑成为真正的笑，如此清新纯净的笑，似乎无论忧伤或挫折都不会稀释她从生命中汲取的真心喜乐。我父亲也有这样的笑声，有时候沙克尔顿小姐和他会像小孩子一样开心大笑，但我从不记得母亲也会加入。

安娜（除了父亲称呼她"安娜小姐"之外，大家都直呼她名字，我甚至叫她"娜娜"，这自小的习惯一直延续到左拉出了那本同名小说[1]，我才改口）——安娜·沙克尔顿总是戴着屋内戴的黑色蕾丝头帽，饰带垂在脸两旁，有点怪异地框着脸。我不知道她从什么时候开始戴这种头帽的，在我记忆里她一向如此，在我保存着的几张照片上她也是戴着它。尽管她的脸庞表情、举止以及她的一生都如此从容和谐，安娜却从来未曾懒散过。和大家在一起时，她总忙着那永远也做不完的绣花活，独自一人时，她花很多时间从事翻译，因为她英文、德文和法文一样好，意大利文也很不错。

我保存着一些她的翻译作品，都还是手写的 一本本厚厚的学生笔记本，整齐的笔迹填满每页直到最后一行。安娜这样翻译出来的所

---

[1] 指法国作家左拉于 1880 年出版的小说《娜娜》，讲述了一位出身贫困的女子的悲惨一生。

有作品，之后都出现了其他或许译得更好的版本，然而我决不扔掉这些充满如此多耐心、爱与正直的笔记本。其中我最珍爱的一本是歌德的《列那狐》[1]，安娜以前常念其中的片段给我听。安娜译完这本书时，我表哥莫里斯·德马雷把那童话中所有动物的小石膏塑像送她当作礼物，她把它们全都挂在她房间壁炉上的镜框上，我最喜欢看它们了。

安娜也画素描和水彩画。她画笔下的拉罗克那些细致、和谐、温婉的风景画现在还挂在我妻子在屈韦维尔的房间里；还有那张拉密瓦的写生水彩画——那是我外祖母位于鲁昂塞纳河上游右岸的庄园，她过世后就卖掉了，我已不存什么记忆，只有每次坐火车从诺曼底经过时才会依稀记起。庄园靠近圣阿德里安小山，位于火车从桥上穿过之前所要经过的神佑教堂

---

[1] 《列那狐》为法国中世纪文学中十分经典的动物故事集，其作者不止一人。1794 年，歌德将其改写为德语叙事诗。

38

上方。那幅水彩画还展现出庄园里路易十六风格的优雅栏杆，但它的新主人却急于用一个加盖的笨重屋檐将其压扁。

而安娜最主要的兴趣、最珍爱的研究，是植物学。在巴黎，她认真地参加比罗先生在自然历史博物馆开的课程，春季时，她参加比罗先生的助手普瓦松先生组织的野外植物采集队。我绝对不会忘记这些名字，安娜提到他们时总带着莫大尊敬，因此在我心里他们顶着权威的光环。母亲认为这让我有机会多运动，就也让我陪着安娜参加每周日的采集活动，这活动在我眼里充满科学探险的乐趣。植物采集队的成员几乎都是老小姐和好相处的偏执人物。我们在火车站集合，每个人斜背着一个涂成绿色的金属盒子打算装植物。有的人还带了修枝剪刀，或是捕蝶网。我就是带捕蝶网的，因为我对植物的兴趣可不如对昆虫的，尤其是鞘翅目昆虫，我开始搜集它们的标本。我口袋里塞满玻璃小盒子、小试管，里面装着苯和氰化钾，用来让

我的猎物窒息。我也采集植物，因为我比那些
年纪大的队友更敏捷，所以总是跑在前头，离
开小径，在树丛和田野间到处乱窜乱翻，骄傲
地大声嚷嚷我所看见的。当我第一个发现某种
稀有品种时，队员们都围过来赞赏，有的人很
懊恼，因为这品种只有一株，却被我凯旋般地
交到安娜手里。

　　我学着安娜的样子，在她的帮助下制作了
一本我自己的植物标本集。但这更主要是为了
帮助她完成她的那本，她的植物标本集内容惊
人，整理得井井有条。她耐心搜集每一品种最
美的样本，将纤细的小茎用涂了胶水的薄细带
固定；每株植物的生长姿态都仔细保留，花苞
之后是花朵，然后是种子，循序摆置；植物名
称在小纸片上用手写出。有时，对某株植物的
名称稍有疑虑，需要更进一步的精细观察。安
娜弯腰注视着那个被高高架起的放大镜，手拿
小镊子和微型解剖刀，轻柔地把花朵打开，将
所有器官在放大镜底下摊开，然后叫我凑过去，

指出某个雄蕊或植物谱系中有什么其他比罗先生曾提到，但她这朵花却不具备的特征。

尤其是在拉罗克——安娜每年夏季都陪我们一起去——她的植物学活动进行得热烈，标本集也进度飞快。她和我一起出门时，身上一定带着我们的绿盒子（我也有我自己的盒子）和一把弧形镘刀，一种专门挖秧苗用的小铲子，可以把植物连根挖起。有时，我们一天接着一天地观察某株植物，等待着花苞盛开，最后却发现花苞被毛虫咬了一半，或是刚好那天有暴风雨无法出门，我们多么失望！

在拉罗克，植物标本集有着崇高的地位，所有和它有关的事，我们都进行得热切且严肃，如仪式一般。天气好的时候，我们把中间夹着植物的灰色纸张晾在窗台、桌上、晒得到阳光的地板上。一些细小或纤维多的植物只要夹几张纸就够了，但是肥厚多汁的，就必须夹在厚厚的绵纸垫中间压干，每天更换干燥的纸。这些工作很花时间，而且需要足够大的空间，安娜在巴黎找不到这么大的地方。

她住在沃日拉尔街，在女士街和阿萨斯街之间，一套狭小的公寓拥有四个房间，天花板低到几乎伸手就能摸到。虽是如此，公寓的地点倒不坏，面对着一个科学机构的花园或是中庭，我们可以观察最新的太阳能热水器测试。这些奇怪的机器像一朵朵庞然的花朵，花冠由好多面镜子组成，光线齐聚在雌蕊的位置，里面装满实验中要煮沸的水。那水确实成功煮沸了，因为有一天，其中一架机器爆炸了，吓坏了周围邻居，安娜家面朝街道的客厅和卧室的窗户也被震破。餐厅和书房朝着内院，这是她最常待的，甚至接待那几个亲近的朋友时也在这里；因此我对客厅没留下多少记忆，只记得她在那里为我搭了一张折叠小床，有一次母亲把我托给她照顾几天，我开心得不得了，至于什么缘由，倒不记得了。

我进阿尔萨斯学校念书那一年——父母亲无疑认为弗勒尔小姐和拉克博埃太太的课程已

不足够，他们决定让我每周一天在安娜家吃午餐，我记得是每周四，上完体操课之后。当时，阿尔萨斯学校不像后来规模那么大，校内没有体育馆，学生要被带到沃日拉尔街的"帕斯科体育馆"上体育课，距安娜家几步之遥。我每次到她家时，都浑身是汗，又脏又乱，衣服上沾着木屑，手上黏着松脂。在安娜家的午餐为什么那么愉快呢？我想主要是因为，安娜总不厌其烦地倾听我最没意义的胡话，我感受到我对她的重要性，我感到被等待、被重视、被宠爱。对我来说，她的公寓充满关怀、体贴和微笑。每周一次的午餐太棒了。啊，为了回报这一切，我多么希望我的记忆中留存有我曾对她表达出的童稚的感激，某种爱的举止或话语……完全没有，唯一留存的记忆是一句荒唐的话，一句像我这种鲁莽愚钝的孩子才会说的话，现在想起还令我羞惭。可我写的不是小说，而且决定在这本回忆录里不做任何美化，不添加愉快的成分，也不隐瞒痛苦的回忆。

那天我胃口极佳，开怀大吃，以安娜微薄的收入，想必是倾囊而出了：

"噢，娜娜，我会把你吃得破产！"我大叫着说（这句话至今还在我耳边回荡）……话刚说出口，我就感觉到这不是一个稍微敏感的心灵所能想到的，安娜被这句话刺痛了，我有点伤了她的心。我想，这是我意识最初的闪光之一，这光芒尚且模糊而短暂，不足以穿透我那幼稚的厚重黑暗。

II

我想象着母亲的失落，当她第一次离开舒适的克罗斯纳街，陪伴父亲到于泽斯时，该是多么不习惯。世纪的进步似乎遗忘了这个小镇，它被冷落在一旁且不自知。火车只到尼姆，最远也只到勒穆兰，接着要坐破旧不堪的汽车才能摇摇晃晃地抵达。由尼姆过来的这条路远得多，风景也漂亮得多。由圣尼古拉桥穿过加尔东河，就像在沙漠中忽然走入了巴勒斯坦的朱进亚 [1]。一束束紫色或白色的岩蔷薇装点着粗野的绿灌木丛，沿途飘着薰衣草的花香。空中吹拂着一阵阵干燥愉悦的风，道路吹干净了，周遭却蒙上一片尘土。我们车子经过，惊起一堆巨大的蚱蜢，它们猛然展开蓝色、红色或灰色的膜翅，化身为轻盈的蝴蝶，又在稍远处落脚，混在暗淡的蓬草和岩石中间。

---

[1] 指古巴勒斯坦南部地区，包括现今巴勒斯坦南部地区以及约旦西南部地区。耶稣正是降生于朱迪亚的伯利恒。

加尔东河沿岸长着日光兰，干涸的河床上到处开着几乎像来自热带的花朵……这里，我先暂时离开汽车，一段突然冒出的记忆要赶紧写下，否则不知该如何安放它。如同前述，我对空间的记忆比对时间的来得清晰，例如我记不清安娜是哪一年和我们一起到于泽斯的，母亲很高兴带她游览于泽斯的风景；但我清晰地记得，那是我们在位于圣尼古拉桥和加尔东河之间不远处一个小村庄（我们的车子停在那里）游览的情形。

狭窄的河谷里，在反射着烈阳的灼热山崖下，植物繁盛到从中通过都困难。安娜看到新奇的植物非常兴奋，一一辨识那些自由生长在自然中、她从来没见过的野生花草，例如那些茂盛的、被称为"耶利哥号角"[1]的曼陀罗，那些景象深深印在我的记忆里，还有娇艳又妖异的夹竹桃。为了提防蛇，我们小心翼翼地前进，

---

[1] 曼陀罗花形似号角，其英文名直译即为"天使的号角"。"耶利哥"是其中的一种橙色品种。

这里的蛇大多无毒，我们也看到几条匆忙逃窜的蛇。父亲东摇西晃，对一切饶有兴致。母亲则意识到时间晚了，一直催我们，但没什么效果。当我们终于从河岸走出来时，夜色已降，村子还很远，远方传来隐约的晚祷钟声。通往村子的是一条模糊不清、穿过树丛的蜿蜒小径……看到这里，任谁都会认为是我事后添油加醋，绝对不是，我耳边还能听见那钟声，眼前还能浮现那条迷人小径、夕阳的玫瑰红，以及从我们身后的河床蔓延逼近的夜色。刚开始我还觉得我们被拉得长长的影子很好玩，之后天际擦黑，四周一片朦胧灰色，我开始被母亲的担心感染。父亲和安娜被傍晚的美景吸引，四处乱走，一点都不担心时间。我记得他们正高声背诵着诗句，母亲却觉得"不是时候"，她高声说："保罗，等回到家，您再背诵这个吧。"

祖母的公寓里，所有的房间都是按顺序排列的，因此父母要到他们的卧室，就得穿过餐厅、客厅和另一间比较小的客厅，我的床就搭在小客厅里。再绕过去，是一间小卫浴和祖母的卧室。两间客厅和我父母的卧室窗户都朝向广场，其他房间的窗户则朝向公寓的一个小内院，只有位于公寓另一端的叔叔房间的窗户朝着一条阴暗的小巷子，巷子尽头能看见市场的一角。我叔叔在窗台上种了一些奇怪的植物：在一些神秘的罐子里，直挺挺的茎上覆满结晶，他跟我解释这些结晶是环烷酸锌盐、乙酸铜或其他金属，他告诉我，以这些金属的名称为依据，这些僵硬不动的植物叫土星树、木星树之类的。叔叔那时候还没开始涉猎政治经济学，我后来听说他之后的兴趣是天文学，这更将他推向数字、沉思、对一切个人和心理状态的漠视，乃至于把他塑造成一个我所认识的人当中，对自我与他人最为无知的麻木之人。他那时是个高大的年轻人，一头黑发，垂下的发缕夹在耳背，有点近视，有点奇怪，沉默寡言又极难亲近。我母亲为了融化他所做的所有努力只会更加激怒他，她满怀好意但缺乏技巧，而叔叔不能，也不想去体会这些举动之下所含的心意，他那时已经显露出之后只会受骗子引诱的个性了。似乎父亲把我们家族所有的谦和之气都吸收占据了，相较之下，家族其他成员都显得执拗、坏脾气。

我祖父在我出生以前很多年就过世了，然而母亲和他相处过，因为她结婚六年后才生了我。她描述祖父是个不折不扣的胡格诺教徒 [1]，又高又壮，固执，一丝不苟到偏执的地步，刚直，把对上帝的信仰推至完美甚至极端。他曾任于泽斯法院院长，之后则一心一意从事教会慈善工作，教导主日学 [2] 孩子们的道德、宗教课程。

除了我父亲保罗、叔叔夏尔之外，祖父唐

---

[1] 胡格诺派（Huguenots），16 至 17 世纪法国信奉加尔文思想的基督新教徒形成的一个派别。

[2] 主日学是基督教于主日（通常为星期日，部分教派为安息日）早晨在教堂或其他宗教场所进行的宗教教育，内容形式多样，多以查经、教授基本《圣经》内容为主。

克雷德·纪德还有过好几个孩子，但都早夭，一个因头撞在地上，一个因中暑，另一个则因感冒疏于治疗。孩子疏于治疗很明显是因为他对自己也是如此，生了病从不求医。他很少生病，一旦生病了，就以祷告来治疗，他将医生的干预视为鲁莽甚至是亵渎上帝，连临死前都不肯延请医生 [1]。

　　或许有些人会讶异，这些如此不合时宜、几乎是人类远古的落伍行为，居然会延续这么久，然而于泽斯小城把它们完整保存了下来，因此我祖父这种行为一点都不显得怪异，甚至这整个小城也一样，并且解释、促成，乃至鼓励这一切，从而让这些行为显得自然。而且，我想整个塞文区都是这样，尚未抹去强烈且长久残酷的宗教纷争留下的后遗症。我亲身经历

---

[1] 就这一点，我记得母亲对我说的，或者我自己以为记得的，其实是不正确的。叔叔夏尔·纪德后来跟我说，祖父过世前几年，看了不知多少庸医和江湖郎中。——作者注

的一个奇怪例子佐证了我的这个看法，我现在就要写下，尽管那是发生在我大约十八岁时的事：

那天早晨我离开于泽斯，应在昂迪兹附近当牧师的表亲纪尧姆·格拉涅尔之邀，前去和他相处了一天。在我离开时，他向我布道，为我祷告、赐福于我，或至少祈求上帝赐福于我……但这完全不是我写这段经历的原因。我后来搭上火车，本应在晚餐时间就回到于泽斯，但我在火车上读着《邦斯舅舅》。在巴尔扎克的众多杰作中，这应该是我最喜欢的一本，至少是我一读再读的一本。然而，那天是我第一次读它，我沉醉在阅读中，狂喜、心醉、沉迷……

夜色终于打断了我的阅读，我生气车厢怎么没开灯，这才发现不是灯坏了，而是以为车厢已经没人的铁路人员，把这列火车开到停车区的岔道上了。

"您不知道该换车吗？"他们问，"我们广播了好多次！您一定是睡着了吧。您也只能再睡一会儿了，因为直到明早之前都没火车发车了。"

在这黝黑的车厢里过夜，委实不令人欣喜，再说我还没吃晚饭。车站离村子很远，与其去乡村旅店还不如冒险一番，更何况我身上只有几文钱。我信步往前，决定在一栋看起来整洁怡人的大农舍前敲门。一位妇人开了门，我说我迷路了，身上没钱，肚子又饿，或许他们能好心给我弄点吃的喝的，之后我会返回停着的火车车厢，耐心等到次日早晨。

开门的妇人很快在摆好的餐桌上添了一副刀叉。她的丈夫不在，餐厅就是厨房，老父亲坐在炉火边朝着炉膛弯着身，一言不发，而我觉得这沉默好似一种谴责，让我很不自在。突然，我注意到书架上有一本厚厚的《圣经》，于是知道我是在新教徒的家里，我就提起我今天去拜访的表亲的名字。老人一听就直起身子，他认识我的牧师表亲，甚至对我祖父也记得非常清楚。从他言谈的方式，我明白了在如我祖父和这位老农民这般坚硬粗粝的外表下，隐含着多么巨大的善良和忘我牺牲的心。我想象祖父应该和这位老人很像，外表粗壮，说话声音毫不温柔但响亮，眼神毫不柔和但耿直。

这时，孩子们下工回家了，一个大女孩和三个小子，比他们的外祖父更纤细温和，长得也都很好看，但已经神情严肃，甚至有点眉头深锁。他们的母亲把热腾腾的汤端上桌，我正说着话，她暗暗比了个手势让我住嘴，老人开始做饭前祷告 [1]。

晚餐时，老人谈到我的祖父，他的言辞既富含意象又精准，我懊悔没把他所说的句子记下来。"什么！这只不过是个农人家庭！"我暗想着，"相较于我们诺曼底那些粗野的种地人，他们是何等优雅，充满活力又高贵！"吃完晚饭，

---

[1] 有人提醒我"饭前祷告"这个词只供天主教徒使用。我期待有新教徒告知我，这个餐前做的祷告应该用什么字词称呼。——作者注

我表示该走了，但主人不肯。女主人早已准备好，大儿子去和一个弟弟睡，把房间和床让给我，她已换上干净的床单，粗布被单散发着薰衣草的香气。这家人习惯早睡早起，但是如果我想，可以继续待着看看书。

"不过，"老人说，"还请您允许我们按照每天的习惯做，既然您是唐克雷德先生的孙子，应该不会觉得惊讶。"

于是他走过去拿来我刚才看到的那一大本《圣经》，摆在收拾干净了的饭桌上。妇人和她的孩子们围坐在桌旁，神情自然而虔敬。老人翻开《圣经》，庄严地念了一段福音，又朗诵了一首圣诗；继而每个人都跪在自己椅子前，只除了老人继续站着，闭着眼睛，双手放在合上了的《圣经》上面。他接着念了一小段感恩祷词，庄重、简单、无私而不求回报，感谢上帝为我指引了他们家的门，他的声音如此真诚，我整个人都沉浸在他的话语里。最后，他背诵了《主祷文》，一阵沉默之后，孩子们一一站起。这一切如此美丽安详，他在每个孩子额头印下的平安之吻是如此光辉，我也走向前，将额头伸向他。

在我祖父那一代，对祖先遭受的宗教迫害还留存着鲜明的回忆，或者至少保存着某些反抗的传统，面对压制，内心绝不屈服。他们每个人都清楚听见耶稣对自己、对这一小群受迫害的羔羊说："你们是大地上的盐，盐若失去了味道，大地又有什么滋味呢？"[1]

我必须承认，在我童年时期，于泽斯的小教堂里举办的新教仪式，在我眼里是非常有意思的演出。是啊，我眼前似乎还能看到以平语"你'称呼耶稣的最后一个世代，他们在虔诚参加祈祷仪式时全程戴着大毡帽，只在牧师提到上帝之名以及背诵《主祷文》时才摘下。不识这规矩的人一定会目瞪口呆，认为他们不敬，

---

[1] 参见《新约·马太福音》第 5 章第 13 节："你们是世上的盐。盐若失了味，怎能叫他再咸呢？"（本书对《圣经》的引用皆据和合本）

殊不知这些胡格诺老教徒戴着帽子做礼拜，是沿袭过去在烈阳下、在隐秘的树丛角落露天祈祷的习惯，在那个时代，他们的信仰若被发现，是会被处以死刑的。

之后，这些古生物一个接一个过世，他们身后留下的寡妇还活了一些年月。她们平日足不出户，只在星期天出门上教堂，也是大家聚一聚的意思。我祖母、她朋友阿博齐太太、樊尚太太和另外两个我忘了名字的老太太，都属于这一群。礼拜仪式开始之前不久，她们那些老得和女主人差不多的女仆，先拿来这些老太太用的暖脚炉，放在长椅前面。时间到了，寡妇们一一走进教堂，布道开始。她们都半瞎了，在门口时看不见，坐到位子上才认出彼此。一认出了人，她们就兴高采烈开始七嘴八舌说个不停，混杂着祝贺、问题和回答，加上她们个个都聋得像个罐子，听不见对方喋喋不休说些什么，彼此的说话声混成一片，把可怜的牧师布道的声音完全淹没了。有些人正要发火，想起她们过世的丈夫，也就对这些寡妇释怀了，有些人没那么严肃，看着这一幕觉得有趣，有的孩子"噗哧"笑出声。至于我呢，我觉得有点窘，要求不要坐在祖母旁边。这出小小喜剧每个星期日都上演，真没有比这更古怪滑稽，却又感人至深的画面了。

我永远无法形容祖母有多老。追溯到我最早的记忆，也没有留存任何的蛛丝马迹可让人揣测或想象她以前是什么模样。她似乎从来没年轻过，不可能年轻过。她的身体健朗，不只比丈夫，也比大儿子，也就是我父亲，活得久。父亲过世之后许多年，母亲和我还是每年回于泽斯过复活节假期，祖母一年又一年都还是老样子，只是耳聋又稍微厉害一些，因为皱纹要再增加，早已是不可能的事了。

这位亲爱的老太太当然竭尽全力接待我们，但恰恰就因为这样，我不确定她是否真的高兴我们来。然而这个不是重点，对我母亲来说，高不高兴是其次，重要的是完成一项义务、一场仪式，就像每过新年她都要逼我写信给祖母，把过年的气氛都破坏了。刚开始我想逃避，跟她说："我写不写信，祖母都不会在意啦！"

"重点不在这里，"母亲回答，"你现在的生命中并没有多少义务，有义务就要去尽。"

我开始哭泣。

"瞧瞧，小乖，"她继续说，"要懂事一点，想想那只有你一个孙子的可怜祖母啊。"

"但是我能跟她说什么呢？"我边哭边嚷。

"随便说说。谈谈表哥表姐、你和雅尔迪尼耶家的孩子们做朋友的事。"

"她又不认识他们。"

"说说你做了些什么事啊。"

"你明知她不会感兴趣。"

"好了，孩子，事情很简单：没写好这封信你就不能出这个房门。"

"但是……"

"不，我的孩子，我不想再争辩下去了。"

　　说完这话，母亲就陷入沉默，再也不发一言。我又拖延了一会儿，然后面对空白的信纸开始绞尽脑汁。

　　主要是因为，我觉得祖母对任何事都没兴趣。然而，每次去于泽斯小住，我想是为了对母亲表示善意，当母亲手拿针线活或一本书坐在她旁边时，她会尽力回想，每隔一刻钟终于想起我某个诺曼底表亲的名字。

　　"威德默家一切可好？"

　　母亲以超凡的耐心告知所有消息，然后继续看书。十分钟之后——

　　"莫里斯·德马雷呢？都还没结婚吗？"

　　"结了，母亲。没结婚的是阿尔贝，莫里斯有三个孩子了，三个都是女儿。"

　　"啊！朱丽叶，怎么会呢！……"

　　这个惊叹词完全不含疑问的成分，只是个多义的惊叹词，祖母以它来表达惊讶、赞美、嘉奖，不管跟她说什么，她都反射性地冒出这一句，说了之后，头还不停晃动，好似沉思般点着头，仿佛在反复空洞地咀嚼着听到的消息，那满是皱纹的脸颊一会儿陷下，一会儿鼓起。最后，听到的消息完全消化之后，她暂时放弃提出新问题，重新拿起放在膝盖上的毛线来织。

织袜子是我自始至终看到过祖母打发时间的唯一方式。她像辛勤的昆虫一样，从早织到晚，但她时常起身到厨房看罗丝在做什么，随手把织到一半的袜子放在家具上，所以我想没有人看过她织完任何一只。所有的抽屉都塞着刚起头的袜子，是罗丝每天早上收拾屋子时塞进去的。至于钩针，祖母无论走到哪里，耳朵后都插着一束，介于缝着饰带的小纱网头帽和稀落的几绺灰中泛黄的头发之间。

我的婶婶安娜是祖母新进门的媳妇，对祖母远没有母亲的那种亲近和尊敬，她把对叔叔的不满和气愤都归咎于祖母。我和母亲在于泽斯期间，她只来过一次，来了就四处找袜子。

"八只！我找到了八只！"她对母亲说，对祖母的粗心大意又好笑又好气。到了晚上，她忍不住问祖母为什么从来不好好织完一只。

可怜的老太太先是试图微笑，之后担忧地问母亲："朱丽叶！安娜是什么意思？"

母亲不介入她们的争执，婶婶用更大的声音继续。

"我是问，母亲，您为什么不好好织完一只袜子，却要同时开始好多只呢？"

祖母有点恼怒，紧抿着嘴唇，之后突然反击。

"织完，织完……啊，说得倒容易，安娜！……总要有时间才行！"

祖母一直担心我们没有足够的食物可吃。她自己几乎不吃什么，母亲必须费尽口舌说服她，每餐四道菜对我们来说足够了。但她经常充耳不闻，从母亲身边溜过，去和罗丝交头接耳。她一离开厨房，母亲就赶快冲进去，赶在罗丝去市场前重新检视菜单，删掉其中的四分之三。

"真是的，罗丝！松鸡呢？"午餐时祖母大声叫。

"母亲，早上我们已吃过排骨，我让罗丝把松鸡留到明天再吃。"

老太太一脸绝望。

"排骨！排骨！"她重复着，假装要笑出来的样子，"那些小羊排，六块才填得满一口……"

之后，好像抗议似的，她站起来走到餐厅最里面的小碗橱前，为了弥补菜色极端之不足，从碗橱里拿出专门因我们来而准备的神秘罐头。通常是弗里坎多[1]，好吃得不得了。母亲当然拒绝。

"唉，孩子总要吃一点！"

"母亲，我跟您保证他吃这些够了。"

"哪是！您不是要让他饿死吧？……"

（在她眼里，孩子不吃到撑就都是快要饿死的。后来，当人家问起她觉得孙子们如何时，

---

[1] 原文为"Fricandeau"，一种用瘦肉（小牛肉或猪肉）烤制或炖煮的法国乡村料理，外皮金黄，内部多汁，质地柔软。

她照例撇撇嘴，回答："瘦得可怜！"）

逃避母亲缩减菜单的一个好方法，是从贝沙尔餐厅买来一些菜肴，例如橄榄炖牛肉，或是从法布雷加熟食店订购肉馅酥饼、软绵的鳕鱼泥或传统的猪油炸面包。母亲也会为了健康原因，和祖母喜欢的菜肴作战，尤其是祖母切肉馅酥饼时，总是把下面的酥皮留给自己。

"唉，母亲，您选的是最油腻的部分。"

"啊！"祖母对健康丝毫不在意，"底下的酥皮……"

"让我来帮您夹吧。"

可怜的老太太只得委屈地眼睁睁看着最爱的那部分从盘子上被拿走。

法布雷加熟食店也卖甜食，味道还不错但变化不多。其实我们每次买的都是"苏丹纳"，虽然我们都不特别爱吃。"苏丹纳"被做成金字塔形状，有时顶上装饰着不知什么做成的、不能吃的一个白色天使。金字塔由小小的奶油泡芙叠成，外面裹着的一层硬焦糖把泡芙一个个黏起来，用汤匙也分不开，只能把它们弄破后分开。焦糖制的细丝把金字塔围住，纠缠着，诗意地网住这甜点。

祖母试着让我们知道，实在是没什么可选了，才选这"苏丹纳"。她做个鬼脸："啊！法布雷加……法布雷加！卖的东西一成不变！"

或者说"愈做愈差了"。

对我这坐不住、急着出门玩的孩子来说，吃饭的时间真是冗长啊！我非常喜欢于泽斯附近乡下的厄尔泉山谷，尤其是灌木丛。最早几年，保姆玛丽会陪着我去散步。我拉着她到"萨波内山"去，其实是城外一个石灰岩小丘陵，那里真好玩，在储满白色汁液的大戟[1]上，能找到骷髅天蛾，它屁股上长角，样子像一条散开的缎带；在松树荫下的茴香上，会发现其他毛毛虫，有金凤蝶的幼虫，还有燕尾蝶的幼虫，若逗弄燕尾蝶的幼虫，它就会在颈背上竖起一根

---

[1]　一种多年生草本植物，别名牛奶浆草、猫眼草。

像叉子的东西，展现出意想不到的颜色，发出浓烈的气味。沿着环山的路往前，就会走到厄尔泉水滋养的翠绿草地。一到春天，最潮湿的草地上就开满白色优雅的"诗人水仙"，当地人叫它"courbadonnes"，于泽斯人并不会把它们摘回家，也不会特意到这里欣赏它们；因此在这些人迹罕至的草地上，它们才如此恣意开放，花香熏染了四周。有些水仙弯垂于水面，跟我听过的神话故事[1]里说的一样，所以我不采摘它们；其他的则半隐于茂密的牧草里，花朵高挺在花茎上，在浓绿的草地上像星星般闪耀。玛丽这名副其实的瑞士女孩很喜欢花，每次我们都采个满怀回家。

厄尔泉是一条长年奔流的小河，罗马人当

---

[1] 指关于"那耳喀索斯"的希腊神话，传说那耳喀索斯是一位极俊美的少年，对所有前来求爱的女人都无动于衷，后来因拒绝仙女厄科的求爱，被复仇女神涅墨西斯降下诅咒，爱上自己水中的倒影，无法从水边离开，最终憔悴而死，变为一株水仙花。

年截断此河水，以著名的"加尔水道"把它引到尼姆去。半被赤杨树遮住的河谷，在接近于泽斯时变得狭窄。噢！于泽斯小城！你若是位于意大利中部，游客会从巴黎蜂拥而来！于泽斯城坐落在一块大岩石上，岩石的陡坡有一部分是公爵领地的花园，陡坡下方，园中大树盘根错节的地方聚集着河里的小虾。从散步道或公园的高台上，视线越过公爵领地上高大的朴树，能望见狭窄河谷对面是一块更高耸嶙峋的大岩石，布满洞穴、拱顶、石笋、峭崖，就像海边的悬崖一样；再过去，是粗糙荒峻的灌木丛，被烈阳晒得焦枯。

　　玛丽不停抱怨脚上的鸡眼，不愿意攀上灌木丛中高低不平的崎岖小径。还好母亲之后终于让我自己出门，我可以尽情地到处攀爬。

　　沿着被足迹踩得老旧光滑的岩石边缘走一段路之后，顺着岩石上凿出的台阶逐级而下，我们在"Fon di biau"（我不知道是否拼对了，在南部方言里这是"牛泉"的意思）穿过河床。

傍晚，看着洗衣女工做完工作，赤足缓缓穿过河床，身躯挺直，像古时一样头上顶着洗衣篮，走起路来姿态高贵，真是美好的景致。因为这条河叫厄尔泉，我不确定"牛泉"是不是表示真的有一处泉水。但我知道有一座磨坊，位于大梧桐树荫底下的一块佃农耕地上，在河水和被截弯的水车用水之间，有一块小岛一样的土地，上面养着鸡鸭。我经常到这小岛的一端做白日梦或看书，爬到一株老杨柳上，藏在枝丫当中，看着鸭子们玩耍，耳中盈盈的是磨坊的声音，水溅在圆形水车上清脆的响声，河水窸窣滑过，更远处是洗衣妇捣槌有节奏的声响。

经常，我穿过牛泉，直接跑到灌木丛区，那无人的荒地对我有一股奇特的吸引力，也因如此，我一向喜欢沙漠，胜过绿洲。那干燥的风充满香气，反射在光秃岩石上的阳光令人目盲 这一切都像醇酒般醉人。我多么喜欢攀登岩石、捕捉当地人称作"prega Diou"的大螳螂，它们产的一团团卵黏黏地挂在草叶上，让我多么吃惊。掀起小石头，下面会发现恐怖的蝎子、蜈蚣和千足虫！

下雨天，我被困在家里时就抓蚊子，或是拆解祖母的时钟。上次我们来于泽斯时，时钟就走得不对劲了。我整个人投入这费心的工作，当修好钟，听到祖母大叫"噢！瞧瞧，朱丽叶！这孩子……"我是多么自豪。

不过，下雨的日子，我还是最喜欢待在阁楼，罗丝把阁楼钥匙借给我（等我稍微长大，第一次念《斯泰诺》[1] 就是在这阁楼里）。从阁楼的窗户可以鸟瞰附近邻居的屋顶，窗户边摆着一个木头大笼子，盖着袋子，是祖母养来加菜用的鸡。我对鸡没什么兴趣，但只要稍微静下来，就会看见一堆箱子、说不出名称的旧物、布满灰尘的杂物，或是干柴堆后探出头的罗丝养的小猫咪，它们还太小，所以和猫妈妈不一样，

---

[1] 19世纪法国浪漫主义诗人、小说家阿尔弗雷德·德·维尼的作品。

喜欢自己出生的杂乱阁楼胜过温暖舒适的厨房、罗丝的抚摸、炉灶和树枝烤熟肉时盘旋的香气。

若非见过祖母，我们一定会怀疑世界上是否有人比罗丝还老，她还能做点家事，真是奇迹一桩！不过祖母极少要求她做事，当我们住在那里的时候，玛丽会帮忙做家务。罗丝最后退休了，在祖母不得不答应搬去蒙彼利埃的夏尔叔叔家之前，我们目睹了接替罗丝的一个又一个令人困惑的女仆。一个会偷钱，一个贪杯，第三个生活放荡。我还记得第三个，她是救世军[1]的一员，我们开始放下心，不料，祖母有天晚上睡不着，想到客厅拿一只永远织不完的袜子，她只穿着衬裙和睡袍，大概察觉到有点不对劲，因此小心翼翼地半开客厅的门，发现里面灯火通明……一个星期两次，救世军女仆在家里"招待客人"，在祖母家办的感化仪式颇受

---

[1] 一个19世纪创办于伦敦的国际性教会及慈善组织，以街头布道、慈善活动和社会服务著称。

欢迎，因为唱完圣歌之后还有茶点招待。想象一下那个场景，祖母穿着睡衣闯进正热烈的聚会！……不久之后，祖母就搬离了于泽斯。

和她一起离开于泽斯之前，我要讲讲餐厅最里面那个储藏室的门。这扇厚重的门上有个被称为"木节"的装置，说得更准确一点，是一根搭进凹槽里的木枝扣。搭扣的顶端不见了，因此就在门上留下一个小指头大小的小洞，从上往下滑扣住。小洞底部可以看到一个灰色光滑的圆东西，我非常好奇。

"您想知道那是什么吗？"正在摆餐具的罗丝看见我专心地把小指头伸进洞里摸那个东西，对我说，"是您爸爸在您这个年纪塞进去的弹珠，谁都没能拿出来。"

这个解释满足了我的好奇心，却更加激起了我的兴致。我围着那颗弹珠打转；手指伸进去，刚好能摸到，但无论怎样努力想弄出来，都只会让它在原地打转，指甲擦过弹珠光滑的表面，发出令人绝望的刺耳声音……

次年，一回到于泽斯，我又开始试着掏那颗弹珠。不管妈妈和玛丽的挪揄，我故意把小指头的指甲留得很长，现在，我可以把指甲伸到弹珠下面，一挑，弹珠就拨到我手里了。

我想做的第一件事是跑到厨房，大声宣布我的胜利；然而，我想象得到罗丝的恭维将是那样单薄，满心欢喜立刻消失，半途就停下脚步。我站在储藏室的门前，看着手上那颗灰色弹珠，它现在和其他弹珠并无二致了，一旦被挖出来，我就对它再无兴趣。我觉得自己的自作聪明很蠢……最终羞红着脸把弹珠重新塞回洞里（时至今日它或许还在原处），剪了指甲，没和任何人提起这件事。

大约在十年前，我途经瑞士，跑到我可怜年迈的玛丽告老还乡的洛茨维尔小村，她还活着。她和我提起于泽斯和祖母，一些褪色的记忆又鲜明起来：

"每次您吃鸡蛋，不论是荷包蛋还是水煮蛋，"她叙述说，"您祖母一定大叫'啊！别吃蛋白，小乖，只有蛋黄才有营养！'"

玛丽这名副其实的瑞士人，又加上一句："就好似上帝创造蛋白不是拿来吃的！"

我可没乱编，只是将这些涌起的记忆记录下来，现在记忆从祖母跳到玛丽身上。

我清楚记得自己突然发现玛丽长得很漂亮的那一天：那是在拉罗克的一个夏日（多么久之前喽！），我们俩出门去花园前的草地摘花。我走在前面，刚过了小溪，回过头来：玛丽还在用树干搭成的小桥上，站在那棵遮蔽小溪的椈树阴影下，再往前几步走出树荫，她突然被阳光整个照亮；她手上拿着一束绣线菊，脸庞被宽边草帽遮着，只能看见一个大大的微笑。我大声问："你为什么笑？"

她回答说："不为什么。天气真好。"

突然之间，整个山谷似乎充满了爱和幸福。

在我们家，仆人都被管束得很严。我母亲

认为她对周遭所有她关心的人都负有道德上的责任，若非以婚姻为前提，不允许任何暧昧情愫。可能正因如此，我不记得玛丽有过任何恋情，除了被我撞见和厨娘德尔菲娜的那件事——当然，那是母亲连怀疑都没怀疑过的。不消说，我当时也不大明白到底是怎么一回事，直到许久之后我才了解了某些晚上听到的激情声音是什么，但凭着模糊的直觉，我没跟母亲说起过这件事——

我在图尔农街的卧室窗户朝着内院，位于公寓的一角；卧室颇为宽敞，而且和公寓其他房间一样，天花板挑得很高。连通公寓其他部分和我卧室的那条走廊，尽头有一个小盥洗室（后来我在里面做化学实验）；盥洗室上方的夹层就是玛丽的房间。从我卧室有一个梯子通向这个房间，就在我床后的夹板后面。玛丽的房间还有另一个出口，通向仆人用的楼梯。描绘地点是最困难也最无趣的一件事，但为了解释下面这件事，这些描绘无疑是必需的……我还得说明一下，我们的厨娘德尔菲娜刚和我们乡下邻居家的马车夫订了婚，将要永远离开我们家了。在她离开的前一晚，半夜里我被奇怪的声响吵醒。我正想去找玛丽，却察觉声音正是从她房间传出来的，而且这声音与其说令人害怕，不如说很奇怪又神秘，像一首双人合泣的挽歌，今日我可以将之相较于阿拉伯式葬礼上哀哭的妇人，但那时候的我完全搞不懂，只听到感伤单调的旋律，夹杂着痉挛式的呜咽、啜泣、激动，我半坐在黑暗中，倾听许久。不知如何解释，我感觉那代表着某种比体面、睡眠、黑夜更强烈的东西，可在我那个年纪，有那么多无法解释的事情，所以啊，我把这抛到一边，又睡着了。次日，我勉强以仆人们身上总能见到的、不知克制的夸张来理解这件事，德马雷姨父过世时，就有过这样的例子。

欧内斯廷是德马雷家的女仆，当时守丧的家族坐在客厅里，围坐在一言不发、一动不动、失了魂似的姨妈身边隐忍着眼泪，她却坐在旁边旁间的椅子上放声大哭起来，不时吸口气大声嘶喊：

"啊，我的好主人！啊，亲爱的主人！啊，可敬的主人！"她摇着头，扭动着身体，如此激动，令我觉得姨妈所有的伤痛都转移到她身上了，就好像把行李交给别人提一样，把伤痛卸给了她。

在那个年纪（十岁）我不明白，欧内斯廷的哭叫是做给大家看的，而玛丽放声哭泣，是以为别人不会听到。然而，那时的我一点都没怀疑，甚至对肌肤之亲的事完全无知，也不好奇。

没错，玛丽有时带我去卢森堡美术馆，我想是父母先带我去过，希望激起我对色彩和线条的兴趣，吸引我的倒不是那些叙事性的画作，尽管玛丽热切地跟我解释内容（也或许正因如此），我却深受那些裸体画的吸引，尤其是裸体塑像，这让玛丽大惊失色，并把此事告诉了母亲。

面对着伊德拉克 [1] 雕刻的墨丘利 [2]（如果我没记错的话），我失神地赞叹，玛丽得花尽力气才能把我拉开。然而，既不是这些景象挑起我的性欲，也不是性欲激起这些景象，这二者之间毫无关联。激发我性欲的主题完全不同，通常是丰富的色彩或是特别尖细或柔润的声音；有时则是完成某个重要行为的紧迫感，面对备受期待的必须之事，我却不去行动，只是让自己停留在想象阶段；还有一种很相近的念头则是毁灭的欲望，例如把一个心爱的玩具弄坏：总之，其中完全不存在真实的肉欲，也没有对真正的肉体接触的渴求。没有对象、没有目的，何来欢愉的悸动呢？若是因此而讶异的人，必不能懂得。低俗的幸福要求的是生活的过度、无聊的奢侈、可笑的挥霍……然而，为了解释一个孩子的本能有多大的想象空间，我要指出两个

---

[1] 伊德拉克（Jean-Antoine Idrac），法国雕塑家。

[2] 墨丘利（Mercurius），古罗马神话中的主神之一，对应于古希腊神话中的赫尔墨斯，被称为"众神的信使"。

恰恰令我骚乱悸动的例子。一个是乔治·桑[1]
动人的童话故事《格里布耶》：有一天下大雨，
小男孩格里布耶跳到河水里，并不是为了逃避
下雨——像那些坏心的兄弟想让他相信的那样，
而是为了逃避那些讥笑他的兄弟。他在河里努
力游了一会儿，之后放弃了。他一放弃，就在
水上漂浮着，感觉自己变得很小、很轻、很怪异，
变成了植物，身上到处长出了叶子，河水很快
将变成了一根纤细橡木枝的他冲到了岸边。——
荒谬！——然而这正是我叙述它的原因，我说
出它是为了真实，而非为了自我夸耀。当然，
回到诺昂老家的乔治·桑老太太写的绝对不是
什么淫荡的东西；然而，我敢说男学童们因《爱
神》[2]里任何一页所感受到的骚动，都绝不会比

---

[1]　乔治·桑（George Sand），19世纪法国著名小说家，作品及
　　其人生经历都浪漫且另具风情，老年时回到童年成长的乡村
　　诺昂终老。
[2]　皮埃尔·路易（Pierre Louÿs），比利时法语诗人、作家，纪德
　　的好友，《爱神》是他1896年出版的小说，叙述如爱神般可
　　人的女主角身为高级妓女的遭遇。

我这懵懂无知的孩子因格里布耶变成树枝感到的悸动更强。

另外，在塞居尔夫人拙劣的小剧本《朱斯蒂娜小姐的晚餐》里，有一段描述的是仆人们趁着主人不在家，想大吃大喝一番；他们搜遍橱柜，狼吞虎咽。好戏来了，当朱斯蒂娜弯腰在碗橱里捧起一大叠盘子时，车夫蹑手蹑脚地在她腰上捏了一把，一整叠餐盘从怕痒的朱斯蒂娜手中掉落，哗啦啦，盘子全碎了。这一片狼藉让我如痴如狂。

那时候，有个做女红的小女工会来家里工作，她也在德马雷姨妈家工作。她名叫康斯坦丝，是个发育不全的小个子，脸色明朗，眼神淘气，走路有点跛，手非常灵巧，在母亲面前不多话，但只要母亲不在，她说起话来可就肆无忌惮了。为了方便，康斯坦丝被安置在我的房间里工作，因为光线最充足，她经常整个半天都在我房里做女红，好几个钟头和我待在一起。我母亲如此仔细、注意，有时还过度担忧关心，让我受不了——但她怎么会在这件事上如此疏忽呢？

康斯坦丝的话题尽管低俗，我却因为年纪太小而听不懂，甚至看到玛丽有时拿手帕捂着嘴笑也并不好奇。但是康斯坦丝唱得比说得还多；她的嗓音悦耳，对于如此娇小的身躯来说，显得格外洪亮丰沛；她唯一自豪的就是声音，所以更加不吝惜自夸。她从早唱到晚，说她若不唱歌就缝不好。老天爷，什么曲子！康斯坦丝大可说那些歌曲并非不道德，不，让我头昏脑涨的是那些歌实在愚蠢，而且我还忘不掉！唉！那么多珍贵美好的记忆已溜走，这些重复的小曲却在我耳边清晰地萦绕，如同第一天听到。什么？卢梭晚年温馨地回想起童年时甘瑟拉姨妈唱的摇篮曲，而我，难道到死都会听到康斯坦丝以华尔兹的调子低唱？

妈妈——告诉我，
我们可认识这年轻小伙子，
他的样子——多么温柔，
就像颗好吃的软糖？

如果种子不死

就是这样无害但恼人的小曲！

天啊！我气恼的不是这首歌，而是我听它的时候高兴愉快，这已可看出我对淫秽、愚蠢和粗俗的可耻喜好。

我不是在找借口。但我很快也将提到我身上存有的一些本质，那时还察觉不到的本质，将使我向往德善。然而，我的心灵还是绝望地封闭。我徒然地想在那段时间的回忆里找到一丝曙光，看清楚那时执拗的我其实还有一点希望。但我的周围、我的身上，只是一片黑暗。我已经说过，面对安娜的关怀，我表现出了何等的笨拙愚蠢，同时期的另一段回忆将会把我当时混沌如蛆的状态描绘得更好。

稍早我曾说过，八岁时，父母亲送我去阿尔萨斯学校。我进的不是年纪最小的孩子上的十年级 [1]，由格里西耶老师教导基本知识，而是直接进高一级的韦德尔老师那个班。他是个圆滚滚的南部人，额上翘起一撮黑发，这神来一

---

[1] 法国的年级称谓是倒序排列的。——编者注

笔的浪漫和他整个人的呆板怪异地不调和。我接下来要叙述的事发生之前的几个星期，父亲陪我一起去见校长。学校已经开学，我是插班生，操场上的学生排成一排好让我们经过，他们低声说："噢！新来的！新来的！"我很激动，紧挨着父亲。然后我坐到座位上，和其他同学一起，但我很快就不会再见到这些同学了。然而那一天，韦德尔先生说起，有时候在语言里会有好几个单词代指同一个东西，这就叫同义词。他举了个例子，"coudrier"和"noisetier"两个单词指的都是榛果树。为了让课程多些趣味，他讲解完之后就问问题，并马上请纪德同学把刚才他所说的重复一遍……

我不回答。我不知道该怎么回答。但韦德尔先生人很好，以真正好老师的耐心又重复一遍，举了同样的例子；他要求我跟着他复述，我紧闭着嘴。他有点不高兴，但只是做做样子，要我到操场去重复二十遍"coudrier 是 noisetier 的同义词"，之后回教室把这句话说给他听。

　　我的愚蠢让全班同学乐坏了。如果我想借这个机会出风头的话，那轻而易举，只要受罚完后回教室，韦德尔先生第三次问我"coudrier"的同义词，我回答"花椰菜"或"南瓜"就行了。可我不是要出风头，也不想开玩笑，真的只是蠢呆了。或许我的脑子其实就不想听从老师的要求呢？不，甚至不是，事实上，我不懂人们要我做的是什么，期望我做的是什么。

　　学校惩戒规范中没有罚写作业这一条，韦德尔老师只好给了我个"操行"零分。这些惩戒在精神上其实是相当严苛的，但我一点都不在意。每个星期我都拿到"举止、操行"零分，或"秩序、整洁"零分，有时候还两个都零分，这很常见。不必说，我的成绩是班上倒数。我再重复一次：我那时还在沉睡，就像那些尚未诞生的事物一样。

　　之后不久，我就被学校退学，完全是出于另外一个原因，这是我必须鼓起勇气说的。

III

被阿尔萨斯学校退学只是暂时的。负责低年级的布吕南校长给我三个月时间纠正我的"坏习惯"。韦德尔先生很轻易就抓到了，因为我也没刻意去隐藏，根本没意识到这是如此不可原谅的事，因为我一直活在（若那可以称之为"活"的话）半梦半醒的痴愚状态里。

前一天，我父母办了个晚宴，我口袋里塞满各种餐后甜点，那天早上，韦德尔先生正在讲台上努力授课，我坐在椅子上隔着口袋摩挲着糖衣杏仁。

突然，我听到他说："纪德！您好像满脸通红？上前来向我解释一下。"

当我走上讲台的四级台阶，听见同学嗤嗤窃笑，更加面红耳赤。

我没有试着否认。韦德尔先生一弯下身低声问我，我就点头承认，之后行尸走肉般回到座位。然而，我完全没想到这个问题会有任何后续，韦德尔先生在问我之前，不是答应什么都不会说吗？

我父亲当天晚上就收到副校长寄来的一封信，要求他三个月之内不再送我到学校去。

谨守道德、校风良好，这是阿尔萨斯学校素来的传统，也是它赢得的美誉。布吕南校长做的这个决定一点都不令人吃惊。母亲后来告诉我，父亲收到这封信后非常生气，觉得这个做法太过突兀。他在我面前当然隐藏了气愤，只让我看到了忧伤。他和母亲审慎考虑商议之后，决定带我去看医生。

那时我家的家庭医生是布鲁阿代尔医生，他之后成为有名的法医专家。我想母亲对求医的期望不算高，或许除了几个忠告之外，更想得到的是道德层面的效果。她先和布鲁阿代尔医生单独谈了一会儿，出来后，医生让我进问诊间：

"我知道是怎么一回事，"他粗着嗓子说，"孩子，所以今天不必检查也不必问你什么。但如果你母亲过一阵子还是认为有必要带你回来看我，意思就是说你并没有改正错误，那样的话（这时，他的声音变得恐怖），这些就是为像你这种情况的小男孩动手术用的仪器！"他皱起的眉毛下滚动的眼睛盯着我的眼睛，手指着他扶手椅后面一整套撒哈拉游牧民族用的长矛。

这个威胁实在太容易看穿，我根本没当真。然而，母亲的担忧、告诫和父亲沉默的悲伤终于穿透了我的麻木昏沉，被暂时退学已经让我受到颇大的震撼了。母亲要我发誓改正，她和安娜也想尽办法让我转移注意力。世界博览会即将开幕，我们隔着围篱惊叹那些准备工作……

三个月之后，我又回到学校，我痊愈了，至少恢复到了一般人的程度。但过了不多久，我得了麻疹，身体变弱，父母亲认为我今年根本没怎么上学，决定让我次年再重读，所以假期还没开始就将我带到拉罗克去了。

一九○○年，我决定卖掉拉罗克的庄园。

当时我鲁莽地夸大对那地方的厌烦，一心想着未来，对过去抱着一种无谓的怨恨，或许还掺杂着今日所谓的"未来主义"[1] 理论。老实说，我当时的厌烦绝对比不上之后的懊悔。倒也不是对那地方的回忆变美好了，而是在我四处游历之后，再看到此地，更能欣赏它的好了，这小河谷散发的迷人魅力，在当时充满欲望与野心的我的眼里，只是狭窄闭塞。

天空太狭窄而树木太高大

雅姆 [2] 在此地时，在一首悲伤的诗中如此写道。

我在《背德者》一书中，描写的就是这处河谷和这栋房子。它不仅仅是书中背景，而且

---

[1] 未来主义是 20 世纪初兴起于意大利的艺术与社会运动，主张打破传统、赞美现代化与机械化。

[2] 弗朗西斯·雅姆（Francis Jammes），法国诗人、小说家，纪德的好友，两人书信往来密切。

贯穿着整本书，我是在延续和它之间深沉的相似处，但现在我要说的不是这个。

这座庄园是我外祖父母买的。厚墙上的小门上一块黑色大理石板上刻着：

一五七七年高贵的弗朗西斯·拉罗克建造
一七九二年大部分建筑遭到损毁
一八〇三年由建造者后裔重建

我原样抄下，让懂拉丁文的读者看 [1]。

无论如何，城堡庄园的主建筑一看就知道是较晚近建成的，唯一吸引人的是覆盖着它的紫藤。相反，厨房所在的那栋建筑以及厚墙上的小门，规模虽小但很精致，按照当代风格由砖块和石块交错砌成。整座城堡外面围着一道够宽够深的壕沟，里面是由河水引来的水流；两侧开满勿忘我的一条小溪将壕沟的水引入一

---

[1]　上方铭文原文为拉丁文。

个小瀑布。安娜的房间在瀑布旁边，所以她称其为"我的瀑布"；所有东西都属于知道享受、珍惜它的人。

瀑布声混合着河水潺潺，以及小门前的一个岛外引进的泉水不间断的低语，我们进餐时喝的水就是从这泉中汲取的，水非常清冽，夏季时水壶外还冷得凝着水滴。

一群群燕子在屋子四周盘旋，它们的泥巢筑在窗檐边，可以看到它们在巢里孵小燕子。我一想到拉罗克，首先想到的就是它们的叫声，仿佛它们一飞过，天空就随之被撕裂。我之后也常看到燕子，但再也没听过它们发出像这样的叫声；有时候它们飞得那么高，光是眼睛追随它们的身影都一阵晕眩，因为这通常是在天气好的日子，天气一变，它们就跟着下降的气压飞得低低的。安娜向我解释，燕子随着气压飞高或飞低来捕捉小昆虫。有时它们飞得好低，骤然一扇，翅膀划破水面。

"暴风雨要来咯。"母亲对安娜说。

　　一瞬间，雨声与溪水声、泉水声、瀑布声交织在一起，雨落在壕沟的水里发出银色的脆响。我在临近水面的那扇窗边支着肘，久久凝视着千万个小圆圈形成、扩大、交织、消失，有时候还有一个大水泡在水圈中央破裂。

　　外祖父母当初买下这座城堡庄园时，进出得穿过一片草原、树林、几户农庄的内院。外祖父和邻居基佐先生[1]一起修建了一条路，连接了从昂通往利雪的道路，这条小路先通到里歇尔谷，那是国务大臣退休后的隐居地；然后再通到拉罗克。拉罗克经由这条路和外面世界连通之后，我们家族才开始在这里住下，外祖父建了一座砖桥取代城堡原有的吊桥，因为那座吊桥维护费用昂贵，而且我们也从来没把它悬起来过。

　　对一个孩子来说，住在一个岛上，一个小小的岛，而且能够随时溜开，这是多么好玩的

---

[1]　指弗朗索瓦·基佐（François Guizot），法国历史学家、政治人物，曾担任法国首相。

事儿啊！一道砖墙像护城墙一样环绕，连通着整座庄园的每一栋建筑；砖墙内侧覆盖着浓密的常春藤，墙面够宽，人可以在上面行走无虞，但是站在上面钓鱼就太过暴露，会被鱼看见，最好的方式是趴在上面；墙外侧直陷入壕沟的水中，上面杂长着壁生植物，缬草、草莓、虎耳草，有次还冒出一个小树丛。母亲对那丛小树很看不顺眼，觉得它会使砖墙松动，但是安娜好说歹说不让小树丛被拔除，因为一只山雀在那儿筑了巢。

房子前面的庭院位于厚墙上的小门和厨房那栋建筑之间，从这里，视线可穿过壕沟护墙，穿过花园，一直延伸到河谷的无尽深处，倘若环绕着的山丘再高一点的话，河谷就会显得窄了。河谷右边的山坡上，有条小路通到康布勒梅尔和莱奥帕尔蒂耶，再往前通到海边；这一片，草地围着树篱，几乎看不见这条路，相对地，走在这条路上，视野也被挡住了，只有在某些地方才能偶然瞥见拉罗克，譬如树篱被一个栅栏广隔开的地方，从栅栏可走到草地上，缓缓斜降到河边。几丛姿态优美的树木分散在草地上，树荫可供悠闲的牛羊群休息，路边或河边也长着几棵单独立着的树，使整个河谷看起来像个闲适优美的公园。

我不知怎么称呼岛上的空地，就称它庭院吧，空地上面铺着碎石子，在客厅和餐厅的窗户前，间隔地摆着几盆天竺葵、吊钟海棠和矮玫瑰。庭院后面是一块三角形的草坪，立着一棵高大的槐树，高踞在房子后方。夏季天气好的晚上，我们通常都聚在院子里这棵树下。

河水下游方向的视野才开阔，也就是从房子前面望出去的视野，朝着这个方向，河谷在两条小溪的交汇处扩展开来。壕沟的另一边，朝里歇尔谷方向，是一片陡峭向上的草地，我们称为"滚卷地"，父亲过世几年后，母亲把它合并成我们花园的一部分；她在上面种了几丛树木，经过审慎研究也开了两条精心设计的小径，使其蜿蜒而上，一直通入小森林的矮围栏。

小森林是个如此神秘的境地，一经过围栏我就心怦怦跳，它高踞丘陵上方，占地相当广，与里歇尔谷相接。在我父亲那个年代，森林里几乎没小径可走，如此难以亲近，让我感觉它广大无边。而当母亲终于准许我自己去森林里探险，同时拿出土地测量图指出森林的范围及其后方的草地和农田之时，我是多么失望。我忘了自己是否曾想象过森林之外是什么，或许什么也没想象，然而，一旦知道了它的大小、范围，吸引力就减弱了。在那个年纪，我喜欢探险胜于观赏，总想到处挖掘未知的新奇东西。

然而，我在拉罗克的主要消遣不是探险，而是钓鱼。噢，钓鱼这桩受污蔑的运动！唯有不知其趣或笨手笨脚的人才会批评它。我就是因为太爱钓鱼，此后才对打猎没什么兴趣——只不过是拿起枪瞄准罢了，没别的技术。然而，想钓鳟鱼需要何等灵活的技巧和狡诈的手段啊！老门房博卡热的侄子特奥多米尔，在我很小的时候就教我如何组装钓竿、在鱼钩上放置鱼饵，因为鳟鱼最贪吃同时也警戒心最强。我钓鱼当然不用浮标或铅锤，不屑用这些只会把鱼吓跑的没用小道具。而且我用的是"佛罗伦萨鱼线"，由蚕丝拉制，有点泛蓝，好处是放在水里几乎看不见，而且非常牢固，可拉起壕沟里肥重如鲑鱼的鳟鱼。但我还是比较喜欢在河里钓鱼，河里的鳟鱼肉质比较纤细，而且野性强，钓起来更有趣味。母亲觉得我醉心于这种不耗体能的娱乐很可惜，我于是大声抗议：不能因为钓鱼要求静止不动，就把它视为不灵活的运动，在大河里或静水中钓昏睡的鱼或许如此，但是我在小溪里钓鳟鱼，重要的是在它们的藏身地出其不意地逮住它们。它们一看到饵就猛扑而上，但是，倘若没有立刻咬钩，那是因为它们觉察到了鱼饵之外的其他东西：一截鱼竿、一角鱼钩、一段鱼线、钓鱼者的影子，或是听到一点声响，那么，再等下去也没用，继续坚持只会更坏事；不如稍后再试，要更加小心，蹑手蹑脚趴着滑过来，隐身在草丛中，将鱼饵投得愈远愈好。当然也要注意灌木丛的树枝，除了高大的缬树和月桂，沿着河边长满了榛树和柳树，若倒霉让树枝钩住了钓线或鱼饵，得花一个小时才解得开，更遑论鱼早就吓得逃之夭夭了。

在拉罗克，我们有很多"客房"，但都空着，因为父亲鲜少和鲁昂的社交圈来往，他在巴黎的同事又有自己的家庭和生活习惯……我记忆里，来度假的客人只有盖鲁先生，他第一次来拉罗克，我想，是在我退学的那个夏天。父亲死后他还来过一两次，我猜想母亲认为自己守寡还继续接待他不太合适，尽管他每次待的时间都不长。我们是极为布尔乔亚的一个家庭，而盖鲁先生虽然不算是个波希米亚人，但总还是个艺术家，意思就是他不是"我们这个世界"的人。他是音乐家、作曲家，是许多著名音乐家诸如古诺、斯蒂芬·海勒的朋友，他经常在巴黎与他们见面。盖鲁先生住在鲁昂，是卡瓦耶－科尔 [1] 刚帮圣旺修道院制作的那座管风琴的首席管风琴师。他非常拥护教权，而且受教会保护，所以他的学生都来自优渥且观念正统的家庭，尤其是我们家，他在我们家威望很高，或至少是很受重视。他的外形坚毅又充满活力，脸部线条相当优美，一头浓密的黑鬈发，一把修剪方正的胡子，梦幻般的眼神有时突然充满狂热，声音和谐、悦耳但不存温柔，动作和缓但果决。在他所有的言谈举止中，我总能感觉到一股无法形容的自我和威严。他的手特别漂亮，既柔软又有力。一坐在钢琴前面，一股几乎神圣的活力就将他整个人占据，他的弹奏比较像是在演奏管风琴而非钢琴，有时缺乏细腻，但他弹奏行板乐章时简直如神，尤其热爱莫扎特的慢板。他经常笑着说：

---

[1] 指阿里斯蒂德·卡瓦耶－科尔（Aristide Cavaillé-Coll），法国管风琴制造家，被誉为 19 世纪最杰出的管风琴制造家。

"快板我不敢说，但是慢板呢，我可媲美鲁宾斯坦[1]。"

他说这话时如此兴高采烈，并无自吹自擂的成分。事实上，我相信不管是鲁宾斯坦（我对他记忆犹新）还是世界上任何人，弹奏莫扎特的幻想曲，或是贝多芬的协奏曲慢板，很少有人能像他一样带着如此高贵的悲剧性，那么多热情、诗意、力量和庄重。之后我有很多次和他意见不合：他批评巴赫的赋格冗长单调，而我认为他尽管喜欢好的音乐，对不好的音乐却不够挑剔；他和他朋友古诺的意见一致，固执地不愿肯定诸如塞萨尔·弗兰克[2]这些人的才华。那时我对音乐世界一窍不通，他是我的音乐大师、先知、魔术师。每天晚上，晚餐过后，他让我听奏鸣曲、歌剧、交响乐一饱耳福，平

[1] 指阿图尔·鲁宾斯坦（Artur Rubinstein），美籍波兰裔犹太人，20世纪最杰出的钢琴家之一。

[2] 塞萨尔·弗兰克（César Franck），比利时裔法国作曲家、管风琴演奏家和音乐教育家。

时斩钉截铁一定要我按时睡觉的母亲，也允许我晚一点上床。

我绝对称不上早熟，但是我相信我对这些夜间音乐的强烈喜好，应该主要是（几乎全部是）在盖鲁先生最后一次来度假之时——父亲死后两三年的那一次——产生的。在那段时间里，母亲听从他的指示，带我去听了大量音乐会，我为了表现听得很有成果，一整天哼唱着交响乐的片段。盖鲁先生就在那时开始了我的音乐教育。他让我坐在钢琴前，每教一段曲子，他都编造一段情节，环环相扣地生动诠释乐曲，整首曲子便成了对话或故事。虽然有点做作，但只要添加的情节不太过愚蠢，这方法对一个孩子来说还不错。我那时才不过十二岁而已。

下午，盖鲁先生作曲，安娜经训练已经可以听写乐句，有时就当他的秘书；他依赖安娜帮忙，一是为了保护他日渐衰弱的视力，二是如同母亲所说的，需要有个对象来发泄他的专制个性。安娜的付出全心全意，她早晨陪他散步，天气如果太热就帮他拿外套，为他撑伞以免阳光照射到眼睛。母亲反对这种伺候，盖鲁先生顺理成章的态度让她气愤，她试图挫挫他的傲气，那股她自己也躲不了的傲气；她不时挖苦讽刺他，但是不够犀利，也没刺到痛处，他都只是一笑置之。很久之后，当他眼睛已经全盲，母亲和很多人一样，怀疑他是否真的失明，批评盖鲁先生是装模作样，其实"并没瞎到那种程度"。她认为他谄媚、经历太浅、奸诈、趋炎附势、无情，这些特质他其实都有一点，但他不失为一个艺术家。有时候，饭吃到一半，他那在眼镜之后已显蒙眬的眼睛，完全迷失在另一个世界；有力的双手放在餐桌上，像在琴键上一样舞动着；这时如果有人跟他说话，他会大梦初醒似的回答："对不起！我正在降 mi 键上。"

我非常喜欢表哥阿尔贝·德马雷，尽管他大我二十岁。他和盖鲁先生特别亲近，昵称他为"盖鲁爸爸"。阿尔贝表哥是全家族唯一的艺术家，热爱音乐，也弹得一手好琴，然而音乐是他俩唯一的共同点，在其他方面则都截然相反。"盖鲁爸爸"的每一个缺点，都可以在阿尔贝的个性上找到对应的优点。阿尔贝的正直坦率，对应盖鲁的奸诈虚伪；阿尔贝的慷慨，对应盖鲁的贪婪……不胜枚举。但是阿尔贝太仁慈，又缺乏纪律，生活不尽如人意，他不知保护自己的利益，做的事都让自己深陷泥沼，因此家族里的人都不怎么看重他。盖鲁先生叫他"小胖阿尔贝"，透着一种略带怜悯的溺爱。阿尔贝赞赏盖鲁先生的才华，但蔑视他的为人。后来他告诉我，有一天曾不小心撞见盖鲁亲吻安娜。他当时出于对安娜的尊重，假装什么都没看到，但一和盖鲁独处，他就开口质问。

"你刚才怎能如此造次？……"

那是在克罗斯纳街的客厅里。身材高大健壮的阿尔贝把音乐大师推到墙上，后者结巴地辩解。

"你这小胖阿尔贝还真笨！你看不出这只是

开玩笑吗？"

"可恶！"阿尔贝大叫，"下次再让我看到你开这种玩笑，我就……"

"我气坏了，"他接着说，"他若再多说一个字，我想我会掐死他。"

好像是在我被退学的那个假期结束之后，阿尔贝开始对我产生兴趣。我身上有什么能引起他的好感呢？我不知道，但无疑，正因为我觉得自己不值得，于是我更加感激他对我的关注。而且，这也令我更努力地让自己配得上他的关注。别人的好感和关注可能会唤醒一些沉潜的优点，我经常想，那些穷凶极恶的坏蛋，是因为没能拥有关爱与微笑。当然，父母对我的关爱绰绰有余，但我对阿尔贝的赞许或反对的态度很快便比对父母亲的态度更为敏感。

我清楚记得那个秋天的晚上，晚餐过后，他把我拉到父亲书房一角，父母亲正和德马雷姨妈还有安娜玩牌。他低声跟我说，他看不出我除了对自己之外，还对其他什么事物感兴趣，这是自私者的标志，我给他的感觉就是个不折不扣的利己主义者。

阿尔贝绝对不算爱批评；他看起来总是坦率爽直、天马行空、充满幽默感且开朗。他对我的责备毫不带敌意；相反，正因为他关爱我，这句尖锐的责备倍显恳切。之前从没有人这样跟我说过话。阿尔贝的这些话如此深入我心，这当然在他意料之外，而我也是之后才意识到的。我通常最不喜欢朋友的一点，就是纵容。阿尔贝不会纵容，我们在他身边，能找到对抗自己的武器。懵懵懂懂地，我在找寻这个武器。

九年级我几乎都没上到课，父母让我重读一次，所以我很轻松就名列前茅。这让我对学习突然产生了兴趣。

那年冬天酷寒而漫长。母亲福至心灵，让我学滑冰。父亲同事雅尔迪尼耶的两个儿子朱尔和朱利安和我一起学，小的那个和我同班，我们铆足劲想赢过对方，成果突飞猛进。我热爱这项运动，刚开始我们在卢森堡公园的水池上练习，后来在默东森林里的维勒邦小湖，以及凡尔赛运河上。雪下得好大，冰结了厚厚一层，我还记得我能穿着冰鞋从图尔农街一路溜到阿尔萨斯学校，也就是位于卢森堡公园另一端的阿萨斯街。在公园高耸的雪堆之间的大道上寂静无声地滑行，有着奇特的快乐。之后，再也没有过像这样的冬季了。

我对雅尔迪尼耶家两兄弟都不存真正的友谊。朱尔年纪大太多，朱利安又蠢得要命。但是我们的父母对友谊的看法，近乎某些父母对门当户对的婚姻的看法，要借着所有机会把我们凑在一起。我已经每天上课都要看到朱利安了，散步、滑冰又得和他一块儿。上同样的课，有同样的烦恼，进行同样的娱乐；我们的相同之处仅此而已，就当时而言，这也已经足够了。当然，班上还有几个我比较想亲近的同学，只不过，可惜啊，他们的父亲不是大学教授。

每周二下午两点到五点，阿尔萨斯的学生会由老师带着进行校外教学（至少低年级学生是如此），参观圣礼拜堂、圣母院、万神殿、艺术工艺博物馆（一个黑暗的展厅里，有一面小镜子，借着巧妙的多片小镜面设计，能反射所有外面街道上的情况，好像一幅生动活泼的图画，就像特尼耶画作中的人物在走动；除此之外，博物馆里的一切都散发着死气沉沉的无聊气息），还有荣军院、卢浮宫，以及位于蒙苏里公园中央一个非常奇异、叫作"宇宙大地图"的地方：那是个破破烂烂的小花园，主人是个披挂着羊驼毛的怪人，他把花园布置成一幅世界地图。岩石罗致成山，湖泊下方虽铺了水泥，却还是干涸了；代表地中海的那个池子里，几只金鱼懒散地游着，似乎在抱怨代表意大利长靴的那块地区太局促狭窄。老师要我们指出哪里是喀尔巴阡山脉，而那个怪人手拿着长棍，指出各国的边界线、各城市的名字，指着一大堆稀奇古怪而灵巧的设计，自豪于自己一手创造的作品，强调在上面花了多少时间；临走时，老师赞叹他的耐心，他则以教训的口气回答："光有耐心没有点子，也是没用的。"

我很好奇这一切现在是否还留存着。

有时候，负责低年级的布吕南校长也和韦德尔老师一起带我们出去，后者恭敬地退到一旁。布吕南先生带我们去的地方一成不变，一定是植物园，进去后也一成不变地带我们到昏暗的动物标本展览室（那时新的博物馆还没建成），让我们在棱皮龟面前停下，大海龟在一个独立橱窗里，占据显眼的重要位置。他要我们围成一圈，接着说："好啦！孩子们，仔细看！这只海龟（我必须解释一下，海龟样貌栩栩如生，尽管成了标本，嘴巴还半张着）有几颗牙齿？仔细数一数，慢慢来。数好了吗？"

我们不必数，这只乌龟我们太熟悉了。但我们还是一边偷笑一边假装数着，还互相推挤，以便看清楚一点。迪布莱坚持说只看到两颗牙，可他是开玩笑大王。高个儿文茨眼睛盯着乌龟，不停大声数着，直数到六十多，布吕南先生才带着那种应对孩子的慈蔼呵呵笑着打断他，引用拉封丹寓言里的话：

"'您离得愈来愈远了。'你们数得愈多，就愈错。所以我还是打断比较好。我会让你们大吃一惊，你们以为的牙齿，其实是突起的小软骨。乌龟是没有牙齿的，乌龟和鸟一样，只有喙。"

我们礼貌地发出"噢！"的惊叫。这个戏码我参与了三次。

每次户外教学，朱利安和我的父母亲会分别给我们两苏[1]。这是他们双方商量好的，妈妈不愿意给我的钱比雅尔迪尼耶太太给朱利安的多，他们家境比我们差，所以数目是由雅尔迪尼耶太太决定的。

"两个这么大的孩子拿五十生丁怎么用得

---

[1] 旧时法国货币单位，一苏等于二十分之一法郎，等于五生丁。

了呢?"她高声说。我母亲也同意两苏"绝对够了"。

这两苏,我们通常花在克莱芒老爹的铺子里。他的铺子在卢森堡公园里,几乎贴着离学校最近的那个入口的栅栏,只是个漆成绿色的木头棚子,和公园长椅的颜色一样。克莱芒老爹系着蓝色围裙,和从前的高中门房一样,他卖弹珠、金龟子、陀螺、椰子、薄荷、苹果或樱桃口味的糖棒、像手表发条一样绕成一团的甘草糖,还有一管管装着白色和粉色茴香子的玻璃管,上下两端各用粉红色棉花和软木塞塞住;茴香子本身味道不怎么样,但是空了的管子可以当作吹箭来玩。就像那些贴着黑醋栗酒、茴香酒、蓝橙酒标签的小瓶子,我们买它们只为了喝完后,可以把瓶子吸在嘴上,像吸盘或水蛭一样。朱利安和我通常一起分享买的东西,要买什么也一定会询问对方的意见。

次年,雅尔迪尼耶太太和我母亲认为可以把我们每星期的零用钱提高到五十生丁,这让我宽裕得可以养蚕了。蚕并不贵，贵的是它们吃的桑叶，得每星期两次到圣叙尔皮斯街上的草药店买。朱利安厌恶蚕，宣称以后他不再和我商量，自己想买什么就买什么。这让我们的关系变得冷淡。每周二校外教学时，需要两两结伴而行，我们都各自找别的同伴。

我对一个同学怀有强烈好感。他是个俄国人，我得查同学录才能记起他的名字。谁能告诉我他现在的消息呢？他健康欠佳，脸色异常苍白，金黄色的头发相当长，眼珠非常蓝；他的声音优美，说话略带腔调，像在唱歌。他周身散发着一种诗意，我想是因为他觉得自己羸弱，需要别人关爱的缘故。其他孩子都蔑视他，他也极少参加他们的游戏；至于我，只要他一看我，我就觉得自己羞于和别人玩。我记得有几次下课正在玩，一看到他在看我，我就立刻扔下游戏，走到他旁边。大家都嘲笑我这样的行为。我很希望有谁去攻击他，我就可以挺身保护他了。图画课老师允许大家上课低声交谈，我们两个就坐在一起；他告诉我，他父亲是个很有名的学者，而我不敢向他打听他的母亲，也不敢问他为何来到巴黎。突然有一天，他不再到学校来了，没有人知道他是生病了，还是回俄国了；我因拘谨和害羞，不敢去问或许知道内情的老师们——这是我童年时期，或许也是我生命中最深切的悲伤之一。

我母亲非常小心，不想让我感觉出我们家经济状况比雅尔迪尼耶家好得多。我穿的衣服和朱利安完全一样，都是从"雅尔迪尼埃服装店"买来的。我对衣着极为在意，很受不了老是穿得不像样。要是有水手装加贝雷帽，或是一套天鹅绒西装，我会乐上天！但是雅尔迪尼耶太太既不喜欢水手装风格，也不喜欢天鹅绒，所以我只能穿着太窄的小外套、膝盖处缩紧着的中筒裤和条纹袜子；袜子永远太短，不是像枯萎的郁金香那样垂下来堆成一团，就是直接缩进鞋子里。最恐怖的是这个：上了浆的衬衫。

我得等到几乎成年之后，才被允许穿领子不上
浆的衬衫。这是那时候的习惯，面对流行，什
么办法也没有。我最后解脱了，也只是因为流
行变了。我们可以想象一个可怜的孩子，一年
到头，不管上学还是玩耍，藏在外套底下没人
看见，箍着一个像白色胸甲般的铁圈，领口上
还夹着活动硬领，只要领口稍微大一点或是小
一点（十之八九都是这种情况），就会出现僵硬
的皱褶，一流汗摩擦，领口处就磨得发疼。穿
着这身服装做运动该多可怕！头上一顶小圆帽，
更是雪上加霜……啊！现今的孩子不知自己是
多么幸福！

　　然而我还是很喜欢赛跑，班上除了阿德里
安·莫诺，没人赢得了我。体操方面，爬竿和
攀绳我甚至比他还强；吊环、单杠、双杠我也
很拿手，但高空吊杠就不行，我会头晕。晴朗
的夏天晚上，我经常和几个同学在卢森堡公园
里的一条大道上（就是克莱芒老爹店铺在的那
一条）一起玩球。可惜！那时候我们玩的还不

是足球，球是一样的，但我们的玩法根本没什么规则，而且和足球相反，禁止用脚踢。尽管如此，我们还是很热爱这个游戏。

我还没说完服装的事：每年四旬斋第三个星期的星期四（狂欢日），帕斯科体育馆都会为顾客的孩子们举办一场舞会——一场化装舞会。一旦我知道母亲允许我去，一旦知道可以参加这舞会，变化装扮这念头就让我乐昏了头。我试着想清楚自己为什么这么狂热。什么！把自己变得不是自己就能让人感到如此狂喜吗？在我那个年纪就已经这样了吗？不，我开心的是可以穿得花花绿绿、光彩华丽、稀奇古怪，装扮成别的样子……当我听到雅尔迪尼耶太太跟母亲说要让朱利安装扮成面包师傅时，我的兴奋瞬间荡然无存。

"对这些孩子来说，"她向我母亲解释（母亲也立刻表示同意），"重要的是换装，打扮成什么不重要。"

那时，我已知道自己将要面对什么；她们

两个翻阅雅尔迪尼埃服装店的目录，在整份目录最底下找到"面包师傅"。目录从"小侯爵"开始依序往下，"胸甲骑兵""意大利面具丑角""阿拉伯骑兵""乞丐"，直到几乎不用花钱的"面包师傅"。

白布围裙、白布袖套、白布软帽，我整个人就像一块白手帕。我看起来如此沮丧，因此妈妈把厨房里的一个纯铜汤锅借给我，还在我围裙上插了一把酱汁大汤匙，好让我这乏味呆板的服装显得有点生气。她又在我的围裙口袋里装满小脆饼："你可以分给大家吃。"

一进舞会会场，我一眼就看到二十来个小"面包师傅"，简直像面包师傅学校似的。汤锅太大碍手碍脚，让我狼狈极了。而更增加我困窘的，是我突然爱上了（是的，确确实实爱上了）一个年纪比我大一点的男孩。他修长、优雅、口才又好，留给我一个惊艳的印象。

他装扮成小魔鬼，或是小丑，一身镶着金属亮片的紧身黑衫裹着姣好的身材。当大家挤过去要看他时，他蹦跳着、翻跟斗、转圈圈，就像被自己的成功和开心灌醉了。他就像个精灵，使我的视线无法转移；我也想吸引他的眼光，同时又害怕他看我，因为我的服装是如此可笑，我觉得自己丑陋不堪。两个转圈之际，他喘着气，走向一位应该是他母亲的女士，跟她要手帕，他满头大汗，为了擦额头上的汗，把头上固定着两只犄角的黑色头箍拿下。我靠近他，笨拙地拿了几个小脆饼给他。他说声谢谢，漫不经心地拿了一块，立刻转过身去。我过了不多久也离开舞会，心如槁木。回到家后，我的绝望瞬间爆发，母亲因此答应次年让我化妆成"乞丐"。对啊，乞丐的装扮至少适合我，说不定那个小丑也会喜欢……下一次化装舞会，我的确扮成了乞丐，但是他，那个小丑，已经不在那儿了。

我已忘记母亲为什么在我上八年级时让我住校。阿尔萨斯学校反对住校制度，所以没有宿舍，但学校鼓励每位老师都接收几位寄宿生。

我寄宿在韦德尔先生家，尽管我已经不在他任教的班上了。韦德尔先生住在圣伯夫[1]曾住过的房子里，前厅走廊尽头的圣伯夫半身塑像让我非常惊讶。这个我不认识的圣女，怎么会是一个老先生模样，一脸慈祥，头上戴着流苏小帽呢？韦德尔先生告诉我们圣伯夫是一位"伟大的评论家"，小孩就算容易轻信，也得有个限度。

韦德尔先生家有五六个寄宿生，分住在两三个房间。我和一个冷淡、缺乏活力、不兴风作浪的高个儿合住二楼一个房间，他叫罗索。其他同住生我没有任何印象……啊，还有一个：美国人巴尼特，开学第二天他就用墨水在自己脸上画了胡子，直叫我赞叹。他穿着宽松的短上衣，宽大的中筒裤，脸上满是痘，却格外开朗、

[1　指夏尔－奥古斯丁·圣伯夫（Charles-Augustin Sainte-Beuve），
　　法国 19 世纪著名作家、文艺批评家。圣伯夫为其姓氏，其中
　　"圣"在法语中为阴性，所以年幼的纪德误以为这是某个圣女
　　的名字。

充满笑意；他全身上下散发着欢乐、健朗和一种内在骚动，这让他不断做出一些充满风险的怪诞行为，因此在我们眼里他自带威望的光环，也令我对他充满兴趣。他总是在一头蓬乱的头发上擦拭鹅毛笔。他第一天住进韦德尔家时，我们吃完饭正在屋后的小花园里玩，他走到正中央，当着我们所有人的面，朝空中高高撒了一泡尿。我们都被他的厚脸皮吓呆了。

这个小花园是斗殴的舞台。我通常都很平静，甚至太过温和，最讨厌打架，当然也是因为知道自己一定会输。我还有一个惨痛的回忆：有一天我从学校回家，沿着公园外围的栅栏穿过卢森堡公园，这不是我平日惯走的路，但也没多绕路。走着走着我遇见一群学生，应该是学区公立学校的学生，在他们眼里，阿尔萨斯学校的学生都是可恶的小贵族。他们年纪和我差不多，可体格强壮多了。擦身而过时，我听到他们的讥笑，看到他们仇恨嘲讽的眼神，我尽量抬头挺胸继续走，而那群学生中最壮的一个朝我走过来。我全身的血液瞬间都涌到脚底了。他挡在我面前，我结巴地开口："您要……要干什么？"

他什么都不回答，但在我左边亦步亦趋地跟着我。

我继续走，眼睛看着地面，可感觉到他正盯着我，其他孩子也盯着我的背。我真想坐下来。"嘿！这就是我要干的！"突然间，他边说边往我眼睛上挥了一拳。

我眼冒金星，跌跌撞撞地走到一棵栗子树下，倒在浇树用的蓄水浅坑里，满身污泥、头昏脑涨地爬起来。被打肿的眼睛非常痛。我那时不知道眼球的晶状体有弹性，还以为被打破了。眼泪哗哗流下，我心想：是啦，眼睛都打穿了。但比这个还令我痛苦的是其他孩子的嘲笑，以及对攻击者的鼓掌叫好。

总之，我不喜欢挨拳头，也不喜欢动拳头。然而，韦德尔家住了一个讨厌的大高个儿，红头发、低额头，幸好他的名字早已从我的记忆里消失，他太喜欢利用我的温和。我忍受着他三番两次的挖苦嘲弄，有一回我突然大发脾气，扑向他，抓住他，其他孩子在我们身旁围成一圈。他比我高一点，体型要壮多了，但我出其不意，所以占了上风，连我自己都很吃惊，愤怒使我力量倍增；我推他、撞他，一下就把他打倒在地。他倒在地上，我陶醉在胜利之中，以古代斗殴的方式（或者我以为是古代的方式）抓着他的一头乱发在地上拖，扯下一把头发。我手上攥着一把油腻的头发，让我自己都对这胜利感到有点恶心，只是非常讶异于自己居然打赢了；在此之前，我以为这是绝不可能的事，只因我气昏了头才敢动手。这次胜利让我赢得其他人的尊敬，也让我很长一段时间不受骚扰。因为这件事，我突然领悟，很多看起来不可能的事，要试了才知道。

我们在尼姆附近度过了九月的一部分，住在刚结婚的夏尔·纪德叔叔的岳父的宅邸。我父亲在那儿染上了病，据说是吃无花果引起的。事实上，他得的是肠结核，我相信母亲也知道，但在当时，大家对肠结核这种病，只盼不知不觉就会好。加上当时父亲的病情已经发展得太严重，没什么痊愈的希望了。他在那年（一八八〇年）十月二十八日安静地去世。

我不记得见过父亲过世的样子，但记得他辞世不久前已卧床不起，面前有一本厚厚的书，放在床单上，书翻开朝下放着，因此只能看到羊皮封面；父亲应该是在我走进房间时才放下的。母亲后来告诉我，那是本柏拉图的著作。

我在韦德尔家，有人来带我回去，已不记得是谁，或许是安娜吧？回家的路上，我知悉了一切。然而我的悲伤是在看见母亲穿着丧服时才爆发出来的。她并没有哭，在我面前压抑着，但我感觉得到她之前已哭了许久。我在她怀里啜泣。她担心精神上的刺激对我不好，要让我喝点茶。我坐在她膝上，她拿着茶杯，用汤匙喂我喝，我记得她强颜欢笑，对我说：

　　"来，看看这个勺子会不会顺利钻进嘴里？"

　　霎时我感受到这份爱包围着我，从此紧紧将我裹住。

　　至于失去父亲的事实，我又怎么能真正体会呢？难过是一定的，但是，唉，我尤其感受到的，是我因为失去父亲而被同学们另眼相待。想想看，每个同学都写信给我，就像父亲得到勋章后每个同事都写信给他一样！再加上，我听到表姐表弟都要来的消息！母亲决定不让我参加丧礼，舅舅姨妈们陪同着母亲跟在灵车后面送葬时，艾玛纽埃尔和苏珊陪着我留在家里。见到她们的快乐几乎完全冲淡了我的悲伤。现在，该是谈谈她们的时候了。

IV

艾玛纽埃尔比我大两岁，苏珊比我大一点
点。路易丝紧随其后。至于爱德华和乔治，大
家野似想尽快摆脱他们一样，叫他们"男孩们"；
他们俩才刚从摇篮里爬出来没多久，可以不把
他们算在内。在我眼里，艾玛纽埃尔太文静了。
只要我们玩的游戏有点"粗野"，甚至只要吵闹
一点，她就退出不玩。那时她拿着一本书独自
走开，好似遗世独立，怎么叫她都没用。对她
来说，外在的世界似乎不再存在，她连身在何
处都已不知，有时会突然咚地从椅子上跌下来。
她从不和人争吵，对她来说，把自己轮到的游戏、
自己的位置、自己的份额让出来是最自然的事，
而且总带着微笑，十分优雅；我们会认为她之
所以这样做并非为了美德，而是满心情愿，若
不这样做，反而才是勉强自己。

苏珊个性大胆好动、机灵、冒失，只要有
她参加，任何游戏都生动有趣，我最喜欢和她

一起玩，还有路易丝，只要她不赌气闹别扭，因为她的脾气比两个姐姐坏，阴晴不定。

何须描述我们玩的游戏？我认为和所有同年纪孩子玩的游戏大同小异，只不过我们玩起来更带劲，充满狂热。

舅舅舅妈和他们的五个孩子住在勒卡街。那是一条典型的外省城市的沉闷街道，没有商店，冷冷清清，既无特色也没吸引力。从这条街走到更沉闷的码头之前，会经过鲁昂市立医院，当年福楼拜的双亲就住在这里，他哥哥阿希尔也继父亲之后在这里当院长。

舅舅的房子和那条街一样平凡沉闷，房子我待会儿再提。和表姐表弟们见面，大多是在克罗斯纳街的我家里，我也比较喜欢在这里，当然更喜欢在乡下。我们每年夏天会在乡下共度几个星期，不是他们来拉罗克，就是我们去舅舅在屈韦维尔的度假别墅。这些时候，我们一起念书、一起玩耍、一起培养我们的嗜好和个性、一起缔造我们的计划，将希望与生命交织在一起。每天晚上，父母来把我们各自带回去睡觉时，我都孩子气地想：现在只好这样，唉，因为我们还小！等到以后，就算晚上我们也不分开了。

屈韦维尔，也是我写这本书的地方，这儿的花园并没有多大改变。喏，那儿是环绕着修剪过的紫杉的圆形空地，之前我们在那里玩沙堆；不远处那条"花径"，是我们规划成小花园的地方；银椴树的树荫下，是我们的运动场，每次艾玛纽埃尔做运动都担心胆怯，而苏珊则大胆活泼；再过去是一段树荫遮蔽的"幽径"，某些天气好的晚上，晚餐后舅舅会躲在那里，其他晚上，他会大声读司各特一部长得不得了的小说给我们听。

屋子前面一棵雪松长得巨大无比，我们经常躲在枝丫上，一玩就是好几个小时。我们各自盖了自己的房间，互相拜访。在更高的枝丫上，我们用活套和钩子钓鱼；苏珊和我常常爬到树的顶端，对下方的人喊："我们看见海了！我们看见海了！"的确，天气晴朗的时候，我们看得见十五公里外那道银亮的海岸线。

不，这一切都没改变，我轻易地在内心深处找回当时还是孩子的我。但这里不必再追溯那么久远的往事：父亲过世之后，艾玛纽埃尔和苏珊来巴黎和我相聚时，我们幼年的游戏已被其他娱乐取代。

母亲被家人说服，决定到鲁昂度过守丧前的时光。她不想把我留在韦德尔先生家，我就这样开始了不规律且无纪律的生活，还有断断续续的教育，也引不起我多大的兴趣。

我们在亨利·龙多舅舅位于克罗斯纳街的家里度过那年冬季。表妹路易丝的家教老师于贝尔先生每天来给我上一点课。他用一种"空白地图"教授我地理；我必须认出地方，写下地名，按照虚线描画。这样一来几乎不必费脑筋，结果什么也没记住。我记得于贝尔先生像锅铲一样的手指在地图上游移，出奇的扁平、宽大、四四方方。

那年冬天，我收到一个类似复印机的新年礼物；我已忘了那个简陋粗糙的机器叫什么名字了，大体来说，它只是一个金属板。金属板上面涂着一层黏稠的物质，在上面铺上写好字的纸，再覆上一叠影印的纸就能使用。办一份报纸的念头是否来自这个礼物？或是相反，因为有了念头才收到这个礼物？这不重要。总之，一份以家庭成员为读者的小报就这样诞生了。我想我并没有保留为数不多出刊的几期；我记得有表姐妹们写的短文和诗歌，至于我的贡献，只是抄写了几页知名大作家的作品；我并不认为这是自谦，而是我相信，比起我的创作，家中长辈们会更想读到生物学家布封的《松鼠是个和善的小动物》和诗人布瓦洛 [1] 书简的片段，事实也的确如此。

亨利·龙多舅舅管理着一个棉毛印刷织布工厂，位于鲁昂郊外四五公里处的乌尔姆。我

[1　指尼古拉·布瓦洛（Nicolas Boileau），17 世纪法国著名诗人、作家、文艺批评家，代表作有文艺理论专著《诗的艺术》。

们经常乘车过去。紧靠着工厂旁边，本来有一栋方方正正、朴实无华的小房子，没在我的记忆中留下任何痕迹；舅舅拆了这座房子，在原地或稍微偏一点的地方盖了一栋浮华的新房子，融合了海边度假别墅和诺曼式建筑的风格。

亨利舅舅是个好好先生：温和、慈爱，脾气好得甚至有点缺乏生气，他的脸也毫无特点。我上面说过，他十八岁时改信天主教，外祖母有一天打开他房间衣柜时，吓得昏过去，里面竟有一座圣母马利亚的祭坛。

亨利·龙多家里订《特里布莱》，这是一份尖锐的讽刺报纸，主要是为了让茹费理[1]下台而创办的，其中充满了恶毒的讽刺插画，最精妙的是把"东京人"的鼻子扭曲成象鼻，我表哥

---

[1]　茹费理（Jules Ferry），法国共和派政治人物，曾任法国总理，主张扩张越南东京湾（Tonkin）西岸殖民地，被反对派谮称为"费理东京""东京人"。

罗贝尔看得哈哈大笑。在乌尔姆的家里，客厅或台球室桌上散放着摊开的《特里布莱》和天主教报纸《十字架报》[1]，摆在一起像互相挑衅，这上与主人政治观念不同的客人有点不舒服；德马雷姨父姨妈和我母亲都假装没看到，表哥罗贝尔暗自不高兴。尽管在政治和宗教上观点不同，母亲个性太随和，不会和她哥哥起冲突，更不会和她嫂嫂露西闹不和。我舅妈露西是个谨守秩序、常识丰富、心胸宽大的人，虽然她默默遵循丈夫的意思，然而大家都认为她比丈夫高一等；因为男女若在行事上资质相等的话，男人需要更高的智慧才能不显得比女人差太多。亨利舅舅过世后，接管工厂的是露西舅妈，而非他们的儿子罗贝尔，遇到工人罢工的情况，也是她去应付。

那时鲁昂的商业还很发达，乌尔姆的工厂

[1 法国罗马天主教会创办的日报，在法国各地发行，报纸内容主要以宗教信息为主。

是鲁昂重要的大工厂之一。工厂并不生产布匹，只加工印花。但是印花过程工序繁复，雇用了很多工人。工厂不远处，靠近草地的地方，有一座高高的棚子，是晒干布匹的地方。风从栅栏之间吹过，吹得布匹不断相互拍打，发出神秘的沙沙声；一段"之"字形的台阶巍巍颤颤地往上通向一层层楼、一条条走廊和通道，让人迷失在垂挂着的一匹匹阴凉、安静、飘摇的白布之间。小河边有一栋总是关着门的小楼，是秘密调制颜料的地方，总传出一阵阵古怪的气味，闻久了却令人喜欢。在摆满机器的作坊里，我可以待上好几个小时，看着发亮的铜制滚筒下滑出被印上颜色、赋予生命的布匹；但是我们这些孩子未经允许不能独自进入作坊。不过，我们可以自由进出仓库，只要看到门开着就可以进去。仓库是一栋很大的建筑，里面堆放着印好的、排列有序的一捆捆布匹，等着运送到商店贩卖。仓库中的每一层楼里有三条平行走廊，都铺着从库房这头通到那头的铁轨，铁轨上有一台小货车穿梭在货架之间。苏珊、路易丝、我，三人各占一台小货车，兴高采烈地比赛。艾玛纽埃尔不和我们一起到仓库玩，因为只有三台小货车，而且她不喜欢冒险刺激，最重要的是，她不确定大人是否允许我们在仓库里玩。

工厂旁边就是占地广大的农庄，有一个完美的家禽饲养场和一个很大的谷仓，表哥罗贝尔在谷仓饲养一种品种特殊的兔子，一捆捆干柴堆成它们的窝；当表亲们不在时，我往往在这里待上好几个小时，躺在干草上看这些神奇的小动物嬉戏玩耍。

小河和路边的围墙之间是花园，中央有一个水池，窄小曲折，是福楼拜梦想的那种一方小池。池上横着一座滑稽的铁制小桥，像玩具一样，池子底部铺着水泥，上面布满了大量的石蛾幼虫，看起来像枯枝败叶，裹着小树枝般的奇怪外壳。我捞了一些养在水盆里，但还没看到它们蜕变成蛾就离开了乌尔姆。

我想，童年时期的游戏和那些活生生的动

物带给我的强烈喜悦，是之后任何书本、音乐、图画都比不上的。我成功地让苏珊分享了我对昆虫学的热情，她和我一起抓虫，翻开烂泥和腐叶找寻埋葬虫、粪金龟、隐翅虫时也不会太嫌恶心。时间一长，我的这种专注和热情或许得到了家族的尊重，因为，我虽然还是个孩子，却继承了外祖母过世不久的堂弟费利克斯·阿基米德·普歇 [1] 遗留下的整套标本。这位老学者是位固执的科学家，反驳巴斯德 [2] 的学说，支持大胆的"自然发生论"，或称"自然繁衍理论"，曾一时声名大噪。不是所有人都能有个叫作阿基米德的表亲，我多希望我曾认识他！但我倒和他当博物馆教授的儿子乔治有一些来往，这我稍后再提。

收到的这二十四个软木盒里，装满了分门

---

[1] 费利克斯·阿基米德·普歇（Félix Archimède Pouchet），法国著名生物学家，支持"自然发生论"而反对"细菌论"。

[2] 指路易·巴斯德（Louis Pasteur），法国微生物学家、化学家。他倡导"疾病细菌学说"，以发明"巴氏杀菌法"闻名。

别类、排列整齐、贴着标签的昆虫，我当然受宠若惊；但我不记得自己因为这个礼物有多么欢欣。和这个宝藏比起来，我那可怜的个人收藏显得不值一提，可我亲手捕捉、一一钉上的昆虫标本对我来说更为珍贵。我喜欢的不是藏品本身，而是猎取。

我对法国那些甜蜜的角落充满了憧憬，那里躲藏着长角甲虫和锹形虫，它们是在我们这种气候下可以发现的最大的昆虫，在拉罗克根本看不到！不过，我在里歇尔谷那边的锯木厂旁的一堆陈年木屑下面，发现了一群犀牛角虫。这些光滑如桃花心木的漂亮昆虫，几乎和鹿角锹甲一样大，两眼之间长着一根上翘的角，因之得名。我第一次看到它们的时候，高兴得疯了。

挖木屑堆时，我们也找到它们的幼虫，一种与金龟子或鳃角金龟的幼虫很像的巨大白色幻虫；还发现成串或成堆像黄香李这么大的白色虫卵，奇怪而柔软，一颗黏着一颗，让我觉得怪异又好奇。这些卵其实没有壳，打不破，要撕开羊皮纸般柔软的外层也有些困难。噢，从里面会跑出小型的蛇虫，真令人瞠目结舌！

我带了一堆犀牛角虫的幼虫回拉罗克，养在一个装满木屑的盒子里，但它们总是在还没变成蛹之前就死掉了；我想，它们必须深入泥土之下才会蜕变吧。

利昂内尔·R帮我捕猎昆虫。他和我年龄相仿，因是孤儿，与姐姐一同住在里歇尔谷的伯父家，他伯父也是利昂内尔的外祖父基佐先生的女婿。我每个星期天都到里歇尔谷去，表姐妹也都在的时候，我们的女仆就带着我们一起去他家。这段路风景怡人，但我们都穿着星期天最好的衣服，所以每次去都像受罪。利昂内尔和我后来发展出非常亲密的友谊，但那时候还不太熟，我眼中的他是个容易激动、脾气火暴、控制欲强的小男孩，他的小腿像鸡脚，头发硬得像刷子，只要一动就一身大汗，满脸通红。他最喜欢把我簇新漂亮的巴拿马草帽抢去，丢到我们禁止踏入的大丽菊花坛里面，或是逗弄那只超大的芬兰犬"泡泡"，引它过来撞倒我们。有时候亲戚里的大姐姐们也在，那可好玩了，我们会玩捉人游戏。但是，往往吃完下午茶后，我们玩得正高兴时，女仆们却来提醒我们，该回家的时间到了。我对其中一次回家的情景记忆犹新——

一场恐怖的暴风雨出其不意地开始酝酿，天空笼罩着紫色的黑云；我们担心地预感雷声、冰雹、狂风的地狱之景将至，加快脚步往家走。但是暴风雨速度更快，好像追着我们跑、冲着我们来似的，那种倍感威胁的感觉如此清晰而直接。于是，我们根据习惯回顾自身的言行，互相询问，试着找出是谁让天神宙斯发这么大脾气。然而，我们问了老半天，找不出最近到底做了什么坏事，苏珊大叫起来：

"一定是对那些女仆的惩罚！"

我们于是拔腿狂奔，把那些罪人女仆抛在身后接受上天的惩罚。

一八八一年，我十二岁，母亲有点担心我断断续续的学习，以及我在拉罗克的懒散，便请来了一位家教老师。我真不知道是谁向她推荐加兰先生的，他年纪很轻，衣着讲究但模样可笑，是那种我最受不了的神学院学生，近视严重又愚蠢，上他的课百般无聊，可他给我上课似乎比我上他的课还无奈。他陪我到小森林里去，却毫不掩饰他对乡间的厌恶。有一次在树林里行走时，一根橡树枝掀掉了他的夹鼻眼镜，我开心死了。他嘴里老是感情充沛地哼着轻歌剧《科纳维尔的钟楼》[1]里的一段，并重复这一句：

……小小爱情
那不叫爱。

[1] 这是一部背景设定在18世纪，讲述年轻人爱情故事的喜歌剧，1877年在巴黎首演，获得巨大成功，之后在19世纪的欧洲与美国不断上演。

他那矫揉造作的声音让我难以忍受，我问他唱这种愚蠢的废话有何乐趣可言。

"您觉得这很愚蠢，是因为还太年轻，"他自信满满地说，"以后您就会懂，其实它很细腻。"

他又说那是时兴的一出歌剧中流行的一个曲调……这一切都更加深了我对他的鄙视。

如今想想，我倒是很赞叹——像幼时这样断断续续的教育竟然在我身上成功地起了一些正面作用。次年冬天，母亲带我到南部。母亲这个决定无疑是深思熟虑后的结果，她一贯如此。她是担心我的健康状况吗，还是屈服于我婶婶的意见？我不知道。父母的理由总是深不可测。

夏尔·纪德叔叔一家那时住在蒙彼利埃主教堂街那条死胡同尽头，卡斯泰尔诺宅邸里的上面两层。卡斯泰尔诺家把二楼和宽敞许多的底层给自己住，底层通到花园，我们也得以共享。可就我记忆所及，这花园只是一堆乱七八糟的绿橡树和月桂树，但是它位置很好，一角高踞海滨大道上方，能俯瞰部分大道和城边郊区，甚至远眺圣卢普山顶，叔叔书房的窗户也是这个视野。

母亲和我没住在夏尔叔叔家，是因为不好意思打扰呢，还是他们没有足够的地方让我们住？或许也因为我们还带着玛丽，而守丧的母亲希望独处。我们先住在内维旅馆，之后在附近区域找了一套带家具的公寓，以便度过冬季。

母亲选定的房子在一条陡街上，这条街从大广场通到海滨大道的另一端，紧挨着那条平坦的大道，因此只有一侧有房子。街道愈远离大广场，就愈阴暗、愈肮脏。我们的房子靠近街的中段。

那套公寓狭小、丑陋、寒碜，家具都很简陋。母亲的卧室以及充作客厅和餐厅的那间房窗户都对着海滨大道，也就是说，视线会被挡土墙挡住。我房间和玛丽房间的窗户对着一个既无草地，也无花树的小花园，那个我们称为内院的地方，只长着两棵叶子掉光的灌木，屋主家洗过的衣服每周在上面绽放一次。一堵矮墙分隔花园和邻居的小内院，公寓其他的窗户面朝这里：叫喊声、歌唱声、油烟味、晾晒褓褓的声音、抖动地毯的声音、倒夜壶的声音、孩子的哭闹声、鸟在笼里的吱喳声此起彼伏。饿扁的猫在内院窜来窜去，屋主的儿子和他那些十八岁的大顽童朋友星期天闲着没事干，就拿破盘碎碗丢它们。我们每隔两三天就到夏尔·纪德叔叔家用晚餐；他们家的饭菜非常美味，和平日熟食店送来的焖菜天差地别。我们住处的丑陋寒酸，让我以为父亲一去世，我们家就破产了，但我不敢问母亲。我们的公寓虽然简陋，但对于从公立高中回来的人来说已是天堂。

我怀疑这所高中从拉伯雷[1]时代以来就没有改变。教室里没有挂衣钩可挂衣服，大家就把衣服当坐垫，它们同时也是后排同学的脚垫，

---

[1] 弗朗索瓦·拉伯雷（François Rabelais），法国文艺复兴时期的伟大作家，代表作为《巨人传》。

因为我们的座位一排比一排高。写字就垫在膝盖上写。

我们班分成天主教徒和新教徒两派，甚至整个高中都是如此。在我第一天上学，第一堂课结束后，同学们就把我围住，问我：

"你是天主教徒，还是新教徒？"

那是我第一次听到这些奇怪的名词，顿时目瞪口呆——因为父母一直很小心地不让我知道法国人民有不同的信仰，父母在鲁昂和谐的交友圈也让我完全不曾知晓人与人之间会有教派的差异——我回答说我不知道这是什么意思。于是，其中一个热心的同学向我解释：

"天主教徒是相信圣母马利亚的人。"

听到这句，我惊呼自己一定是新教徒。幸好，我们班上没有犹太人，但是一个一直没开口的、矮小瘦弱的同学突然开口："我父亲是无神论者。"他以高人一等的口吻这么说，我们大家都愣住了。

我记住这个词，跑去问母亲：

"无神论者是什么意思？"

"意思是一个可厌的笨蛋。"

我对这答案不满意，一直坚持，不停追问，母亲终于烦了，打断我持续的追问，"你现在不需要了解这个"或是"你以后就会懂了"，正如她经常说的。（她有许多像这样的句子，每每让我气得要命。）

十岁十二岁的毛孩子关心这类事情，应该诧异吗？一点也不，这是因为法国人天生需要表态、选择派别，不论年纪大小，也不论社会阶级。

不久后有一天，我和利昂内尔·R以及表哥奥克塔夫·茹安－朗贝尔乘坐表哥父母的车到森林散步，我被他们俩臭骂了一顿：他们问我是保皇派还是共和派。我回答："当然是共和派！"当时我还不明白，既然我们是共和国家，除了共和派还能是什么。利昂内尔和奥克塔夫却把我骂个狗血淋头。一回家，我立刻向母亲天真地问道："所以我不应该这样回答？"

　　"我的孩子，"母亲思考了一下说，"下次人家问你是哪一派，你就说你拥护能好好代表宪法的那一派。记住了吗？"

　　她要我重复一次那些令人吃惊的字句。

　　"但是……这是什么意思呢？"

　　"我的孩子，正因为其他人也不知道是什么意思，就不会再来找你麻烦了。"

　　在蒙彼利埃，信仰的问题不太重要；但是天主教贵族们都把孩子送到教会学校念书，公立高中里几乎没有天主教徒，学校里的新教徒几乎都是堂表亲戚，形成一种庶民阶级，似乎对我们满腹仇恨，这让人很不舒服。

　　我说"我们"，是因为我几乎立刻就被介绍给与我一样的天主教徒一伙，他们的父母都是我叔叔婶婶的朋友。有韦斯特法尔家的、莱纳特家的、卡斯泰尔诺家的、巴齐勒家的，这些孩子都有亲戚关系，对我也都非常友善。他们并不全和我同班，但我们放学都一起走。莱纳特医生的两个儿子和我往来最密切，他们俩天性开朗坦率，有点爱戏弄人，但非常真诚，虽然如此，我和他们在一起却不觉得很开心。他们兴奋的言谈、机灵的举止，让我更退进羞怯之中，而且我的害羞闭塞比以前更严重了。我变得悲伤、阴郁，只在迫不得已的情况下才和同学们玩。他们的游戏喧嚣吵嚷，而我的游戏是安静的；我喜欢平和，他们喜欢的是争斗。放学打打闹闹还不够，他们谈的都是大炮、火药、"摔炮"。"摔炮"这发明幸好还没传到巴黎，是一点雷酸盐加一点小石砾或沙子，用油纸包起来，丢到人行道上的行人脚边时会突然爆响。莱纳特兄弟第一次给我那些摔炮时，我一回到我们那可厌的公寓，就赶快把它们丢到马桶里淹灭。他们的零用钱都拿去买火药，然后塞到我们刚送给他们的新年礼物——那些铜制或钢制的小炮管里——真把我吓得半死。那些爆炸声让我神经紧张又厌烦，真不懂玩这个到底有什么乐趣可言。他们还把锡兵排成一纵列，连续射击打倒它们。我也有锡兵，也玩锡兵，但我的游戏是熔化它们，让它们站在铲子上加热，看着它们突然颤动，向前扑倒，从变得灰暗的制服里挣脱出一个光亮、火热、纯净的小小灵魂……我再说回蒙彼利埃的高中吧——

　　阿尔萨斯学校的制度比一般高中好，可这改善虽然立意甚佳，却让我吃了亏。我曾被教导背诵诗篇要尽量端庄合宜，这也是我天性本来就喜欢的；但是在公立高中（至少在蒙彼利埃的高中），习惯却不一样，大家都用单调的声音漫不经心地背诵，草草了事，这种平板的音调把诗的魅力，甚至把内在意涵都磨灭，令人不知浪费精力学习它有什么意义。最糟糕、最荒谬的，就是我们背了诗词，诗词却完全变了样，认不出其中任何一个字句来；甚至不确定自己听见的到底是不是法文。轮到我背诵的时候（真希望我记得那时背的是哪一篇诗文），我立刻感觉到，无论我再怎么勉强自己，也不可能采用他们的方法，那种背诗的方式实在无法接受。所以我按照原来的方式背诵。

第一句引起大家一阵错愕，那种令人瞠目结舌的真正的错愕，接下来是哄堂大笑。整个教室从第一排到最后一排，从最低一排到最高一排，所有人都捧着肚子，每个学生都抓住这个课堂上难得的机会尽情笑个够，甚至不再是嗤笑，而是哈哈大笑，连纳多先生自己也忍不住。至少他微笑了，而这微笑让同学们更放胆开怀大笑。老师的微笑意味着我一定完蛋了，但我不知哪来的勇气，坚持把诗背完，而且那一篇我背得牢牢的，感谢上帝。背完之后，叫我大为惊讶，也令全班嘘声四起的是，在四下笑声停止后，我听见纳多先生平静甚至威严的声音响起：

"纪德，十分（这是最高分）。先生们，你们觉得很好笑，那么，容我告诉你们吧，你们都应该以这种方式背诵诗文。"

我完了。这句夸赞让我和同学们对立起来，造成的结果再明显不过，就是所有同学都不和我来往了。同侪之间最无法原谅的，就是突如其来的偏爱，纳多先生若想陷害我，这是最好的一招了。他们认为我装腔作势、我的背诵滑稽可笑，难道还不够吗？让我永无翻身之地的是，他们知道我在上纳多先生的家教课。我为什么上纳多先生的家教课呢——

阿尔萨斯学校的改革之一，是拉丁文课程，从六年级[1]才开始教。学校认为从六年级到高中会考，学生有足够的时间赶上从九年级就开始学习拉丁文的公立高中学生，后者的程度也只不过是结结巴巴会拉丁文最基础的动词变位而已。起步虽晚，效果并不落后，只不过我上学有一搭没一搭，本来就跟不上，尽管纳多先生不断让我重复枯燥的练习，我还是很快就放弃赶上那些已可以翻译维吉尔作品的同学的希望。我陷入了黑暗的绝望之中。

那次愚蠢的成功，以及我装腔作势的名声，

---

[1] 在法国学制中，六年级是初中第一年，而九年级则属于小学阶段。

让同学对我的敌意一发不可收；原本在我身旁的伙伴都抛弃了我，其他人看到我没人支持就变本加厉。我被他们嘲笑、蔑视、围殴。放了学，这些折磨就开始了，不是一出校门，因为我那些原来的朋友不允许我在他们眼前被殴打；是在第一个路口。我是多么害怕放学啊！一走出校门我就开溜，拔腿飞奔。幸好我们家离学校不远，但是他们会在路上埋伏；因为怕被揍，我尝试绕道，可他们很快识破，原先的埋伏成了围猎。其实追逐也可以很好玩，但是我觉得他们并不是为了好玩，而是对我这可怜的猎物充满恨意。其中一个市集马戏团团长的儿子尤其如此，他叫洛佩、罗佩，或是戈梅，是个运动员体型的粗鲁家伙，比我们大家年纪都大得多，把身为班上最后一名当作荣耀。我不会忘记他那凶恶的眼神，头发低低压在额上，涂着油亮的发蜡，打着血红色大花领结；他是那帮人的领头，巴不得要我的命。有些天我模样悲惨地回家，衣服被撕破，浑身污泥，淌着鼻血，牙齿打战，惊恐不已，令我可怜的母亲不知如何是好。终于，我生了一场大病，我的地狱也因此告终。医生被请来了，我得了天花——得救了！

看护得好，天花渐渐痊愈，这意味着我很快就会康复。但身体复原之际，我又将面对那些折磨，想起之前的遭遇，一股恐惧和担忧淹没了我，无法言喻的恐惧。在梦里，可怕的戈梅出现了，我气喘吁吁地被他们那伙人追着跑；我擦着面颊，想擦掉被那只死猫触碰的恶心感，那是有一天他从河里捞上来的一只死猫，其他人抓着我，他举着它摩擦我的脸。我满头大汗地惊醒，一想到莱纳特医生跟母亲说我过几天就可以回学校上课，恐惧更深，心凉了半截。总之，接下来我要说的并不是在找借口，继天花之后出现的神经疾病，必须由神经科医师鉴定其中几分是真、几分是假。

我想是这样开始的：第一天被允许起床时，一阵眩晕令我身体摇晃跟跄，卧床了三个星期，这实属正常。我心想，如果眩晕更强烈一点，会发生什么呢？噢，当然，我会觉得头沉重地往后倒，膝盖挺不住了（我当时在从我房间通向母亲房间的小走廊上），然后突然往后一仰跌在地上。啊！我对自己说，那就模仿一下我想象中的样子吧！光是想象就让我感到一阵轻松，佯装神经紧张的后果竟带来了这么大的纾解。倒下去之前我还不忘偷看一眼后面，免得倒下时把自己弄得太痛……

我听到旁边房间传来一声尖叫。是玛丽正朝我跑过来。我知道母亲出门不在家，某种矜持或怜悯让我克制自己不在她面前表演这一幕，但我算准了她会被告知。我几乎惊讶于第一次表演就如此成功，所以这次试验之后，我更大胆了，更娴熟也更有灵感，想出更多其他动作，有时抽搐打战，有时则用相同的节奏重复着呆板动作。我成了专家，花样千变万化：一种是在原地跳跃，另一种是在我的床和窗户之间来回，一回到床边就站上去，又往下跳，一二三跳三步到窗户边，这样可以持续一个钟头。还有一种，我躺在床上，毛毯丢到地上，双脚伸高痉挛乱踢，就像日本杂耍演员。

之后我曾多次对自己感到愤慨，觉得自己没良心，怎能在母亲眼前持续表演这种闹剧。但在今天看来，这种自责其实并不一定有道理。我做的那些动作，虽然是有意为之，却也多少算是身体的自然反应。也就是说，我至多只能抑制它们罢了。然而它们带给我多大的放松啊！多年之后，在饱受神经衰弱之苦时，我多么懊恼自己已不再是那个能蹦蹦跳跳装疯卖傻的年纪了……

这个奇怪的病最早几次发作的时候，莱纳特医生让母亲放心：神经紧张，只是神经紧张而已；但是我继续发癫痉挛，所以他请来两位专家医生一同会诊。我不知道为什么会诊是在内维旅馆的一个房间里进行的 [1]。三位医生在

---

[1] 仔细回想一下，这次会诊应该是在我去拉马卢的两次治疗之间发生的，所以才会是在旅馆里。——作者注

那里，莱纳特医生、特隆医生、布瓦西耶医生，
最后这位来自拉马卢水疗城，我可能会被送到
那里去。会诊时我母亲也在场，沉默不语。

我有点害怕会诊到底会有什么结果；这几
位老先生，其中两位胡子都白了，他们把我翻
过来转过去，听诊，之后窃窃低语。他们会识
破我的伎俩吗？其中一个，譬如眼神严厉的特
隆医生，也许会说"好好打一顿屁股，夫人，
这就是这孩子最需要的"……

但是没有，他们愈检查，似乎愈相信我的
病是真的。说到底，我能否确信我对自己的了
解一定比这些医生们更多呢？我自以为在骗他
们，无疑是在欺骗自己。

会诊结束。

我开始穿上衣服。特隆医生慈祥地弯下腰
想帮我，布瓦西耶医生立刻阻止了他；我偷看
到他对特隆医生打了个手势，使了个眼色，我
警觉有道狡黠的目光正盯着我，观察着我，想
在我以为没人注意的时候，盯紧我手指扣外套

扣子的动作。"这老头子，若是到拉马卢由他治疗，我得当心了。"我心里这么想，不露声色，又多做了几个鬼脸，手指抖动着摸索扣眼。

有个人完全不把我的病当回事，那就是我叔叔，那时我还不知道他从不在乎任何人的病，所以我非常懊恼。我实在气坏了，决心好好表演一场，让他不再漠视。啊！多么可悲的回忆！若非决定什么都不遗漏的话，我多想跳过这一段！当时，我在主教堂街公寓的小客厅里，叔叔正从书房走出来，我知道他待会儿会回来，于是钻到一张靠墙角的小桌子下，当他往回走的时候，我先等了一下，希望他能自己注意到我。小客厅相当大，叔叔脚步又很慢，但他手上拿着一份报纸，边走边看，就快经过我身旁了……我动了一下，发出一声呻吟，他停下脚步，抬起眼镜，越过报纸看着我。

"噢！你在这里做什么？"

我身体扭着、绞着、挛缩着，发出让人无法不动容的啜泣声。

"我好难受。"我说。

但我立刻意识到搞砸了：叔叔重新戴好眼镜，脸又埋进报纸里，走进书房，满脸凝重地把门关上。噢！丢脸死了！我还能做什么呢，除了站起来、拍拍衣服上的灰尘，然后开始厌恶叔叔，全心全意地努力厌恶他。

风湿病患者来到拉马卢下城，除了能见到温泉疗养院之外，还能见到一座村庄、一间赌场和一些商店。往上四公里，是拉马卢上城，或叫拉马卢老城，是治疗运动失调者的地方，一片荒凉。温泉疗养院、旅馆、一座小教堂、三栋别墅——其中一栋是布瓦西耶医生家，除此之外什么都没有，连温泉疗养院也藏在山谷裂隙下方，看不见，这道裂隙把旅馆的花园一分为二，在树荫之下隐秘地蜿蜒到河边。在我那个年纪，感受到的是近景的魅力，好像患上某种近视，让我对远处的风景无感。我喜欢细枝末节胜过全景，胜过整个广大背景里那神秘朦胧、要愈往前才愈能发现的景致。

我们刚抵达的那一天，妈妈和玛丽忙着打开行李箱整理，我溜了出去。我跑到花园里，深入狭窄的河谷，页状的岩壁上长着高耸的树木，形成拱顶，一条冒着烟的小溪穿过温泉疗养院，在我身旁哗哗流着，一层厚厚絮状铁锈沉淀在溪床上。我惊呆了，为了夸大我的惊喜，我记得自己把双臂高举，像东方人那样走着，如同我在心爱的《一千零一夜》里看到的插图，辛巴达[1]走在钻石谷里的模样。山谷裂隙一直通到小河边，小河在这里绕成一个河湾，水流快速冲击，把页岩峭壁冲出了一个凹洞。峭壁顶端是旅馆花园无人看顾的边缘，沿着这边缘长着野生冬青檞、岩蔷薇、野草莓树，酒神女祭司偏爱的金刚藤[2]从一株灌木攀到另一株，长发

---

[1] 指水手辛巴达，是《一千零一夜》中的人物，书中记载他是阿拉伯的著名英雄，游遍世界，遇到各种怪兽，有无数奇遇。
[2] 传说中酒神女祭司头上戴着松针、橡树叶、常春藤、金刚藤编成的花冠。

般的花须低垂到水面。清澈的河水碰到温泉溪，立刻将含有铁质的热水温度降低，成群的小鱼在岩石风化形成的小石缝中嬉戏，岩石在远一点的下游处渐渐低没在河水中，那里水比较深，流速较慢，上游的河面较窄，水流湍急，形成许多漩涡、水花、瀑布，以及让人想跳进去游泳的水洼。有些地方悬崖突出，挡住了去路，水中散落的石板让人得以跨到对岸；两岸的峭壁突然靠拢，此时我奋力往上攀爬，离开河岸，攀到树荫之上。悬崖上方是一亩田地，零星作物被烈阳晒得枯萎，再远一些，陡坡开始爬上山坡，百年古栗树组成的浩瀚森林也随之展开。

拉马卢上城的温泉泳池号称罗马时代就存在了。它至少看起来很原始，我就是喜欢它这一点。池子很小，但这不重要，因为水疗就是要在水里待着不动，让碳酸发挥作用。池水是深铁锈色，一点都不热，刚下水时总会先打一阵冷战；若待着不动，成堆的小水泡就会黏在身上，刺着皮肤，清凉的水产生神秘的灼烧感，使神经中枢的充血消退。水中的铁质也发挥作用，或是和其他我不知道的微小天然物质结合而发挥作用，这一切加在一起，构成极佳的治疗效果。从水里出来，皮肤灼热，骨头却仿佛冻僵。壁炉里的枝蔓燃起熊熊炉火，老安托万继续把火烧得更旺，把我的睡衣挂在壁炉前烤热。因为水疗之后要卧床，我穿过长长一道走廊，回到旅馆的房间，这时床上已放了一个"和尚"——那里的人这样称呼这种暖炉——暖炉设计巧妙，上面有个拱形托架，可以架高床单，被窝里暖烘烘的。

这第一次疗养之后，医生们会诊，一致认为在拉马卢的治疗使我健康好转，并决定秋天再来一个疗程，这也是我期盼的。两个疗程之间，我被送到热拉尔梅湖旁边的小城进行冷水浴。

有关热拉尔梅湖，那里的森林、山谷、高山上的牧草地，以及我在那里过的闲散生活，我并不想长篇累牍。它们并没有为我的生命带来什么新鲜事，而且我迫不及待地想走出童年时期的幽暗。

　　过了闲散的十个月之后，母亲带我回巴黎，又把我送回阿尔萨斯学校，我已完全丧失了学习的习惯。回学校不到半个月，我就在神经失调的毛病上又增加了头痛，头痛发作虽然比较不引人注意，却是逃避上课的好方法。头痛这毛病在我二十岁或更早时就已完全消失，我严厉自责，认为当时就算不是完全装出来的，也至少被我远远夸大了。然而，如今它又出现了，我认得出来，四十六岁 [1] 出现的这个头痛，跟十三岁时的一模一样，我承认它会使我放弃任何努力。事实上，我当年并非懒惰，而且听见埃米尔舅舅所说的话时，我全心赞同，几乎想鼓掌。他说："安德烈将会永远热爱工作。"

　　但他也说我是"不规律的人"。事实上，在那个年龄，要我勉强自己，已经是非常困难的事，比起长时间地勤奋坚持，我通常只能短时间地

[1]　本书写于 1916 年。——作者注

工作。我经常突然感到倦怠、头痛，好像断了电，就算偏头痛停止了，这疲惫依然继续，甚至持续好几天、好几个星期、好几个月。先不说头痛和倦怠，我对学校课堂里发生的一切——课堂本身、课程制度、考试、会考，甚至课间休息——都有种无法名状的厌恶，我总一动不动地坐在课椅上，缓慢、呆板、死气沉沉。毫无疑问，我的头痛来得正是时候；我无法说清自己到底在多大程度上利用了它。

我们原先的家庭医生布鲁阿代尔，此时已相当出名，母亲不再延请他，我想她是困扰于某种不可名状的羞赧，而我也继承了她这种个性，面对功成名就的人，总不知如何与之为伍。对于继他之后成为我们家庭医生的利扎尔先生，我们则完全没有这方面的顾虑；我们可以确定他不会成名，因为他没有任何过人之处：他脾气好，一头金发，愚蠢，声音温和，眼神温柔，动作温吞，外表看似无害，但是没有什么比一个蠢蛋更危险的了。怎么能原谅他的处

方和用药呢？只要我觉得（或隐约觉得）神经
紧张，他就给我溴化物；只要我睡不安稳，他
就给我三氯乙醛[1]。我的大脑还未成熟呢！日后
我所有记忆力的衰退或意志力的薄弱，我认为
都是他造成的。若能对死者提出诉讼的话，我
会起诉他。我愤怒地记得，有好几个星期，我
每晚喝半杯三氯乙醛，一整瓶晶莹的水合氯醛
放在我床边任由我掌管，药量多少也随我高兴；
好几个星期、好几个月，我坐上饭桌就看见盘
子旁边摆着一瓶"拉罗兹糖浆，添加苦橙皮的
溴化钾[2]"，我小口小口喝着，每餐都要先喝一
匙，吃吃东西再喝两匙，之后又再喝三匙——
不是茶匙，是汤匙——每餐进行这种三段式用
药，并且一直持续到像我这样一个无辜的病人
完全昏头昏脑神志不清为止。何况那糖浆甜甜

[1 一种无色液体，与水反应后形成的水合氯醛曾被作为镇静剂
和安眠药广泛使用，一般由医生按克量级开给患者。长时间
暴露在水合氯醛蒸汽中会导致中毒。
[2 一种溶于水的结晶粉末，可作神经镇静剂使用。

的挺好喝，我到现在也不明白自己是怎么逃过一死的。

　　魔鬼窥伺着我，晦暗的阴影折磨着我，没有任何迹象显示何处能有一线光明照耀到我。就在此时，一桩天使般的奇迹出现了，拯救我于魔鬼的掌心。这个事件表面上毫不重要，但对我的生命而言，如同革命之于帝国，是一出至今尚未结束的戏剧的第一幕。

V

那应该是快到新年的时候。我们又来到鲁昂 不仅是因为假期到了，也因为经过一个月的尝试之后，我又离开了阿尔萨斯学校。母亲只好甘心把我当病人看待，接受我除了侥幸之外完全无法学习的事实。这意味着我的学业又一次长久地中断了。

我几乎不吃东西，睡得很差。露西舅妈悉心照顾我，阿代勒或维克托会在早晨到我房间给壁炉生火；我就算醒了也赖在大床上，听着木柴燃烧的噼啪声，小火星迸到挡火栏上的脆响，我的麻木之感在整个屋子从上到下的舒适里渐渐消融。我至今记得那番景象，在那个宜人且庄重的大餐厅里，我坐在母亲和舅妈之间，厅里四个角落的壁龛装饰着代表四个季节的白色塑像，是王政复辟时期的风格，有的妖冶有的端庄，壁龛下的台子则设计为碗橱（冬季则变为可加热的碗橱）。

塞拉菲娜为我准备了特别的菜肴，可我一点胃口都没有。

"您看，亲爱的，要他吃东西简直费尽力气。"母亲说。

"朱丽叶，您想他会不会想吃生蚝？"舅妈问。

"不会。您真太好了……不过，也许可以试试看。"母亲说。

我必须说明，我不是挑食，而是对什么都没胃口，上餐桌就像受酷刑，需要极大的努力才能吞下一两口食物。母亲哀求、责骂、威胁，几乎每餐都以眼泪告终。但我要叙述的并不是这个……

在鲁昂，我又和表姐妹们见面了。我已说过，童稚的兴趣使我和苏珊、路易丝比较亲近，她们也更愿意跟我玩；但我更喜欢艾玛纽埃尔，而这喜欢随着她愈长大就愈强烈。我也渐渐长大，可这是不同的；尽管我在她面前装出严肃的大人样，我还是感觉自己是个孩子，而她已不再是了。她温柔的眼神蒙上一层悲伤，我无法猜透，因而更受吸引。我甚至不能确切地知道艾玛纽埃尔是哀伤的，因为她从来不谈论自己，而且这种哀伤不是孩子们能猜测到的。我和艾玛纽埃尔表姐相通的兴趣与思想已形成一种彼此都意识到的默契，我全心全意使这默契更加坚固、完美。我想，她也乐在其中；譬如，当我们一起在克罗斯纳街吃饭时，她会故意不拿我最喜欢的甜点，因为她知道我只会选择和她一样的东西。这一切都很孩子气？唉！接下来发生的事则一点都不幼稚。

让艾玛纽埃尔如此早熟的这种神秘的悲伤，我并不是渐渐发现的，不像人们总是渐渐发觉一个灵魂所包含的秘密。那个我未曾想象过的世界突然完全地展现出来，我的眼睛突然睁开，有如一个瞎眼的人被救世主突然治愈。

黄昏时分，我告别表姐们，准备回到克罗斯纳街的家里，我以为妈妈在等我，但发现家里没人。我犹豫了一会儿，决定转回勒卡街的表姐家，想到她们料不到我又折返，那就更好玩了。我已经说过，在我童稚的心灵里，总是孩子气地用神秘感填满不熟悉的空间与时间。我总想知道在我身后进行的一切事情，甚至有时我会以为，只要我转身够快，就可以看到不可名状的神秘事物。

于是我在不该来的时间来到勒卡街，一心想让她们吓一跳。那天晚上，我对秘密的嗜好得到了很大的满足。

一到门口，我就察觉到了不寻常之处。和平日习惯相反，马车入口的门没关上，所以我也不必按门铃。我偷偷溜进门，舅妈的贴身女仆、可厌的艾丽斯突然从前厅门后走出，很显然正躲在门后等人。她用粗哑的声音说：

"啥！是您！您现在来这里要干吗？"

显然，我不是她们等待的那个人。

但我没回答，直接走了进去。

底层是埃米尔舅舅的办公室，一间沉闷的小房间，充满雪茄味，他经常把自己关在里面，一关就是半天，而我相信他在里面发愁的时间比工作的时间多，走出来时往往一下老了许多。最近他确实老了好多，我不知道是不是我自己注意到的，但我有一次听到母亲跟露西舅妈说"可怜的埃米尔变了好多！"之后，我眼前立刻出现他额头上纠结的皱纹、眼神中的忧虑和筋疲力尽。埃米尔舅舅那天不在鲁昂。

我无声无息地走上黑暗的楼梯。孩子们的房间在顶楼，下面一层是舅舅和舅妈的房间，一楼是餐厅和客厅，我从这里经过。我正要冲到楼上，但舅妈房间的门敞开着，房间里灯火通明，也照亮了楼梯间。我朝里面迅速瞥了一眼，看见舅妈慵懒地躺在沙发上，苏珊和路易丝在她身旁，弯着身替她扇扇子，好像还正拿着嗅盐给她闻。我没看到艾玛纽埃尔，或者更准确地说，一种直觉告诉我她不可能在那里。我害怕被看到、留住，便快速经过。

我先经过她两个妹妹的房间，里面暗暗的，为我引路的只有从两扇窗户透进来的微弱的暮光。我走到艾玛纽埃尔房间门口，轻轻敲门，没有人应，我正要再敲，门开了，因为它并没关紧。房间里更暗，床在最里面，刚开始我没看见艾玛纽埃尔在床边，因为她跪着。我以为房里没人，正要走开，但她叫住了我：

"你为什么来？你不该回来的……"

她并没有站起来。我一时也没明白她正难过着。当我感觉到她的眼泪落到我面颊上时，我的眼睛顿时睁开了。

我不想在这里详述她为何忧心，也不想说出那个让她受苦的可憎的秘密，何况在我那个年龄，根本懵懂无知。今日回想起来，对一个充满纯真、爱和温柔的孩子来说，没有比必须去评判、谴责自己母亲更残忍的事了，更加重这残忍的，是孩子必须瞒住她敬爱的父亲，保守她不知如何撞见、自此折磨着她的秘密。这秘密已成为全城的话柄、女仆间的笑料，而且两个妹妹的天真无邪被用作障眼法。这一切都是我后来才明白的，但我当时已感受到，在我

心爱的表姐身上，隐藏着巨大的、难以承受的
悲伤，一种我要用全部的爱和一生去治愈的悲
伤。还有什么话语可以表达呢？……直到那一
天，我都在随波逐流，突然之间，我找到了人
生的新方向。

表面上看，一切都没有改变。我还是和之
前一样继续叙述生活中发生的小事件。唯一改
变的是，它们再也不会完全盘踞着我。我内心
深处隐藏着我命运的那个秘密。倘若这命运不
是如此坎坷曲折，我就不会写下这些回忆了。

我们在蔚蓝海岸度过剩下的冬季时光，由
安娜陪同我们。不知出于什么怪念头，我们先
选择在耶尔住下，那里附近的乡下交通不便，
我们本以为离海很近，却只能隔着一片片菜田
远望，像令人沮丧的海市蜃楼。住在这里沉闷
无趣，安娜和我都生病了。一个儿科医生让我
母亲相信，不管神经方面还是其他方面，我所
有的病痛都是因胃肠胀气而起，他一听诊就发

现我腹部有许多令人担忧的空腔，并有膨胀的趋势；他甚至用不容置疑的态度指出形成胀气的是哪一节弯曲的肠子，并叫我绑一个矫正绷带，可在他做医疗绷带生意的表弟那里订购，以防止胀气。我那段时间就绑着这可笑的矫正器，它妨碍我的一举一动，而且根本压不紧我的肚子，因为我已瘦得像根钉子了。

耶尔的棕榈树比不上开花的桉树那样让我心驰神往。第一次看到桉树时，我欣喜若狂；那时我独自一人，立刻飞奔去告诉母亲和安娜，由于开花的枝叶太高，我没法摘一根带回家，就缠着安娜，把她拖到那棵奇妙的树下。她一看就说："这是桉树，从澳大利亚引进的一种树。"她让我观察叶子的形态、枝叶的分布、树皮剥落的特性……

一辆四轮运货马车满载着麻袋驶过，高坐其上的小男孩摘下一根开满奇怪花朵的枝条丢给我们。我急忙仔细观察，灰绿色的花苞被一种树脂蜡霜包覆着，看起来像一个个紧闭的小香炉，它们若不是那么鲜嫩，我们会以为是种子。
然后，一个小香炉的盖子打开了，被骚动的雄蕊撑开了；盖子掉到地上，解放了的雄蕊像光环般伸展开来；这种白色、无花瓣的花朵，夹杂在低垂着的尖利长形叶片之中，远远看来就像一只海葵。

第一次看见桉树，以及在通往科斯特贝勒的路两旁围着的树篱中发现白星海芋，是在耶尔最值得记下的事。

当我们在耶尔住得百般无聊时，母亲不甘于只是失望，便启程寻找新的地方，直到远远越过埃斯泰雷勒山区，她回来时非常开心，第二天就把我们带到戛纳。在戛纳，我们住得很随便，车站附近是城里最不舒适的区域，但戛纳给我留下的记忆依然美丽。那个时代，戛纳往格拉斯那个方向还没有兴建任何旅馆，几乎也没有别墅，道路蜿蜒在橄榄树林之间，一出了城镇就是乡野，橄榄树下盛开着水仙、银莲花、郁金香，离路愈远就愈茂盛。

　　但最令我赞叹的是另一个植物群，我指的
是海中植物，玛丽每星期带我到莱兰群岛散步
一到两次，这时我就可以观察它们。在我们最
喜欢去的圣玛格丽特岛，离码头不远、激浪打
不到的地方，可以找到被海水冲蚀成一个个小
水塘的深海湾。在那里，贝类、海草、石珊瑚
展示着它们东方风情式的华丽。第一眼会立刻
被蛊惑，但是只满足于这第一眼、匆匆而过的
人可以说什么都没看到：只消按住身子不动，
像那耳喀索斯一样俯身在水面上，我就能看到
从千百个小洞、岩石裂缝中探出的那些刚才被
走近的脚步吓跑的奇观。它们开始呼吸、伸展，
岩石似乎也充满了生命，原本以为没有生命的
东西突然羞怯地开始移动，透明的、奇怪的生
物以诡异的动作在纠缠的海藻之间浮现。水中
霎时出现好多生物，水底那片平平的白沙突然
有某处动起来，我们以为长着枯萎灯心草的地
方，其实是个纤细的花冠，它羞羞怯怯，随着
一阵颤动绽放开来。

　　玛丽在不远处看书或织毛衣时，我就这样待着，好几个钟头，不顾阳光照射，丝毫不知疲倦地凝视一只海胆慢慢为自己挖洞的重复动作。章鱼身上颜色的变化，海葵的游移摸索，以及海中小生物之间的捕猎、追逐与伏击，这许多令我心驰神往的神秘游戏。通常，当我从这些迷梦中醒来时，一阵剧烈的头痛便随之而来。像这样，哪能谈到功课的问题呢？

　　那整整一个冬季，我不记得自己曾打开过一本书，写过一个字，学习过一篇课文。我的头脑和身体一样，完全处于放假状态。现在回想起来，母亲本可以趁那段时间让我学点英文，但英文是我父母保留给他们自己使用的语言，他们可以在我面前用英文说不想让我了解的事。再说，我愚钝得要命，连玛丽教我的一点德文都学不会，所以他们认为不必再多为难我。客厅里有一架钢琴，相当破旧，但可以让我每天练上一会儿。唉！大家不是都劝告我母亲，不要让我做任何会劳累的事吗？……我就像儒尔

丹先生 [1] 一样，梦想着当时只要稍加鞭策，日后
该会有何等成就。

初春，我们回到巴黎，妈妈开始寻找新的
公寓，因为图尔农街的那间公寓已经不适合我
们了。当然，我想到了蒙彼利埃那间带家具的
简陋公寓，显然父亲过世，我们家也破产了；
反正图尔农街这间公寓对我们两个人来说太大
了。谁知道将来母亲和我会落魄到什么地步呢？

我的担心为时并不长。不多久之后，我就
听到德马雷姨妈和母亲讨论起房租、地段和楼
层的问题，听起来我们的生活水平完全没有降
低。爸爸去世后，克莱尔姨妈对母亲有了很大
影响力（她比母亲大很多）。她带着特有的瘪嘴
的方式，以决断的口气说："是啊，租楼上也还
可以，爬楼梯也可以忍受。但是，另外那一点，

---

[1] 儒尔丹先生是莫里哀的戏剧《贵人迷》中的主角，一心想挤
进贵族行列的暴发户，在书中模仿上流人士学音乐舞蹈。

不可以，朱丽叶，我甚至得说，绝对不行。"她手背斜斜朝上一挥，快速而坚决地结束了讨论。

"另外那一点"就是马车出入的大门。对于还是孩子的我来说，我们家既不宴请坐马车前来的客人，自己也没有马车，马车出入的大门似乎不是必要的。但我只是个孩子，没资格发表意见；何况姨妈都这样说了，谁还能回嘴呢？"这不是用不用得着的问题，是体面不体面的问题。"

看我母亲闭了嘴，她口气稍微温和，但更加坚持："为了你自己，为了你儿子，必须这么做。"

随后，她又快人快语地脱口而出："何况情况很明显，若不设马车出入的大门，我可以立刻告诉你那些不会再来你家的人的名字。"

她开始说出一长串足以让我母亲胆战心惊的名字，但我母亲注视着她姐姐，带点悲伤地微笑着说："你呢，克莱尔，你也不再来我家了吗？"

听了这句话，姨妈咬着嘴唇，重新拿起绣花活儿。

这些谈话只有当阿尔贝不在的时候才会发生。毫无疑问，阿尔贝是个不流俗、不妥协的人。母亲很愿意听他的话，因为她本身也曾是个充满批判精神的人，但是姨妈不太喜欢听他的意见。

总之，新公寓比原先的更大、更美、更舒适、更奢华。我在这里就不再多描述了。

搬离图尔农街公寓之前，最后一次回顾在那里度过的往日，重读笔下关于那里的回忆，我意识到自己似乎让萦绕着童年的暗影覆盖了全部的记忆，也就是说，我没能好好谈及那两次乍现的闪光，两次在昏沉之中突发的奇特惊醒。如果我能按照时间顺序，在适当的位置记述它们，无疑会比较容易解释那个秋天晚上，在勒卡街，与那无形的真实碰撞之时，我整个心灵受到的撼动。

第一件事把我带回遥远的过去，当时父亲

还在世。我们坐在餐桌旁，安娜和我们一起进餐。我父母很哀伤，因为当天早上他们得知威德默表亲家一个四岁的儿子死了。我还不知道消息，但从母亲对安娜说的话里明白了这事。这小男孩叫埃米尔·威德默，我见过他两三次，对他并没有什么特殊情感；可当我知道他死了，一股悲伤像海浪般立刻席卷了我的心。妈妈把我抱在膝上，试着安慰正在哭泣的我。她跟我说每个人都会死，小埃米尔已经去了天堂，那里不再有眼泪和苦痛。总之，她把能想象到的温柔话语都说尽来安慰我，但都没用，因为并不全然是小表弟的死令我哭泣，而是一种我所不知道的东西，一种无法界定的痛苦，也难怪我无法对母亲解释，因为直到今天，我还是不知如何解释它。或许有人会觉得荒唐，可日后我读到叔本华作品中的某些篇章时，似乎突然懂得了这种感受。是的，这是为了真正了解……[1]

---

[1] 我无法全部引用，太长了。——作者注

听到这死亡的消息时，我第一次真正感受到"战栗"[1]，因此我不自觉也无法抗拒地回想起它。

第二次战栗更奇怪：发生在几年之后，父亲去世后不久，也就是我十一岁的时候。这一次又是发生在餐桌上，我正在吃午餐，但这一次只有母亲和我。那天早上我去了学校。发生了什么事吗？可能什么都没发生……那我何以突然崩溃，投入妈妈怀里，啜泣抽搐？我又感受到和上次小表弟去世时一样无法描述的痛苦了吗？似乎不知哪一片与我心灵相通的陌生海洋骤然开启了一道奇异闸门，浪涛涌进我内心，与其说是悲伤，不如说是震惊。但如何向母亲解释呢？她只能在我的啜泣中分辨出我绝望又不断重复的模糊话语。

"我和别人不一样！我和别人不一样！"

另外两段回忆也和图尔农街的公寓相关：我得在搬离那里之前赶快把它们说出来。我索

---

[1] 原文为德语"schaudern"。

要化学家特洛斯特写的那本厚厚的化学书做我的礼物。送它给我的是露西舅妈，我本来是向克莱尔姨妈索要的，但她认为送我一本教科书太荒唐了，可我强烈要求，说没有任何一本书能让我更欢喜，露西舅妈才终于让步。为了让我高兴，她通常会依照我的喜好而非她自己的喜好行事，几年之后，送我圣伯夫《星期一漫谈》和巴尔扎克《人间喜剧》的也是她。不过我先回到化学上。

当时我还不满十三岁，但我相信没有任何一个大学生比我更投入地研读这本书。当然，投入的原因有一部分是我想尝试里面的化学试验。母亲同意我做这些试验，让我用图尔农街公寓最里面那间房间当实验室，也就是我卧室旁边那间，我之前用它来养天竺鼠。我在房间里摆上了酒精灯、长颈瓶和各式各样的器具。直到现在我还惊叹母亲怎会准许，或许她没充分意识到墙壁、地板和我自己冒着多大的危险，也或许她认为只要对我有助益，冒这个险值得。

她每星期给我一笔不算少的零用钱，我会立刻跑到索邦广场或旧戏剧院街去采买玻璃管、蒸馏器、试管、盐剂、类金属、金属，还有酸剂，其中有些酸剂我很讶异他们竟然会卖给我，店家一定把我当作跑腿的了。不可避免的结果就是，有一天，我用来制造氢气的容器在我面前爆炸了。我记得当时做的是叫作"咻声瓶"[1]的试验，需要用到一个玻璃罩子……制造氢气的过程很圆满，我把细长的管子固定好，气体应从管子出来，我正准备点燃，于是一手拿着火柴，另一手拿着玻璃罩，火焰应该在玻璃罩里燃烧；但火柴一凑近，火焰就在整个容器里燃烧起来，把玻璃、管子、塞子全都引爆。爆炸的声音让天竺鼠吓得一蹦三尺高，我手上的玻璃罩也掉到地上。我惊恐颤抖地想，倘若容器

---

[1] 一种简单的化学实验，因乙醇燃烧产生的高热二氧化碳气体和水蒸气冲出瓶子的小口时会发出"咻"的尖锐响声而得名。

塞得更紧些，就会在我面前爆炸，这让我在往后处理气体试验时小心了许多。从那天以后，我对化学的观念改变了。我把温和的物质用蓝笔标出来，可以愉快地进行试验，那些可疑或危险的物质则用红笔标出来。

前不久，我偶然翻开年幼外甥女们的化学课本，发现自己完全看不懂。一切都变了：公式、定理、物质的分类、它们的名称、它们在书里的位置，甚至它们的性质……我还以为这些是亘古不变的呢！外甥女们觉得我的惊恐茫然很好笑，然而，面对这些改变，我暗自感到悲伤，就好像遇到以前认为一定会打光棍的老朋友们，却发现他们已儿女成群。

另外一个记忆是和阿尔贝·德马雷的一次交谈。我们在巴黎时，他和他母亲每星期会来我们家吃一次晚餐。晚餐后，克莱尔姨妈和我母亲会玩一局纸牌或跳棋，阿尔贝和我通常弹会儿钢琴。晚餐时我说了什么吗？我已不记得，但阿尔贝认为值得一提。在大家面前他什么都没说，可一吃完饭，他就把我拉到一旁……

在那段时间，我对阿尔贝已经抱着一种崇拜，我之前说过，他说的话我全盘倾听，尤其是当那些话语和我的本性相悖时；同时，他又绝少有与我性格倾向相左的时候，因此我一向认为他是认真地想了解我心中所想，而这些恰恰是母亲或其他家族成员最不能了解的东西。阿尔贝长得很高，很强壮，同时又很温和；他随便说什么我都不知为何觉得很有趣，也许他说出的正好是我不敢说出口的，甚至想都不敢想的内容；光听他的声音我就满心欢喜。我知道他是运动健将，尤其擅长游泳和划船；经历了户外空气的迷醉和体能发展之后，目前他全心投入绘画、音乐和诗。但那天晚上，我们谈的完全不是这些。那天晚上，阿尔贝跟我解释国家的意义。

诚然，就这个主题，我要学习的还有很多，因为我父母虽然爱国，却从未向我灌输过领土、国界、思想疆界这些具体的意识。我不敢确定

他们自己是否也有清楚的概念。而我的性格和
父亲一样，看重思想，看轻实际，在十三岁的
年纪，我的思考推论就像一个理想主义者，像
个孩子，也像个傻子。晚餐时我一定是宣称，
在一八七〇年[1]，"倘若我是法国"，我一定不
会防卫——诸如此类的傻话。何况，我痛恨一切
和军事扯上关系的东西。这是阿尔贝认为必须
提出来讨论的一点。

他讨论的方式不是驳斥或唱高调，只是对
我叙述敌人的侵略和他当兵时的回忆。他说他
和我一样，痛恨侵略的力量，但正因如此，他
喜欢捍卫的力量，军人的高尚在于他所捍卫的
不是自己，而是受到威胁的弱者。他说话的时
候声音严肃而颤抖。

"你认为我们能够冷静地坐视自己父母受欺
凌、姐妹被奸污、家产被掠夺吗？"他眼前一定
闪过战争的画面，他的脸虽在阴影里，我却能

---

[1] 普法战争于 1870 年开始。

看到他眼里充满泪水。他坐在父亲大书桌旁一张低矮的扶手椅上，我坐在书桌上，双腿悬空晃动着，因为他这席话，也因为自己坐得比他高，觉得有点窘。房间另外一端，姨妈和母亲专心玩着纸牌游戏，还有安娜，她那天晚上来家里吃晚餐。阿尔贝低声说话，不让那些女士听到，他说完之后，我双手握住他的一只大手，沉默不语，我感动于他心灵的纯美更甚于他的论证。后来，我所受的教育让我更能理解这些之后，我仍牢牢记得那一席话。

想到搬家就令我雀跃万分，计划如何摆放家具也让我乐此不疲，但是这次搬家我却不在场。从戛纳回来后，母亲把我送到一个新老师家住宿寄读，她希望这样能增进我的学业，她也能有多一点时间独处。

我被托付给里夏尔先生，他颇有品位，选择住在欧特伊区，或许正是因为他住在欧特伊区，母亲才想到把我送到他家寄读？他好像住在雷努阿尔街十二号，一栋两层楼的老房子，花园虽然不大，但形成一个眺望看台，可俯瞰半个巴黎。这房子和花园都还在，可无疑不会持续太久，毕竟一个小小穷教师因为经济因素选择住在雷努阿尔的那个时代已经一去不复返了。那时候里夏尔先生只为他家里的寄宿生授课，也就是我和两个英国小姐，她们付钱住在这里，我想她们主要是看上这里空气新鲜、景色秀美。里夏尔先生只是个挂名教师，后来才通过教师资格考试进入一所高中教德文。他本来想当牧师，我想是为了这个理想，他才花了好长一段时间进修，因为他既不懒也不笨，但是犹豫或顾虑（应该是两者都有）让他放弃了当牧师的理想。他保持着牧师的使命，天生有似牧师一般的热忱眼神与声音，足以感动人心，但是他那几乎是无意间流露的半悲伤、半诙谐的微笑，让最严厉的言辞都和缓下来，让人觉得他对自己说的话都不是那么认真。他有各种优点，甚至美德，但他整个人却让人觉得没有任何一处是可信的、坚固的；他前后不一、缥缈不定，把严肃的事当玩笑，无关紧要的小事又看得很严重——这些缺点，在我当时那个年纪，觉得很不可取，甚至比我今日的评断还更严厉。我想他太太的姐姐——也就是贝特朗将军的遗孀，和我们一起住在雷努阿尔——一定也认为他没多少可资敬重的地方，而这一点让我增加了对她的敬重。贝特朗夫人非常明智，曾有过一段辉煌的日子，我认为她是那个家里唯一明理的人；她也宅心仁厚，但她的心意只在最适当的时机才表现出来。里夏尔夫人无疑也宅心仁厚，甚至还更甚，因为她完全不知如何拿捏尺度，只是随心而动。她健康欠佳，很瘦，脸色苍白疲倦；她个性温和，面对丈夫和姐姐时总退居在后，一定是因为这样，我对她的记忆很模糊。相反，贝特朗夫人坚韧、果断、有魄力，留给我很深刻的印象。贝特朗夫人有个女儿，比我小几岁，被她母亲小心地拉开与我们的距离，不与我们多接触，我的感觉是，她有点被母亲的权威压得喘不过气。伊冯娜·贝特朗是个纤细的孩子，几乎可说是弱不禁风，被一堆规矩压得死死的，她就算微笑，看起来也像在哭，且只有在吃饭的时间才出现。

里夏尔夫妇有两个孩子：一个十八个月大的小女孩，在花园里，我瞠目结舌地看到她抓起泥土就吃；负责看顾她的小哥哥布莱兹在一旁笑嘻嘻地看着，他自己也才不过五岁。

我有时独自一人学习，有时和里夏尔先生一起，我总待在小橘园里，其实那只是一间玻璃小棚屋，在花园深处，紧靠着隔壁那栋大房子。

在我写字的课桌旁边，一块架板上长着一株剑兰，我可是看着它发芽成长的。那是我之前在圣叙尔皮斯广场上的市场里买来球根，亲手种到盆里的。一片绿叶很快钻出泥土，每天的抽长都让我欣喜。为了观察它的生长情况，我在盆里插上一根白木棍，精确记录它每天的成长。我计算出，叶子每小时长出五分之三毫米，即便是这样的长度，如果稍加注意的话，也是肉眼可见的。然而，我急切地想知道它到底是从哪里变长的，最后只得出结论，说它其实是一夜之间抽长的，因为任凭我眼睛直直盯着，也没看出任何动静……对老鼠的观察倒是给我较大收获。只要我面对书本或剑兰，不到五分钟，老鼠就会跑出来和我玩，我每天拿好东西喂它们，到后来它们已不害怕，甚至跑到我写功课的桌上吃食物残渣。它们其实只有两只，但我相信其中一只已经怀着小宝宝，每天早上我都心怦怦跳，等着看小老鼠出现。里夏尔先生来的时候，它们就钻进墙上一个洞里，那是它们的窝，也是我等着看小老鼠出现的地方；里夏尔先生要我背书的时候，我眼睛瞄着洞，自然书背得很差；终于，里夏尔先生问我为什么分心，在此之前我一直保密与老鼠为伴的事，那一天，我全盘托出。

我知道女孩子们害怕老鼠，也了解家庭主妇们讨厌它们，但里夏尔先生是个男人。他对我说的显得很感兴趣，让我指出洞在哪里，之后二话不说走出去，留下我一头雾水。过一会儿，我看见他提着一个热水壶回来。我不敢猜他要做什么，怯怯地问：

"您手上拿的是什么，先生？"

"热水。"

"做什么用？"

"烫死它们，那些脏东西。"

"噢！里夏尔先生，求求您！拜托您。何况我想它们怀了小老鼠了……"

"那就更该杀。"

是我出卖了它们！我真该先问他喜不喜欢动物的……哭泣、哀求，全都没用。啊！多么邪恶的人！我相信他一边朝洞里倒热水，一边还冷笑呢，但我把头转开了。

我难以原谅他。老实说，他看见我如此难过，似乎有点吃惊。他没有明确地道歉，但我发现他有点尴尬，努力说服我，说我这样实在很可笑，那些老鼠多讨厌、发出臭味、有很大害处，尤其它们妨碍我专心学习。里夏尔先生也不是不会悔改的人，过了一段时间之后，为了表示补偿，他答应送我想要的动物，只要它们是无害的。

我选的是一对斑鸠。不过，他是真心想送我呢，还是勉强忍受它们？我那脆弱的记忆力已忘了这一点……我们把柳条鸟笼挂在小橘园对面的一个铁丝网已半破的鸡笼里，里面养着两三只母鸡，尖声乱叫、脾气坏、愚蠢，我对它们一点都不感兴趣。

刚开始几天，我被斑鸠的咕咕叫声迷住了；我从来没听过这么美妙的声音，它们的叫声像泉水，一整天涓涓流个不停，本来令人喜悦，最后变得恼人。两位寄宿的英国小姐中的一位叫埃尔文小姐，她受不了咕咕叫声，说服我帮它们造个巢。我之前没想到，巢造好了之后，母斑鸠就在里面下了蛋，咕咕叫声也不再持续不停。

母斑鸠下了两个蛋，这是它们的习性，但我不知道要多久蛋才会孵出来，就不断进入鸡笼查看；我攀到一个老旧的小梯子上，居高临下观察着鸟巢；但我又不想惊扰它孵蛋，只能久久等待它站起来才能看一眼，蛋还没孵出来。

一天早上，还没走进鸡笼，我就看见在我鼻子高度的笼子底部，散落着有淡淡血迹的蛋壳碎片。终于孵出来了！可当我想走进鸡笼看孵出来的小鸟时，万分惊讶地发现鸡笼的门锁上了。门上加了一把小锁，我认出那是两天前里夏尔先生和我一起去附近五金杂货店买的。

"这管用吗？"他问老板。

"先生，这和大锁一样管用。"这是他得到的回答。

里夏尔先生和贝特朗夫人恼怒于我花这么多时间在鸟的身上，决心约束一下，他们午餐时告诉我，从今天开始门要一直锁着，钥匙由贝特朗夫人保管，每天只在下午四点吃点心的休息时间让我开一次锁。每次要采取行动或是进行处罚的时候，贝朗特夫人永远一马当先。当时，她说起话来很平和，甚至温柔，但毫无商量的余地。当她向我宣告这可怕的决定时，脸上几乎带着微笑。我忍着不抗议，那是因为我自有办法：这种便宜的小锁头，钥匙几乎都一样，那天里夏尔先生买锁的时候我就注意到了。凭我口袋里叮当作响的几个铜板……午餐一吃完，我就跑到五金杂货店去。

　　我要特别说明，当时我心里完全不存反抗的情绪。不管是那时，或是之后，我一点都没有欺骗的意思，只是想和贝特朗夫人开个玩笑。我对她怀着好感和尊敬，甚至如我之前所说，我特别在意她的看法，我所感受到的一点不快，只不过是因为她采用了这种物理手法，其实她大可口头上告诫我就够了，这正是我也想让她感受到的。因为，认真想想，她其实从来没有禁止我到鸡笼里去啊，只不过加了一道障碍，就好像……那么，就让她瞧瞧那把锁有多大本事！当然，我不会偷偷摸摸背着她跑进鸡笼，她若没看见我，就一点都不好玩了，我要等到她在客厅的时候才打开鸡笼，客厅的窗户正对着鸡笼（想到她惊讶的样子，我已经开始笑了），到时候我就把手上的第二把钥匙交给她，表达我的诚意。我从五金杂货店回来的路上，满脑子这么想着，我的推论完全没有逻辑，只是把我的全部所想表达出来，完全没考虑表达方式。

我进入鸡笼，眼睛瞄着贝特朗夫人胜过看斑鸠，我知道她在客厅里，我盯着客厅窗子看，却什么都没看到，她好像躲起来了似的。这多扫兴啊！我总不能叫她吧。我等了又等，最后没办法只好走出来，几乎连孵出的鸟都没多看一眼。我没有把钥匙从锁上抽出就跑回温室，开始翻译古罗马历史学家柯提斯的一篇文章，心中隐隐觉得不安，不知道待会儿茶点铃声响起时我该怎么做。

四点前的几分钟，小布莱兹来叫我，说他姨妈有话对我说。贝特朗夫人在客厅等着我，当我走进客厅，她站起身，显然是为了显示事态严重。她要我朝她走近几步，然后说："我想我看错了您，我本来以为您是个诚实的孩子……

您刚才以为我看不到您。"

"但是……"

"您朝着屋子那边看，担心……"

"正是因为……"

"我不许您顶嘴。您做的事非常糟糕。那把钥匙是哪里来的？"

"我……"

"我不准您回答。您知道私自开锁的人要送到哪儿去吗？监狱。我不会将您做的事告诉您母亲，否则她会很难过；如果您有一丝丝顾念到她，就绝对不敢做这样的事。"

她愈说我愈意识到，我再也无法向她说清这一行为背后的秘密动机了，况且老实说，这个动机连我自己都不敢确定了；现在在我的兴奋已经过去，我的恶作剧被放在另一个时空下检验，只剩下愚蠢。何况，无法为自己辩护，立刻让我产生了一种不屑的愤怒，这使我面对贝特朗夫人滔滔不绝的训诫时，脸都没红一下。我想，她在禁止我说话之后，现在又因为我的沉默而恼怒，这使得她不得不独自说下去。既然不能回话，我就把抗议转移到眼神里。

"我现在再也不在乎您如何看我了，"我的眼神对她说，"从您错误评判我的那一刻起，我也不再尊敬您了。"

为了夸张地展现我的不屑，整整半个月我都没去看我的斑鸠，结果功课倒是突飞猛进。

里夏尔先生是一位好老师，比起传授知识之必要，他是真心喜欢教导学生；他温柔有耐心，教学时带着一种俏皮的热忱，使课程不至于沉闷乏味。因为我落后很多，我们制订了一张复杂的课程表，但课程表不断被我一直好不了的头痛打乱。我必须承认，我经常走神，里夏尔先生顺着我的意，一方面怕我累坏，一方面也喜欢闲散，所以上课经常变为漫谈。这是家教老师的通病。

里夏尔先生喜好文学，但文学造诣不够，因此格调不够高。在我面前他也不掩饰，面对古典文学时猛打呵欠，课程表还是得遵守，但是在分析完一段高乃依 [1] 的《西拿》之后，就对我朗诵一段雨果的《国王寻欢作乐》作为休息，其中特里布莱对弄臣的一段呼告让我不禁流下眼泪，我泣不成声地朗诵着：

> 噢！看吧！这只手，这毫不显赫的手，
> 一只平民的手、农奴的手、庄稼汉的手，
> 这只在嘲笑者眼里毫无力量的手
> 它虽未握着宝剑，却有指甲，贵人们！

在今天，这些诗句的浮泛空洞叫我难以忍受，但在我十三岁时，它们似乎是世界上最美的诗句，比课程里我应该赞赏的那句"拥抱我们吧，西拿……"感人多了。我跟随着里夏尔先

---

[1] 指皮埃尔·高乃依（Pierre Corneille），17 世纪上半叶法国古典主义悲剧的代表作家，与莫里哀、拉辛并称法国古典戏剧三杰。《西拿》为其代表作之一，讲述了以古罗马为背景的一场宫廷悲剧。

生朗诵圣瓦利耶侯爵那著名的咏叹调：

> 在您的床上，这女人美德的坟墓中，
> 您冷漠地，以卑鄙下流的亲吻，
> 玷污、败坏、羞辱、侮辱、摧毁了
> 普瓦捷的迪亚娜，布雷泽女伯爵。

竟然有人敢写出这样的内容，还用诗体！这让我惊诧万分。无疑，我欣赏这些诗句，主要是因为它们露骨大胆。更大胆的是在十三岁时读它们。

里夏尔先生看出了我的情绪波动；面对我如小提琴般颤动的反应，他决定不再让我的纤细敏感受到太大刺激。他拿出他那时的枕边书，开始朗诵黎施潘 [1] 的《亵渎》和罗利纳 [2] 的《精

---

[1] 让·黎施潘（Jean Richepin），法国诗人、小说家、戏剧作家。生活放荡不羁，因其部分诗作内容狂放而闻名。
[2] 莫里斯·罗利纳（Maurice Rollinat），法国诗人、音乐家，以波德莱尔的弟子自居。

神病人》给我听。真是奇怪的教育！

里夏尔先生有两个弟弟。大的是埃德蒙，一个瘦高的年轻人，智力与长相都相当出众。前一年夏天，他继那个傻瓜加兰先生之后，担任我的家教老师，在此之后，我再也没见过他，他身体虚弱，不适合住在巴黎。（我最近才听说，之后他在银行界成就非凡。）

我刚住进雷努阿尔街不久，里夏尔先生的第二个弟弟就搬来了，他只比我大五岁，之前住在盖雷的姐姐家。我知道这个姐姐，因为前一年夏季，埃德蒙曾和我母亲提起过。他那天晚上抵达拉罗克的时候，母亲和蔼可亲地问他家里有什么亲人。

"您没有姐妹，不是吗？"

"有的，女士。"他回答。然后，因为他很有教养，觉得这样简短的回答有点突兀，便轻声加了一句。"我有一个姐姐，住在盖雷。"

"真的？"母亲说，"住在盖雷……她是做什么的呢？"

"她是糕饼师。"

这段谈话是在晚餐桌上进行的，我的表姐妹们也都在，我们一字不漏地听着新来的家庭教师说的话，因为这个陌生人闯入了我们的生活，万一他是个装模作样、唠叨可厌的人，我们的假期就完蛋了。

埃德蒙·里夏尔似乎是个讨人喜欢的人，但我们检视着他最初的一举一动，以便达成一个共同的判断，这种一锤定生死的严苛评判，是不懂得生活的人急于做的事。我们并不喜欢嘲弄人，但当我们听到埃德蒙·里夏尔平静、直接、勇敢地说出这句"她是糕饼师"时，都忍不住"噗嗤"笑了出来。这笑并没有恶意，我们也想尽量克制住，因为自己也感觉到这笑如此不礼貌。一想到他可能听到了我们的笑声，就使我的这段回忆十分痛苦。

阿贝尔·里夏尔就算不是傻子，跟他两个哥哥比起来，也显得见识差了太多。也因如此，他的教育完全被忽视。他个子高，看起来软弱，眼神温柔，手掌无力，声音呜咽。他热心助人，甚至急切地想讨人喜欢，但人不太机敏，所以他的好心得到的往往不是感谢，而是粗暴的拒绝。他虽然常常缠在我身边，我们却很少讲话，我不知道要跟他说什么，他呢，只说上三句话就要上气不接下气。一个夏日的晚上，那种经过炙热的白天之后显得平和舒适的温热夜晚，我们在阳台上待了很久。阿贝尔习惯于靠近我身边，我也像平常一样假装没看到他；我坐在离大家有点远的秋千上（白天时，里夏尔先生的两个孩子常来荡秋千），其实大家都已经去睡了。我用脚尖顶着地让秋千固定不动，感觉到阿贝尔现在就在我身边，也静止不动，靠在秋千架上，不经意地使秋千稍稍颤动，我还是别过脸去，眼睛看着与夜空中星星相呼应的城市灯光。我们俩就这样待了很长一段时间，直到他稍稍动了一下，我才看了他一眼。他无疑就是在等我将目光转向他，他用微弱的、我几乎听不清的声音结结巴巴地说："您愿意跟我做朋友吗？"

我对阿贝尔并无特别的好感，但若非满心仇恨，很难推开一颗敞开的心。我笨拙困窘地回答"噢，好啊"或是"愿意啊"。他呢，立刻直截了当地说："那么，我要给您看我的秘密。来吧。"

我跟着他。在会客室里，他想点上一支蜡烛，但浑身颤抖得那么厉害，划断了好几根火柴。就在这时，里夏尔先生的声音传了过来。

"安德烈！您在哪里？该去睡觉了。"

阿贝尔在黑暗中抓住了我的手。

"那就明天再给您看。"他无奈地说。

第二天，他带我去他的房间。房间里有两张床，因为埃德蒙·里夏尔走了，其中一张床就空着。阿贝尔一言不发地走向桌上放着的一个小柜子，用挂在表链上的钥匙把小柜子打开，拿出粉色带子系住的十多封信，解开结，交给我。

"喏，您可以全部拿去读。"他慷慨激昂

地说。

老实说，我一点都不想读这些信。它们都是同样的笔迹，一个女人的笔迹，纤细、工整、平凡，就像所有会计师或供货商的笔迹，只消一眼就让人没了兴致。但是我别无他法，若不读，就会残忍地伤害到阿贝尔。

我还以为是情书，不，是他那个在盖雷当糕饼师的姐姐的来信；信中全是可怜、怨艾，谈到该缴的款项、到期的欠款，以及"拖欠金额"——这是我头一次看到这恐怖的字眼。字里行间不必明说，也足以让我猜出阿贝尔把父母留给他的那一份，慷慨地给了姐姐，我特别记得其中一句，说他所做的，唉，还不足以让她缴清"拖欠金额"……

阿贝尔退到一边，让我读信，我坐在一张白色木桌前，就在他刚才拿出信的那个小柜子旁边。小柜子门没关，我一边读信眼睛一边朝柜子里瞥，生怕里面还有更多的信，但小柜子是空的。阿贝尔站在打开的窗户旁边，他当然记得信里都写了什么，我感觉他在远处跟着我一起读。他一定在期待我说些同情的话，可我不知该说什么，不愿表现我并没有感受到的情感。金钱方面的困难最难在孩子心中激发对美的感知，我需要美来打动我，但我敢发誓这些信中完全没有那种美。最后我想到，可以去问阿贝尔有没有他姐姐的照片，这样一来，我就不必撒谎，同时也可以表达出我的某种关心。他手忙脚乱一阵，从皮夹里抽出他姐姐的照片。

"她和您长得好像！"我大声说。

"噢！可不是吗！"他突然一阵狂喜。我只是随口说出这句话，但他觉得这比我宣称与他的友谊还更让他心满意足。

"现在您已知道我所有的秘密，"我把照片还给他之后，他说，"您也会告诉我您的秘密，对吗？"

我在读他姐姐的信时，有点模糊地想起了艾玛纽埃尔。相较于这些让人心酸的悲哀，我心爱的表姐那美丽的脸庞散发出何等光辉！我发誓要对她付出一生的爱，这让我的心喜悦地颤动；千百个模糊微弱的心愿、歌声、笑语、舞蹈和跳跃的乐章，不停伴随着我的爱情轮转……当阿贝尔问我这个问题时，美在我的心中满溢，几乎令我窒息。然而，在像他这般匮乏的人面前展现我的宝藏，合适吗？抑或只亮出宝藏中的一丝痕迹？不可能！这是一整个不可分割的宝贝，一整块不能拿来熔化兑现的金块。我再次看看那捆信，阿贝尔正小心地用丝带重新系好，那个小柜子还空着；他再度开了口：

"告诉我您的秘密，好吗？"

"我没有秘密。"

我答道。

VI

科马耶街是条新开的小街，穿过一整区私人花园后通往巴克街，这些花园庭院本来隐藏在大房子的高墙后面，若它们的马车大门凑巧半开着的话，惊奇的眼光就可以好奇地深入那些意料之外的、神秘的、庭院深深的花园豪宅，豪宅的庭院又和其他花园相连——部长办公室的花园、大使馆的花园、福尔图尼奥花园，层层隐秘深锁，但旁边比较现代的住宅，则拥有从窗户俯瞰它们的珍贵特权。

我们家客厅的两扇窗户、书房的窗户、母亲的卧室和我卧室的窗户，都可俯瞰这些令人赞叹的花园，它们离我们家这栋楼只隔着一条街。这条街只在我们这一侧有房屋，街对面只有一面矮墙，挡住公寓较低几层楼的视野，而我们住在五楼。

我和母亲最常待的地方是她的卧室，我们在那里喝早茶。我现在说的时序，是跟随里夏尔先生学习的第二年，他那时已搬到巴黎市区，我只是"半寄读生"，也就是说每天晚上回家吃晚饭和睡觉。每天早上，玛丽替母亲梳头的时候，我就出门去里夏尔先生家，因此，我只有在不上学的日子才能看到梳头的过程，持续半个小时。妈妈穿着白色浴袍，在窗户前迎着天光坐着。玛丽在她面前高高架起一面椭圆形镜子，让她可以照到自己，镜子架在可调节的金属三脚架上，高低可随意伸缩；脚架上箍着一个圆托盘，上面放着梳子和发刷。母亲不时读两三行手上拿着的前一晚的《时报》，再看看镜中的自己。她可从镜子里看到头顶，以及玛丽拿着梳子或发刷的手。不管玛丽怎么做，总是让母亲满肚子火气。

"噢！玛丽，您弄得我好痛！"妈妈抱怨着。

母亲梳头时，我窝在壁炉旁的大扶手椅里看书——有两把巨型的猩红色绒布扶手椅，椅垫膨胀得夸张。我不时抬头看看母亲美丽的侧影，她的五官天生严肃而温柔，偶尔因为浴袍

过白的颜色衬托，或因玛丽向后梳扯着头发，
显得表情僵硬。

"玛丽，您不是在梳头，是在打头！"

玛丽停下来一会儿，又重新梳得更用力。
妈妈只好任由报纸从膝盖上滑下，两手交握，
手指交叉，只留两根食指弯曲向前，这是她表
示屈服的习惯动作。

"夫人最好自己梳头，这样就不会抱怨了。"

但是母亲的发型需要点手艺，很难不需要
玛丽的帮忙。头发从中间被分开，下面以一堆
辫子结成扁平的发髻，太阳穴上方紧贴两鬓的
头发要靠几个发簪才能撑起。那个时代，全身
上下都得弄得圆滚滚的——那是女人需要穿着
裙撑，把裙子圆圆撑起的恐怖时代。

玛丽并不是想说什么就说什么，母亲不会
允许，她只是偶尔爆发，几句压抑不住的气话
呼啸而出。母亲有点怕她，当她伺候进餐时，
只敢等她退下之后才说："我跟德西蕾不知说过
多少次都没用（这是对克莱尔姨妈说的话），她

做的蛋黄酱醋放太多了。"

德西蕾是继玛丽的旧爱德尔菲娜之后来的厨娘，反正不管厨娘是谁，玛丽都会站在厨娘那一边。第二天，我和玛丽一起出门。

"你知道，玛丽，"我说，一脸最让人讨厌的伪君子姿态，"如果德西蕾不听妈妈说的，我不知道我们还会不会留下她（也是为了显示我的重要）。她昨天做的蛋黄酱……"

"又放了太多醋，我知道。"玛丽一脸报复的神情打断我。她咬着嘴唇，稍微忍住笑声，最后忍不住爆发出来。

"够了！你们嘴可真刁。"

玛丽并非对美无动于衷，但对她而言，跟许多瑞士人一样，美只局限于高山景色，就如同对音乐的喜好也仅限于赞美歌。有一天，我正弹着钢琴，她突然跑进客厅，我弹的是没有多大起伏的《无言歌》[1]。

---

[1] 德国浪漫派作曲家门德尔松的独奏曲代表作，一共8册48首，曲目皆短且充满感情，业余钢琴爱好者亦可演奏。

"这才叫音乐，"她感伤地点着头，继而愤怒地说，"我问您，这不是比您那些三重奏好多了？"

她把所有她不懂的音乐都称作"三重奏"。

高克琳小姐的课程现在已太初级了，我被交到一位男老师手里。唉！他也不比高克琳小姐好多少。梅里曼先生是普莱耶尔钢琴制造厂的钢琴检验员，他以钢琴师为职业，却丝毫不抱热忱，他勤学苦练，终于拿到音乐学院的一等奖——如果我没记错的话；他弹琴准确、流畅、丝毫不带感情，像数学而非艺术；他坐在钢琴前，就像出纳员坐在收银台前；二分音符、四分音符、八分音符在他指头下叠加，他就像在核对这个曲子。当然，他其实也能给我一些技巧训练，但他对教钢琴一点兴趣都没有。在他的教导下，音乐变成令人厌烦的苦差事；他喜爱的大师是克拉默、施泰贝尔特、杜塞克[1]，

---

[1] 三位皆为 18 世纪至 19 世纪著名欧洲钢琴家及作曲家。

他用这些人的作品当我的教材。他认为贝多芬的作品太过淫荡。一星期两次，他准时来家里，课程内容就是重复几个单调的练习，而且不是最能增进指法的练习，而是最无趣的例行公事：几个音阶、几个琶音，然后我就开始反复弹正在学的曲子的"最后八小节"——也就是上次学的那八小节；弹完之后，他就在接下来的八小节之后用铅笔画一个大"V"字，标出我要完成的差事，就像在下一棵要砍伐的树木上做记号一样。时钟敲响的时候，他站起来，说："下一次，练习接下来的八小节。"

从来没有任何解释，从来没有任何启发，我说的不只是对我的音乐品味或灵敏度（这怎么可能？）——而是连对音乐的记忆或评判都没有任何启发。在那个年纪，吸收力、可塑性、理解力都强的时候，若母亲让我在之后才遇到的无可比拟的德拉努斯先生（遇到他太迟了！）那里接受指导，我该会有多大的进步。可惜不是！经过两年致命的原地踏步之后，我才从

梅里曼那里被解救出来，却又落入席夫马克尔
的魔掌。

　　我承认，那个年代要找到好的钢琴老师，
不像今日这么容易，音乐学校制度还没培养出
好老师来，法国的音乐教育刚起步，再加上母
亲所处的环境对音乐并不在行。母亲对她自己
和对我的音乐教育当然煞费苦心，可她努力的
方向是错的。席夫马克尔是她一个朋友热心推
荐来的。

　　他来我们家的第一天，向我们陈述了他的
理论体系。他是个情绪激动的肥胖老人，上气
不接下气，脸红得像个火炉，说起话来含糊不清、
嘶嘶作响、喷着口水。好像整个人被压着，不
时喷出一些气体。他刷子般的头发和两鬓的胡
子都花白如雪，与脸部融成一片，他不停擦着脸，
滔滔不绝。

　　"其他的老师，他们怎么说？他们说要练习、
再练习，都是鬼扯。我做过这些练习吗？才不
必呢！弹奏是学习弹奏的最好方法，就像说话

一样。瞧！您是一位明理的人，夫人，您认为您的孩子讲话需用舌头，因此每天早上都得这样练习舌头吗——哈、哈、哈、哥拉、哥拉、哥拉、哥拉（此时我母亲被席夫马克尔喷溅的口水吓坏了，把扶手椅大大向后挪动，对方却又往前挪了挪）。不论我们口才好不好，有要说的话就会说出来，弹钢琴也是一样，我们拥有的手指足以表达内心的感受。啊！如果没有任何感受，就算每只手都长了十根指头，也没有任何用处！"接着他大笑起来，呛咳了一阵，窒息了一阵，双眼翻白，然后拿手帕擦脸，用它扇着风。母亲提议去为他端杯水来，但他做个手势表示没事，再次把短胳臂和短腿挥动起来，解释说他喜欢笑和咳嗽一起来，发出一声巨大的"嗯！"之后，转向我。

"那么，我的小子，听懂了吧！再也没有练习了。您瞧！夫人，瞧这小顽皮多高兴！他在想，和席夫马克尔老爷爷一起，不必受苦了。他想得没错。"

母亲被这些胡言乱语搞得晕头转向，讶异又好笑，但更多的还是惊恐。她自己一辈子无论做什么事都尽心尽力，不太能苟同他这种不需要强迫、不需要努力的方法，她徒劳地试着插进话，结果只在口水喷溅中断续地听到"是的，倘若……但他并不……当然……前提是……"。

席夫马克尔突然站起来。

"现在我要为你们弹一曲，这样你们就不会想：这个钢琴老师光会用嘴讲。"

他打开琴盖，敲了几个和弦，然后像军乐号似的开始弹奏一首斯蒂芬·海勒[1]的练习曲，弹得又快速又响亮，震耳欲聋而生动活泼。他的手粗短红润，手指几乎没动，好像在揉捏钢琴。我之前从未，之后也没有听过其他人这样演奏过；他完全缺乏人们所称的"技巧"，我相信他

[1] 斯蒂芬·海勒（Stephen Heller），匈牙利作曲家、钢琴家，以大量钢琴练习曲闻名。他的练习曲作品常被用于钢琴教学。

连一段简单的音阶都弹不流畅。事实上，我们听到他弹奏的，已不是原来的曲子，而只是近似的曲调，充满激昂、个性和怪异。

我倒没有因为不需要练习而感到特别高兴，我喜欢学习；如果换老师，我希望有更大的进步，但和这个奇怪的老师一起，我怀疑自己能不能进步……他有一些奇怪的原则：譬如，他声称手指绝对不能静止在琴键上，就像小提琴弦上的手指或弓，必须维持弦的颤动，并且依照手指按在琴键上位置的前后就能调整声音的强弱，任由人意。这就是为什么他弹奏时会有那种来来回回的奇异动作，好像在揉搓旋律。

他的课程以一个吓人的事件突然告终。事情是这样的，我已经说过，席夫马克尔身形肥胖，母亲担心客厅里那些材质纤细的小椅子经不起他的重量，就从会客室拿来一张丑得要命的厚重大椅子，上面铺着仿皮漆布，和客厅的家具格格不入。她把那张椅子放在钢琴旁边，把其他椅子往后移开。"这样他就会明白该坐那张椅子。"她说。第一节课上得很顺利，椅子很牢靠，支撑住了这个庞大身躯的重量和动作。但第二次，骇人的事情发生了，因为上一堂课被坐软了的仿皮漆布开始黏在他的细筒裤上。糟糕的是，直到上完课想站起来时，他才发现已经站不起来！他的屁股黏住椅子，椅子黏住他的屁股。他的裤子很薄（那是在夏天），若是布料已经有点穿旧了的话，就一定会被扯下来；持续了几秒钟的惊魂……最终，经过一番努力，仿皮漆布退让了，缓缓、缓缓地和解似的松开了他的裤子。我按住那张椅子，因为太过惊恐而不敢笑出来。"天啊！天啊！这又是搞什么鬼？"他说着，一边往前探着身子，一边回过头从肩膀往后查看漆布缓缓脱离的情况，这使得他的脸更加通红。

幸好，裤子和椅子都没撕破，没有损伤，除了漆布上的浆料全黏在他裤子上了，椅子上则留下他那个庞大屁股的印子。

奇怪的是，他直到下一次上课才爆发出怒

气。我不知道那天他怎么回事，上完课后，我送他到会客室，他突然勃然大怒狠狠痛骂，说他知道是我搞的鬼，我是个"假面人"，他再也不能忍受被人瞧不起，再也不会踏进这个被人当成大草包的屋子一步。

他的确没再出现。不久之后，我们在报纸上看到他在一次划船比赛中淹死的消息。

除了弹琴之外，我几乎不踏进客厅。客厅通常都半掩着门，家具用鲜红色细条纹的白色密织薄纱套子仔细保护着。这些布套依照椅子和扶手椅的形状精确罩住，每个星期四早上把它们重新罩上成了一种乐趣——星期三是母亲接待客人的日子，家具出来亮相——密织薄纱剪裁出巧妙的褶子，用小钩子固定在椅背架上。客厅里的这些家具看起来华丽沉重、不和谐，我或许更喜欢它们罩在统一布套下文雅又朴素的样子，在夏日里紧闭的百叶窗后头显得如此清爽雅致。家具中有好几把不同的织毡椅子和仿路易十六风格的扶手椅，包覆着和窗帘同样的蓝色和暗金色的花纹锦缎，从客厅中央沿着两边墙壁排开成一圈；壁炉两侧是两把比其他椅子更大的扶手椅，华丽得让人眼花缭乱，上面罩着浅栗色的天鹅绒混合着镂空花边和刺绣，扶手椅的木料是黑色和亮金色——我不准坐这两把扶手椅。壁炉上摆着烛台和镀金铜钟，上方雕刻着知名雕塑家普拉迪耶[1]的萨福坐像。客厅的吊灯和壁灯，我该怎么形容呢？在我终于敢承认一个"正规"的客厅不一定要有这种水晶吊灯的那一天，我的思想解放向前迈进了一大步。

壁炉前摆着一座刺绣屏风，图案是蔷薇花下一座中国式拱桥（那蓝色还历历在目），竹制的屏风架布满吊饰，天蓝色底布上有同样颜色的丝质流苏，以金丝线缝在贝壳制成的鱼的头尾两端，左右摇晃着。我听说这屏风是母亲新

---

[1] 雅姆·普拉迪耶（James Pradier），出生于日内瓦的19世纪著名法国雕塑家，以新古典主义风格的雕塑作品而闻名。

婚后不久偷偷缝绣的，父亲生日那天走进书房
猛然看到这屏风时该多懊丧！尽管父亲脾气如
此温和，又深爱母亲，却几乎立刻发起了脾气。

"不，朱丽叶！"他叫着，"不，拜托您。这
是我的空间，至少这书房是，就让我自己布置，
以我的方式布置，好吗？"

接着，他恢复彬彬有礼的态度，告诉母亲
他很喜欢这座屏风，但还是比较想把它摆在客
厅里。

父亲去世之后，我们和克莱尔姨妈以及阿
尔贝每星期日共进晚餐，轮流去他们家或来我
们家，他们来的时候客厅的椅套不必拿下来。
晚餐后，阿尔贝和我坐在钢琴前，姨妈和母亲
则靠在点着油灯的大桌子旁，油灯上罩着那时
流行的繁复美丽的灯罩，我想今日已经看不到
这种灯罩了。一年一度在相同时节，妈妈和我
都会一起到图尔农街的一家文具店去选购新的
灯罩，那里有好多种款式；在暗色的厚纸浆里，

精致的凹凸花纹和镂空，让光线从极薄的彩纸之间穿透，真令人着迷。

客厅的桌子铺着一块厚厚的天鹅绒，下缘加缝着一圈羊毛和丝绸混合制成的织布，是安娜和母亲一同耐心缝制的。织布在桌子四周直直低垂下来，要隔开一段距离才能欣赏。这一圈下缘绣的是交缠的牡丹花和缎带，或只是看起来像，因为是回旋交错的黄色图案。这圈下缘独具匠心地与天鹅绒交接，看起来就像绒布的延伸。

姨妈和母亲玩牌时，阿尔贝和我投身在莫扎特、贝多芬和舒曼的三重奏、四重奏和交响乐中，热切地弹奏着双人合奏曲。

我现在的演奏水平已经差不多赶上阿尔贝了，这也不表示有多高超，只不过能让我们旗鼓相当，分享音乐的喜悦——这是我最强烈、最深沉的乐趣。

我们弹奏时，两位女士不停聊天；当我们弹奏到最强音时，她们的说话声也随之提高，但是弹到最弱音时，唉，说话声并没减弱，我们很受不了被杂音干扰。只有两次，我们得以在寂静中弹奏，那真是舒心。妈妈有几天离开家，留下我一个人，至于原因我待会儿将说明。那一次，连续两个晚上，阿尔贝好心地来和我共进晚餐，这令我无比快乐：他只属于我，只为我一人而来。我们弹奏到很晚，琴声如此优美，连天使都应该听到了。

妈妈离开家是去拉罗克，我们在那里的一个农场暴发了流感，妈妈一听到这个消息，就决定前去照料病患，她认为这些人是她的佃农，她有义务这么做。克莱尔姨妈试着拦阻，说她的义务是照顾儿子，这比照顾佃农优先，又说她冒这么大的险，却帮不上什么忙。以姨妈的心态，只差没说那些人新近才加入农场，都是些固执又贪得无厌的家伙，根本不会理解母亲这种无私的举动。阿尔贝和我也随声附和，非常恐慌，因为农场上已经有两个人死了。但是忠告、恳求都没用，只要妈妈认为是她的职责，不管如何阻拦，她还是要做。如果她这种个性没那么明显地显露出来，只是因为她让太多偶发的顾虑占据了生命，因此关于责任的观念被分散到很多琐碎的小事上面。

我经常提到母亲，我希望对她的回忆足够描绘出一个完整的形象，然而我想自己并没有成功描绘出她"诚心善意"的形象（我这里要表达的是《圣经》里最崇高的涵义）。她总是追求良善、追求更好，永远不自满。对她来说，只保持谦逊是不够的；她不断努力减少自己的不完美、减少在其他人身上发现的缺失，修正自己和他人，不停学习。父亲还在世的时候，这一切都臣服、融化在巨大的爱之中。她对我的爱当然不少于对父亲的爱，但以前她面对父亲是臣服，现在转而要求我臣服。我们之间开始产生冲突，使我更加相信我只像父亲，不像母亲，我和她之间深沉的相似点之后才会显现出来。

母亲非常注重她自己和我的文化修养，尊崇音乐、绘画、诗，以及一切高于她自身的事物，尽她所能启发我和她自己的鉴赏力与判断力。凡是《时报》上提到的画展，我们绝不错过，去看展的时候，我们一定带着那份评论报纸，在现场也必定不时重读，生怕赞赏错了，或是错过了该赞赏的。至于音乐会，当时的节目单范围狭小且单调，不太会出错，只消听、赞赏、鼓掌就没错了。

妈妈差不多每个星期天都带我去帕德卢音乐厅听音乐会；一年之后，我们买了音乐学院的年票，因此接连两年时间里，我们每个星期天都去听音乐会。我对其中一些音乐会印象很深刻，尽管我的年纪还不足以领略（妈妈从一八七九年开始带我去），却塑造了我对音乐的敏感度。我对所有的音乐会几乎毫不区分，都赞赏不已，在那个年纪，几乎没有什么选择，只是急切需要赞赏的对象：里特尔（或里斯莱尔）一个个星期日在帕德卢音乐厅演奏的《C小调交响曲》和《苏格兰交响曲》，还有莫扎特协奏组曲，以及我听过好几次的费利西安·大卫演奏的《沙漠》，帕德卢音乐厅的听众似乎对这个可爱的曲子情有独钟，尽管今日的人们一定觉得有点老派、缺乏深度，但我那时对这曲子深深着迷，就像最初几次玛丽带我去卢森堡美术馆，我觉得图尔内明[1]一幅东方风情的风景画是世界上最美的画一样。那幅画的背景是橙色的落日，平静的水面上倒映着大象和骆驼伸长着象鼻和颈子喝水的身影，远处一座清真寺的宣礼塔直插云霄。

在这些最初的"音乐时刻"，某些记忆非常鲜明，但和其中一个记忆比起来，全都黯然失色：一八八三年，鲁宾斯坦在埃拉尔音乐厅举办了一系列演奏会，曲目是将钢琴乐曲从最早期的到新近的做一个整理回顾。我并没有去听全部的演奏会，因为如同妈妈所说，票价"贵得吓人"，我只听了三场，但我却保存着如此亮丽、清晰的记忆。有时我甚至怀疑那真的是鲁

---

[1] 图尔内明（Tournemine），法国画家，尤其擅长东方场景。

宾斯坦演奏会的记忆。难道没有可能是因为那些乐曲我之后一读再读、反复研究过的关系？不，记忆中的确是他的演奏、他的神采，其中某些曲子，例如库普兰的几首、贝多芬的C大调奏鸣曲和E大调奏鸣回旋曲、舒曼的《预言鸟》，我之后都只听鲁宾斯坦的演奏。

　　他的声望如日中天，他的模样很像贝多芬，有些人说他是贝多芬的儿子（我没去查证他的年纪是否可能）；他扁平的脸上颧骨高耸，宽大的额头一半遮在浓密乱发之下，眉毛蓬乱，眼神时而茫然时而霸气。倔强的下巴、丰厚的嘴唇显示出一种难以形容的恼怒。他不是在蛊惑人，而是在驯服人。迷蒙的表情让他看起来像喝醉了，据说他也经常处于迷醉的状态。他演奏时闭着眼睛，像忘了听众的存在。他不像在呈现一首乐曲，而像在找寻它、发现它，或是边弹奏边创作它，不是随兴所至，而是从狂热的内心渐渐涌现，似乎连他自己都觉得欣喜讶异。

　　我参加的那三场音乐会，第一场是演奏古

乐曲，第二、第三场是贝多芬和舒曼的作品。
有一场是肖邦的作品，我也很想听，但母亲认
为肖邦的音乐"不健康"，拒绝带我去听。

之后那一年，我较少去听音乐会，比较常
去看舞台剧，我在奥德翁剧院、法兰西剧场，
尤其是喜歌剧院，听了几乎当年所有上演的老
派轻歌剧作曲家的剧目：格雷特里、布瓦尔迪
厄、埃罗尔德，那些优美的旋律让我满心欢喜，
可若在今天，一定令我感到无聊透顶。噢！我
觉得沉闷的不是这些讨喜的作曲家，而是那些
故意渲染、夸张做作的音乐，以及舞台剧本身。
或许是我之前看过太多舞台剧了吧？一切都老
套、程式化、过分夸张、乏味……倘若不小心
又让我走进剧院，如果不是被坐在旁边的朋友
阻拦，我会连中场休息都等不到就不顾礼貌地
离席。直到最近，科波 [1] 成立老鸽舍剧院，以他

[1] 指雅克·科波（Jacques Copeau），法国戏剧导演、演员、剧
作家，曾和纪德一起创办《新法兰西评论》。

的艺术才华和热忱，加上与他合作默契的团队，才让我找回了一些看戏的乐趣。但我不多做评论了，还是说回我的回忆吧。

之后的两年，一个和我同年的孩子来和我一起度过假期；妈妈费心帮我找到了这个同伴，认为这样做有双重好处：一来让家境不好、整个暑假都不能离开巴黎的他能来乡下享受新鲜空气，二来能把我从沉迷钓鱼的乐趣中拉出来。阿尔芒·巴夫赫特的任务就是陪我散步。他是牧师的孩子——这是自然。头一年，他和埃德蒙·里夏尔一起来，第二年和里夏尔家的大哥一起来，那时我已在他家寄宿。阿尔芒是个有点纤弱的孩子，面部线条纤细、精致，几乎可以用美丽来形容，他眼神晶亮却又胆怯，让他看起来好像一只松鼠，但其实他天性调皮，一旦觉得自在了就变得很爱笑。可他来的第一天晚上，在拉罗克硕大的客厅里显得很不自在，尽管安娜和母亲热情接待，这可怜的小男孩却啜泣了起来。我也热情地欢迎他，所以对于他

掉眼泪感到惊讶，甚至有点懊恼。我认为他不
知感激母亲的关怀体贴，险些视作是对母亲的
冒犯举动呢。那时我还不了解，富裕的表象可
能会冲撞到一个贫穷的人，虽然拉罗克的客厅
不算富丽堂皇，但能让人感受到，在这里不必
为穷困所苦、为金钱伤神。况且阿尔芒是第一
次离开家，我想他是容易因不熟悉的事物而受
伤的人。不过，这第一晚不愉快的印象并未持
续很久，他很快就接受了母亲和安娜的细心呵
护，安娜自己出身贫寒，更能了解他的心情。
我则很高兴能有个玩伴，就把钓鱼丢一边儿了。

我们最大的乐趣就是像古斯塔夫·艾马尔 [1]
在《阿肯色州猎人》里叙述的故事一样，闯进树
林去冒险，我们不屑走既有的小径，遇到乱草
丛和沼泽也绝不回避，反而兴高采烈地四肢着
地爬过浓密的矮树丛，因为我们认为绕路回避

---

[1] 古斯塔夫·艾马尔（Gustave Aimard），法国作家，作品背景
多为拉丁美洲或美国边境。

是丢脸的事。

　　星期天下午，我们都待在里歇尔谷，分组玩捉迷藏，可好玩了，因为我们在大农场的仓库、厩房等任何一栋建筑里都可以躲藏。当我们把里歇尔谷的秘密都勘探完之后，就到拉罗克找新地方，利昂内尔和他妹妹布兰迪娜也一起来。在韦斯克农庄（我父母称它为主教农庄）全新的陌生环境里，玩捉迷藏更开心了。布兰迪娜和阿尔芒一伙儿，我和利昂内尔一伙儿，一方找，另一方则躲在柴捆、干草堆下；我们爬上屋顶，钻进每个洞穴、每个可以掀起的活门，还躲进苹果压榨机上面那个放苹果的危险的洞里。我们发明各种玩法、追逐，像表演特技一样……这些躲藏追逐虽然有趣，最大的快乐却是和大地的接触，钻入那厚实的作物里，周身围绕着各式各样的气味。噢！干苜蓿的香气，野猪窝、马厩、牲畜棚刺鼻的辛辣气息！酿苹果酒的酒槽散发的浓厚气味，以及更远一点的大木桶，吹来混杂着木桶味和一丝发霉气味的阴阴凉风。

是的，后来我知道那是醉人的酿酒的香气，但
就如《雅歌》中只要求苹果的书拉密女[1]一样，
我喜欢闻清新果实的香气，胜过等着酿酒的苹
果汁那种厚实的甜腻。谷仓里金黄麦粒堆成小
山，缓缓四下滑落，利昂内尔和我脱下外套，
把袖子尽量卷高，将双臂深深插进麦堆，感受
新收割的小小麦粒在我们张开的指缝间滑动。

　　有一天，我们约定每个人各自去找个秘密
地点，当作自己的家，轮流邀请其他三人带着
点心来拜访。抽签决定了由我开始。我选定了
一块巨大的石灰岩当我的家，这块白色的岩石
很平滑，看起来极优美，只不过周围荨麻丛生，
我得撑着一根杆子奋力一跳，才能越过荨麻丛
到达岩石。我把我美丽的住所取名为"何不"。
选好之后，我坐在岩石上，像坐在了王位上，

---

[1]　《雅歌》是《圣经·旧约》中诗歌智慧书的第 5 卷，书拉密
　　女是《雅歌》中的女主角，被视作完美女性的象征。

等着客人来。他们终于来了，当他们看到隔在我们之间的那圈荨麻丛时，大声叫了起来。我把刚才用的杆子递给他们，让他们跃过来；但他们拿到杆子后立刻笑着拔腿跑掉，杆子和点心都一起带走，留下我在这险恶的方寸之地。没了杆子可撑，我花了好大工夫才走出来。

　　阿尔芒·巴夫赫特只来了两个夏季。一八八四年夏天，我的表姐妹们也没有来，或是只停留了很短的时间，我一个人在拉罗克，所以更常和利昂内尔见面一起玩。我们不满足于只在星期天公开见面（大人们约定这天我去里歇尔谷吃下午茶），就约定像恋人般私会，偷偷相约见面，这使我的心怦怦跳，满腔激动。我们找了一个秘密地点当作固定邮局，以便约定什么时候在哪里碰面；我们交换奇怪的信件，充满暗号、密码，别人根本看不懂。信放在一个密封的箱子里，箱子摆在距我们两家差不多远的林边草地的一棵老苹果树下，藏在苔藓下。当然，我们都夸大了对彼此的感情，就像拉封丹所说的"弄出一番排场",但其中没有任何虚伪,在宣誓对彼此的忠贞友情之后,我相信我们可以为对方赴汤蹈火。利昂内尔说服我,说如此庄严的盟誓必须有个信物,他把一朵金线莲撕成两半,一半给我,一半自己留着。他发誓要像戴护身符一样戴在身上,我则把我的半朵花装在一个绣袋里,斜戴在胸口,一直到初领圣餐之时。

我们的友情尽管如此热烈,却全然不掺杂任何感官的成分。首先,利昂内尔长得非常丑,而且我那时应该已经觉得精神与肉体不可能混合,这是我独具的个性,此后也将成为我生命里最无法忍受的一点。至于利昂内尔呢,这个不辱外祖父基佐之名的孙子,以高乃依戏剧里的英雄之姿表达情感。有一天当我告别他时,想上前友爱地抱抱他,他伸直双臂推开我,郑重地说:

"不,男人之间不拥抱。"

因为我们的友情,他想让我融入他的家庭生活和习惯。我之前已说过他是孤儿,里歇尔

谷是他伯父的家，他们两兄弟各娶了基佐家的
一个女儿。这位我记不得名字的先生是议员，
若非在德雷福斯事件[1]初始之际以异乎寻常的勇
气投了他所属党派（右翼联盟）的反对票，应
该终其一生都可以当议员。他极为善良正直，
但缺少一点个性、气势或是其他什么。除了年
纪大之外，我不知道还有什么能让他坐在餐桌
首席；何况，很显然，在这个人口众多的大家
庭里，一些年轻的成员并不怎么顺从，而这个
杰出的男人连在他妻子旁边都有点被比下去了，
他妻子的卓越掩盖了他。这位夫人非常沉稳、
温柔，也相当亲切体贴，她的声音和态度不带
一丝强势，即使不是在说多么新颖或深沉的话，
她也绝不说套话，总是有条有理（不只我孩提

---

[1] 德雷福斯事件（L'affaire Dreyfus）是 19 世纪末发生在法国的
一起政治事件。1894 年一名犹太裔军官被指控泄露国家机密，
被判处叛国罪。当时反犹氛围严重的法国因此爆发严重冲突、
争论，最终演变为社会运动。

的记忆，也加上一些比较新近的记忆），因此她自然展现出统御所有人的优越。我不觉得她和父亲基佐先生长得很像，但她曾是他的秘书、贴身心腹，这更增加了她的威望。

除此之外，这个家庭每个成员也都或多或少关心政治。我进利昂内尔房间时，他要我在奥尔良公爵[1]的照片前脱帽（我那时连他是何许人都不知道）。他的大哥在南部选区为民意奔走，却连连在选举时得到超过赞成票的反对票。邮差从利雪捎来邮件，通常在吃饭时送到，这时，不管老小立刻都拿过一份报纸，饭也不吃了，接下来很长一阵子，身为客人的我环视桌子，看不见任何一张脸。

每星期日早上，夫人在客厅里领头做礼拜，全家老小和仆人都要参加。利昂内尔专横地要我坐在他旁边，我们跪着祈祷时，他紧紧握着

---

[1] 指斐迪南·菲利普王子（Prince Ferdinand Philippe of Orléans），法国国王路易–菲利普一世长子，因早逝未能继承王位。

我的手，仿佛要把我们的友情奉献给上帝。

然而，利昂内尔也不是时时刻刻都那么崇高圣洁。祈祷室（我刚说了，就是客厅）的旁边是藏书室，四四方方很宽敞，墙上摆满了书，和高乃依的作品并排的是厚厚的大本《百科全书》，孩子的手够得着，而且里面都是能满足孩子好奇心的东西。利昂内尔只要知道藏书室里没人，就会热切地翻阅《百科全书》。一篇文章引出另一篇，每篇都兼具活泼、愉悦和严肃。十八世纪放荡不羁又有内涵的文人们，非常善于在传授知识的同时让人获得惊喜和消遣。当我们穿过藏书室时，利昂内尔用手肘顶顶我（星期日旁边的客厅里一定有许多人），用眼神向我示意我还未曾有幸读到的那几册。再说，我不像利昂内尔那么机灵，或者说我脑子在想别的事情，对这些事远不像他那么好奇——大家应该都懂我说的是哪些事。当他随后告诉我在百科全书里的发现时，我只是听，困惑甚于兴奋，完全不提出问题。所有隐晦的暗示我都完全不懂，甚至次年利昂内尔带着优越感和他很爱摆出的教导神情告诉我，他在他哥哥原来住的房间里发现一本名字令人浮想联翩的书（《猎犬回忆》）时，我都还以为是和狩猎有关呢。

然而，《百科全书》带来的新奇感终于消退，利昂内尔从中再也学不到东西了。奇怪的是，我们俩一致转向了最严肃的书籍：我们读波舒哀[1]、费奈隆[2]、帕斯卡尔[3]。由于不断地说"次年"，时序已经到我十六岁那一年了。我忙着准备我的宗教训练课程，和表姐开始通信也转移了我的心思。这一年暑假过后，我继续和利昂内尔见面；在巴黎，我们轮流去对方家相见。那个时期我们的接触、交谈其实很有助益，但实在矫情做作；我们自以为是地"研究"上面

---

[1] 波舒哀（Bossuet），法国作家、演说家（宣道者）。
[2] 费奈隆（Fénelon），法国天主教神学家、作家。
[3] 帕斯卡尔（Pascal），法国神学家、哲学家、数学家、物理化学家。

提到的那些大师的作品，开始彼此较劲地读一些哲学篇章，而且尽量选最深奥难懂的，一知半解地狼吞虎咽《论色欲》《认识上帝与认识自己》之类的。我们迷恋宏伟壮丽的语言，仿佛只要我们装作能读懂，一切就会在眼前变得明显易解；我们仔细钻研那些无聊的字词、段落，今日若再看到那些，肯定会让我脸红羞惭，虽然它们对我们的精神还是有助益的，而其中最为可笑的其实是我们的自大自满。

我和利昂内尔的故事就到此为止，因为我们美好的友谊不了了之。往后几年我们还继续见面，但愈来愈没有乐趣。我的喜好、看法、写的东西，他一概不喜欢；刚开始他想改变我，之后就不再和我来往。我想，他只能接受自己扮演居高俯就的角色，我的意思是：充满优越感并充当保护者的友谊。即使在我们友情最浓烈的时期，他也让我感受到我的出身和他的不一样。当时，蒙塔朗贝尔伯爵和好友科尔尼代的书信往来刚出版，这本书（一八八四年的版本）在拉罗克和里歇尔谷的客厅桌上都有一本。利昂内尔和我追随潮流，兴奋地读着这些信件，里面蒙塔朗贝尔伯爵以伟大人物的姿态出现，他和科尔尼代的友谊相当感动人心；利昂内尔梦想着我们的友谊也像这样，当然，我的角色，是科尔尼代。

　　无疑也是这个原因，他无法忍受被任何人教导任何事，他永远在你之前就必须知晓一切；有时候他向你宣布他的看法，忘记这其实是你之前告诉他的。总之，他把别处搜刮来的当作是自己的东西拿出来炫耀。我们初读缪塞[1]时，他高高在上地丢下一句话，就如同是他个人深思熟虑的看法，尽管那句话很荒谬："这是个剃头匠的儿子，但心里藏着一个美丽的音乐盒。"我后来在一本杂志中读到了这句话，真快笑死了。（若非在圣伯夫的笔记中读到基佐先生也有这个毛病，我或许不会提到这一点。）

---

[1]　缪塞（Musset），法国贵族、诗人。

那么，阿尔芒呢？

好几个月间，我在巴黎时不时地去他家找他，但间隔愈来愈长。他和家人住在中央市场旁边，家里有母亲——一位体面、温柔且内敛的妇人，还有两个姐妹。姐姐的年纪大很多，总是出于惯性地贬低自己，甘心为妹妹抹去自己、牺牲自己，而且据我所看到的，她把所有繁重、恼人的家事都揽在自己身上。妹妹和阿尔芒年纪相差不大，很讨人喜欢，好像接受了自己扮演的角色似的，在这阴暗的家里代表着优雅和诗意。我们能感受到她集全家宠爱于一身，尤其是阿尔芒的，但阿尔芒宠爱她的方式很奇怪，我下面会提到。阿尔芒还有一个哥哥，刚结束医学院的学业，准备自己开诊所，我不记得曾经和他碰过面。至于他父亲巴夫赫特牧师，为慈善工作整日奔忙，我一直没见过他的面，直到有一天下午，巴夫赫特太太招待阿尔芒的几个朋友吃下午茶，我们正在吃国王饼，他突然走进餐厅，惊人地亮相。啊！天啊！他长得多么丑！矮个子、四方肩膀、手和胳膊都像大猩猩，身上那袭庄重的牧师袍更衬托出他笨拙的模样。那他的脸呢？灰白的头发油腻腻，一缕缕塌下来染油了领口，突出的眼睛在厚重的眼皮下转动，鼻子又大又形状不明，肿胀的下唇往前垂，松软、泛紫、沾着口涎。他一出现，我们的动作全都僵住。他只短暂地待了一会儿，说了几句没意义的话，诸如"好好玩，孩子们"或者"上帝祝福你们"，说完后就走出去，把巴夫赫特太太拉出去说话。

次年，就在同样的场景里，他又以同样的方式出现，说着同样的句子，之后以同样的方式走出去，后面跟着他太太，但这次巴夫赫特太太不知为何突然叫我过去，把我介绍给他。牧师把我拉向他。噢，太吓人了！我还来不及挣扎，他就拥抱我问好。

我总共只见过他两次，但印象如此深刻，不停萦绕在我的脑海里，甚至成了我构思的一本书里的人物——现在还不知道我会不会写成

这本书，我想透过它稍稍展露在巴夫赫特家感
受到的晦暗气氛。在这里，和富人们经常以为
的不一样，贫穷绝不仅是物质上的欠缺，而且
是让人切切实实感受到的、具有攻击性的、时
时刻刻围绕着的东西，它可怕地支配着思想和
心灵，蔓延到每个角落，触及一切最隐秘最温
柔的所在，让生活中最纤细的活力都变得扭曲。
在今日之我看来如此明显的事实，当时我并没
学会如何了解它们。巴夫赫特家一些异常的举
动和反应，在我眼中之所以怪，无疑是因为我
没能看出它们的缘由，也不知道这往往是他们
家费尽心力想隐藏的贫穷造成的。我并不是一
个被宠坏的孩子，我已经说过，母亲很小心不
让我感受到和家境较差的同学之间有任何差别，
但是母亲从未试图改变我的习惯，或是打破我
幸福快乐的光环。我享有特权却不自知，就像
我是法国人与新教徒却不自知，这一切都那么
理所当然，而出离了这个框架的一切则都是陌
生的。就如同我们住的房子"必须"有马车出入

的大门，我们旅行时"必须"坐头等舱，或者在剧院里，我无法想象任何一个有自尊心的人除了坐包厢还能坐哪里。这样的教育会给我怎样的影响，现在还不能下定论。再说回那个早上，我头一回带阿尔芒去喜歌剧院看戏，母亲订了两个四楼的位置，她认为像我们这年纪的孩子，这种价位的位置就够了。但当我发现座位比平常高很多，四周坐的都是市井小民时，简直快疯了。我急忙到售票口，掏光口袋里的钱，加了票价坐回平常去的包厢。我也必须说明，只请阿尔芒看这么一回戏，若不是最好的，我难以忍受。

有一次，为了庆祝主显节，巴夫赫特家邀请阿尔芒的朋友到家里"切国王饼"[1]。当然，

---

[1] 国王饼是一种法国人在每年 1 月 6 日天主教主显节前后食用的圆形饼状蛋糕，饼中通常藏着一粒蚕豆，或由蚕豆衍生而来的小瓷偶，吃到的人被指定为"国王"，可享用一日的特权，还可指定其他人当王后。聚在一起切国王饼并分食是法国的一种重要风俗。

如果种子不死

办这些年轻男士的聚会，和对阿尔芒妹妹未来
的考量并非毫无关系。巴夫赫特太太一心希望
着这些略有名号的年轻人中有哪一个说不定能
成为女儿的结婚对象。她本想掩饰甚至否定的
这份心思，却被阿尔芒粗鲁的言行暴露无遗，
后者趁着这个庆典，做出最露骨、最令人难堪
的暗示。因为是他切饼，知道蚕豆在哪一块饼里，
所以耍手段故意把这块饼给妹妹或是哪个可能
对妹妹有意思的人。因为在座的只有妹妹一个
年轻女性，吃到蚕豆的男士一定会选她当王后。
更别提之后他又是怎么开玩笑的！阿尔芒那时
一定已经患上那个奇怪的病了，几年后这种病
促使他自杀身亡，否则我不知该怎么解释他何
以如此不断残酷地揶揄，直到妹妹泪流满面。
光言语伤害还不够，他还继续靠近她，粗鲁地
推她、掐她。难道他讨厌妹妹吗？正好相反，
我相信他很爱她，只是受不了看她承受的一切，
也包括他让她遭受的那些痛苦。他的天性非常
温柔，一点都不残酷，但他内心那阴郁的魔鬼

恣意地让他对妹妹的爱变了调。和我们在一起时，阿尔芒总是情绪高昂、活泼，但对自己、对家人、对他所爱的人却永远尖酸刻薄，一而再、再而三地提起他们家的贫穷。他故意暴露他母亲想掩盖的一切，让她难堪：污渍、不成套或有裂缝的用品，使所有客人都很不自在。巴夫赫特太太不知如何是好，丢车保帅般连连退让，但又因过度地道歉终至全盘皆输。比如，她会说："我当然知道纪德先生家绝不会拿有缺口的盘子装国王饼。"阿尔芒抓住母亲笨拙的道歉紧咬不放，放肆地大笑或大喊："这种盘子只能拿来装我的脚。[1]"或是："大吃一惊了吧，老兄。"这些话语歇斯底里地从他嘴里冒出，仿佛他已完全失去控制。想象一下这个场景：阿尔芒的嘲讽、母亲的抗议、妹妹的泪水、所有客人不知所措——最要命的是，牧师庄严地走了进来！

---

[1] 法语中的习语，"把脚放进盘子里"表示"说话冒失、行事鲁莽"。

　　我曾解释过，我受的教育使我对从未见识过的贫穷很敏感，但在他们家，贫穷之外还加上了无法形容的扭曲与拘束，既充满礼节又十分可笑，让我头昏脑涨，过不多久就完全丧失了现实感：一切在我周遭漂浮、瓦解、往虚幻梦境里游移，不仅是地方、人、话语，甚至包括我自己——我听见自己的说话声像是从远处传来，几乎把自己吓了一跳。有时候，我觉得阿尔芒并非没有意识到这种扭曲，反而更努力地加强它，就像在这场合奏中准确地加入一个刺耳尖锐的高音。不仅如此，我认为连巴夫赫特太太自己也沉醉在这一曲疯狂的调子里，她向"荣获国家音乐学院一等奖，所有报纸杂志都赞赏不绝"的德埃利先生介绍《安德烈·瓦尔特笔记》的作者[1]——"您一定读过这本非凡的

---

[1]　也就是纪德本人。《安德烈·瓦尔特笔记》是纪德十八岁开始创作的一部散文日记体小说。

著作！"她用这种夸张的方式介绍每个客人，乃至于我、德埃利和其他客人都成了不真实的木偶，我们的交谈、动作都在这种我们自己创造出来的氛围里进行。出了他家，走到真实世界的街上时，反而如梦初醒般吓了一跳。

后来我又见过阿尔芒一次……那天是他姐姐帮我开的门。她独自在家，告诉我可以上两层楼在阿尔芒的房间找到他，因为他说决不下楼。我虽然从没进过他的房间，但知道在哪儿。他的房间面对着楼梯，如果我没记错的话，楼梯对面就是他哥哥执业开诊的那栋楼。他的房间一点都不小，但很阴暗，对着一方小小的天井，天井里一块皱皱的铁皮屋顶反射着可厌的暗淡天光。阿尔芒和衣躺在没整理的床上，还穿着睡衣，没刮胡子，没打领带。我走进房间时他站起来，给了我一个拥抱，这不是他平日的习惯。我不记得刚开始我们谈的是什么，想必我的注意力在他的房间而非他所说的话上。整个房间里没有任何一个东西看着舒服，寒酸、丑陋、晦暗得让人窒息，我很快就受不了，问他愿不愿意和我一起出去。

"我再也不出门了。"他简短地说。

"为什么？"

"你看也知道，我不能这样出去。"

我坚持着，跟他说只要系个衬衫领就行，胡子刮不刮都没关系。

"我也没洗澡。"他抗议道。随着一声苦笑，他告诉我他已不再洗澡，所以房间里才这么臭。除了吃饭之外，他已二十天没走出房门。

"那你都在做什么？"

"什么也没做。"

他看到我在努力辨认堆在床边桌子一角的几本书的书名。

"你想知道我在看什么书？"

他把那几本书递给我，有伏尔泰的《奥尔良女仆》，我知道这一直是他的枕边书，还有皮戈－勒布伦 [1] 的《引文集》和保罗·德·科克 [2] 的《戴绿帽的丈夫》。之后，他心血来潮吐露心事，怪异地对我解释他之所以把自己关在家里，是因为他做的每一件事都会伤人，他知道自己对其他人有害，他们不喜欢他、厌恶他；而且他认为自己的聪明才智根本是装出来的，就算他有一丝才智，也不知该怎么运用它。

今日回想起来，我实在不该把他丢在那种状态里不管，至少该多跟他谈谈。当然，在当时，阿尔芒的样子和他说的话，并没有像后来回想时给我的印象那么深。我还要附加一句：我依稀记得他突然问我对自杀的看法，我当时直视他的眼睛，回答说在某些情况下，我觉得自杀是值得赞扬的。那时的我，绝对可能说出这种愤世嫉俗的话，但我不敢确定这是不是我后来

---

[1] 皮戈－勒布伦（Pigault-Lebrun），法国小说家、剧作家。

[2] 保罗·德·科克（Paul de Kock），法国小说家，其作品在 18 世纪的法国非常畅销，但品位比较低下。

想象出来的，因为我脑中不停回想最后一次见他的情景，想把它写进我构思的那本书，他父亲也是其中一位人物。

几年之后，我收到阿尔芒过世的讣闻时，又特别想到这件事（我没再和他见过面）。葬礼时我正在旅行，无法参加。后来我遇到他不幸的母亲时，也不敢问她这件事。我间接得知阿尔芒是跳塞纳河自杀的。

VII

在这一年（一八八四年）即将到来之际，一次奇遇发生在我身上。新年那天早晨，我去安娜家拜年，回来的路上，我非常高兴，为自己、为蓝天、为所有人。一切都令我好奇，随便一样小事都让我开心，仿佛未来有着无限丰富和宽广。不知什么原因，这一天我并没有如惯常般走圣普拉西德街回家，而是走了左边一条与它平行的小路，或许只是为了好玩。那时接近中午，空气清新，几近灼热的阳光把窄窄的路分成两半，人行道的一侧在阳光下，另一侧在阴影中。

走到一半，我离开有阳光的那一侧，想享受阴凉。我如此喜悦，边走边唱着歌，眼睛望着天空，又蹦又跳。就在此时，好像为了回应我的喜悦似的，我看见一个跳跃的金色小东西从天而降，像一缕刺破树荫的阳光朝我接近，扇动着翅膀，落在我帽子上，如圣灵一般。我伸出手，一只金丝雀停在我掌心，像胀满我心房的心脏一般跳动着。想必是我的喜悦如此满溢，倾泻而出，人类迟钝的感官或许感觉不到，但只要用有点敏锐的眼睛来看，我应该整个人都像反射镜一样发着光吧！正是我周身的光芒把这小东西从天上吸引下来了。

　　我兴高采烈地带着金丝雀跑回家，给母亲看，让我最志得意满、忘乎所以的是某种确信，确信这只鸟代表着我是被上天选中的那个人。我本来就相信自己身负使命，我的意思是那种受到神秘感召而被赋予的使命。自此，我似乎被某种隐秘的盟约牵系着，每当听见母亲希望我将来从事这个或那个职业，例如水利或林木方面的公务员，她认为这和我的嗜好特别吻合，我都礼貌性地随口应和，我很清楚自己真正的兴趣是在别处。我差一点就想跟母亲说，我怎么能安排自己的未来呢？你不知道我没有这个权利吗？你不明白我已被选中了吗？我记得有一天她真的逼我选择一个职业时，我回了她类似的话。

我把这只金丝雀（母的）放进一个大鸟笼，和我从拉罗克带回来的一窝金翅雀关在一起，我很高兴它们相处愉快。但最令人惊讶的是这个：过了几天，我去这时已搬到巴蒂尼奥勒区的里夏尔先生家，正要穿过圣日耳曼大道时，我看见有什么东西笔直降落在马路中央……是我眼花了吗？又一只金丝雀！我冲过去，但它比另一只（无疑这两只是从同一个鸟笼逃出来的）警惕得多，它从我身边逃走了，飞到更远处，但也不是直接飞走，而是擦着地面时飞时停，就像一向被关在笼中，不习惯展翅高飞的鸟。我沿着电车铁轨追逐了一阵子，被它脱逃三次，终于用帽子罩住了它。那是在两道铁轨中间，当时一辆电车驶过，差点把我们两个都压扁。

这场追逐害我上课迟到，我两手圈着金丝雀一路跑到老师家，满心欢喜得快发狂了。里夏尔先生是个很容易分心的好好先生，那天上课内容就成了找一个暂时的小鸟笼，好让我把它带回家。我正想为我的母金丝雀找个男伴呢！恰巧它就从天而降，这不就是奇迹吗！这美妙的奇迹只发生在我身上，我骄傲自得，比自己完成什么了不起的事还更骄傲。毫无疑问，我是被上天选中的。从此以后，我走路都仰望着天，像以利亚[1]一样，等待上天赐我喜悦与食粮。

　　我的两只金丝雀落地生根，住得很习惯，几个星期后，尽管笼子很大，我的两只宝贝还是在里头推挤跌撞。每到星期天，表哥爱德华从学校回来时，我们就把鸟放出笼子，让它们在我房间自由活动；它们到处追逐、拉屎，停在我们头上、家具上、拉紧的绳索上，以及我们从森林里捡回来的树枝上，这些树枝被夹在抽屉间、横插在钥匙孔里、直竖在花盆里。

---

[1]　《圣经》中的一位先知，其名字的含义为"耶和华是神"。他被上帝派到世间，后又乘旋风升天。

里夏尔先生搬回巴黎市区的原因有好几个：一来帕西区附近的房租高涨，二来为了让小布莱兹离即将入读的高中近一些，三来也想就近收一些那所高中的学生课后补习。再说，贝特朗夫人决定和女儿搬出去自己住，这当然让里夏尔先生家的经济情况又大大受创。最后一点，两位寄宿的英国小姐穿越英吉利海峡回去了。埃德蒙·里夏尔已经回了盖雷。我那时也不寄宿在里夏尔先生家了，每天上午九点到他家，在他家吃午餐，晚餐前回家。这一年开学时，我又尝试回到阿尔萨斯学校，坚持了好几个月，但恼人的头痛又让我无法支撑下去，只好转回另一种教学模式，也就是断断续续、松散、不怎么有纪律的教育。里夏尔先生个性散漫，最喜欢这种教育方式。有多少次我们以散步取代上课！阳光蒸发了我们上课的热忱，我们大喊：这种好天气关在室内真是罪恶！我们本来只是在街上闲逛，边走边聊看见的事物，观察、沉思。次年，不知什么原因，里夏尔先生又想搬家，他新搬来的这个地方的确不合适，要另找别的房子……一半好玩一半正经，我们开始到处找挂着"出租"牌子的房子，一家家去看。

我们不知在多少豪宅和贫民窟里爬了多少层楼梯！这些探险教给我的，比我看小说学到的还多。我们喜欢早上出击，这些房子通常并未空出来，里面的住户还正在起床梳洗。我们的寻找范围在孔多塞高中、圣拉扎尔车站附近，以及鱼龙混杂被称为"欧洲"的那一区，我们会看见什么样的场景，留给各位自行想象。里夏尔先生也乐在其中，他会先我一步进去，不让我看到不该看的，有时还会转过身来，突然大叫："别过来！"可我还是看到了许多，当我从某些我们参观的房屋离开时，我极为震惊。若是对一个和我天性不同的孩子来说，这种间接的启发可能相当危险；但我只觉得好玩，从中得到的乐趣完全没有给我造成困扰，骚动的也只是头脑而不是其他部位，甚至我对偶然瞥见的那些肉欲横流的场面，只觉得排斥并产生了本能的秘密反感。或许几次特别猥琐下流的场面终于让里夏尔先生察觉到这些造访是不合宜的，他突然终止了看房，要不然就是他找到了合适的房子。总之，我们找房子的事告一段落。

除了上课之外，我大量阅读。那时阿米耶尔的《私人日记》正风行一时，里夏尔先生介绍我看，为我朗诵了书中的一长段。他仿佛在书里找到了那个犹豫不决、反复无常的，同时也是被美化过的自己，觉得心有戚戚，就像一个借口甚至一种授权；对我而言，书中那种矫揉造作的道德氤氲出的朦胧魅力感动了我——若在今日，这种小心翼翼、谨慎试探和夸张复杂的纠缠只会令我气结。其实刚开始时（如同往昔经常发生在我身上的情形），我只是附和里夏尔先生的喜好赞美这本书，结果却愈读愈真心喜欢起来。

在里夏尔先生家就读的还有两个男孩，一个年纪比我大一点，另一个比我小一两岁。年纪大的那位叫阿德里安·吉法尔，是个无父无母的孤儿，也没有兄弟姐妹，好像是个弃儿；我不知道是怎样的因缘际会让他落脚在里夏尔先生家的。他是那种天生属于小角色的人，出现在世界上似乎仅为了跑龙套，在舞台上充充数。他既不刻薄也不善良，既不开朗也不悲伤，对一切事物的反应都不冷不热。他和里夏尔先生一起来拉罗克时，正好是阿尔芒开始不再来的那一年。刚开始几天他很不开心，为了尊重我母亲，他不太敢抽烟，为此差一点病倒；后来我们让他想抽就抽，他就不停地吞云吐雾，像根烟囱一样。

当我练钢琴时，他会靠过来，把耳朵贴在琴木上，我练习音阶时他就这样听着，一副幸福极乐的样子；然而，只要我一开始弹乐曲，他就会离开。

"我不是喜欢音乐，我喜欢听的是你的练习。"他说。

他自己则用一支质量很差的笛子练习。

　　我母亲让他害怕。我想，在他眼中，我母亲所代表的教养和文明让他晕眩。有一天他出去散步，穿过一丛树篱时（他有点笨手笨脚），裤子后侧被一根荆棘撕破了。想到要这样出现在我母亲面前，他恐惧无比，因此离开家，直到两天后才出现。我们一直不知道他睡在哪里，又是怎么吃饭的。

　　"让我回来的理由，"他后来对我吐露，"是烟。其他的我都不在乎。"

　　年纪比我小的贝尔纳·蒂索迪耶是个胖小子，开朗、直率，脸色红润，一头短短的黑发像刷子。他心地善良，喜欢聊天，我对他很有好感。我们两个都只白天寄读，晚上离开里夏尔先生家时，我们喜欢一起走一段路，边走边聊，最喜欢谈的话题是儿童的教育。我们俩一致认为里夏尔家教养孩子的方式很糟糕，夸夸其谈说了一大堆理论。那个时候我还不知道，与生俱来的特质比后天的锻炼和教育影响大得多，就算经过所有上浆、压揉、熨烫、折叠的步骤，原本的特质还是会冒出来，根据材质不同，或许僵硬，或许毛茸茸。我当时还计划写一篇关于教育的文章，并向贝尔纳承诺，会亲笔题字献给他。

阿德里安·吉法尔在拉卡纳尔中学上学，贝尔纳·蒂索迪耶就读于孔多塞中学。一天晚上，母亲读着《时报》上的一则新闻，突然以质问的语气说：

"我希望你朋友蒂索迪耶放学时不会走勒阿弗尔巷吧？"（对不熟悉这一带的人，我必须解释勒阿弗尔巷离学校只有几步之遥。）

我从没问过蒂索迪耶放学走哪条路，所以无法回答母亲。母亲又说：

"你应该告诉他别走那条路。"

母亲的声音严肃，紧锁着眉头，就像我记忆里某些暴风天在海上驾船的船长的表情。

"为什么？"

"因为我在报上读到，勒阿弗尔巷是个鱼龙混杂的地方。"

她没再多说，但我被这句谜一样的话搞糊涂了。我大概知道"鱼龙混杂"是什么意思，但我的想象力不受任何礼法观念的约束，立刻把勒阿弗尔巷（我从没去过）想象成一处淫荡之地，一座地狱，一个善良风俗被歼灭的战场。虽然之前看房时曾在妓女住的公寓见过一些场面，但十五岁的我对一切和淫秽有关的事物都无知得令人难以置信。我想象的一切都毫无现实根据，游离在下流、迷人与恐惧之间——尤其是恐惧，它来自前面我提到的本能的反感。例如，我眼前会立刻出现可怜的蒂索迪耶被一堆狂欢纵欲的妓女生吞活剥的场面。在里夏尔先生家时，一想到这个，我的心就一阵难过，看着这善良的男孩红润而胖嘟嘟的脸颊，如此平和、如此愉快、如此单纯……屋子里除了他只有阿德里安·吉法尔和我，我们在做作业，我终于忍不住，以哽咽的声音问他：

"贝尔纳，你从学校回家，不会走勒阿弗尔巷，对不对？"

他没说是或不是，而是以另一个问题应答：

"你为什么问我这个？"他睁大眼睛。

突然间，某种巨大的、宗教性的、令人恐慌的东西充满了我的心，就像小埃米尔的死，就像我觉得自己被剥夺权利而被迫要与他分开。我泣不成声，抽搐着跪在他面前。

"贝尔纳！噢！求求你，不要走那条巷子。"

我的声调、我激烈的态度、我的眼泪都让我看起来像个疯子。阿德里安把椅子往后拉，眼珠惊恐地转动。但是和我一样受清教徒教育的贝尔纳·蒂索迪耶，连一刻都未曾误解我担心的本质，他以最自然、最能让我安心的语调说：

"那么，你以为我不知道那个职业吗？"

我发誓，这句话里的每个字都是他亲口说的。

我激动的情绪立即平缓下来，我马上看出，在这方面他知道的和我一样多，甚至比我多，他直率、坚定甚至带点戏谑的眼光比我的慌乱要令人安心得多；但正是这一点让我震惊：被我视为洪水猛兽的那档子事，人们竟然能够淡定地看待，丝毫不带惊恐的颤抖。"职业"这个字眼听着好刺耳，在一向被我视为混杂着丑陋与诗意的那种负面行为上，增添了一层实际而庸俗的含义；我之前从未想过金钱和淫乱之间有任何关系，也没想过肉体接触是可以买卖的，也或许（因为我终究在书上读到过这方面的题材，也不想把自己描绘得太过天真）是看到一个比我年纪还轻、比我还稚嫩的人竟然知道得比我多，让我慌了手脚。光是知道这是怎么回事就已经够腐蚀人心了。我的反应掺杂着不知何种感情，或许我在无意识中产生了想保护他的兄长之情，所以很气愤他并不需要我的开导和保护……

听了蒂索迪耶的回答，我目瞪口呆，只觉得自己荒谬可笑，他拍拍我的肩，充满乐观、直爽地大笑起来。

"好了，你不必替我担心！"他稳重的语气让一切又恢复常态。

我竭尽所能描述这种将我全盘席卷的、伴

着眼泪和啜泣的深沉窒息感，在它们最初三次发生的时候，连我自己都万分惊讶这感觉如此剧烈。但我想，那些没有类似经验的人，是无法完全体会这种感觉的。之后，我渐渐习惯这种奇怪情绪的发作，绝非因为它们次数减少，而是因为它们变得没那么激烈，也可以说被我驯服，变得温顺了，我学着不再为之惊恐，就像苏格拉底不再恐惧经常出现在他左右的恶魔一样。我很快就领悟，这无酒的醉态只不过是一种心情激动奔放的境况，迷狂向我涌来的那些快乐瞬间，正是狄俄尼索斯眷顾我的时刻。可惜啊！曾受神祇眷顾的人，在它不愿出现的时候，度过的时日何等苍白！

贝尔纳·蒂索迪耶并未因我激动失礼的话感到动摇，但我却因他带着温和微笑的回答如此震动！我想，就是在这次谈话不久之后，甚至是一结束，我就开始注意到街上的一些景象。德马雷姨妈住在圣日耳曼大道，差不多在克吕尼剧院对面，更准确地说，就是那条通向法兰西公学院的陡峭街道，在她位于四楼的阳台上能看见公学院的外墙，她家也确实有供马车出入的大门。但是以姨妈的品位和原则，怎么会选这个街区居住呢？介于圣米歇尔大道和莫贝广场中间的这一区，夜色降临，人行道上的莺莺燕燕就开始招揽客人。阿尔贝就提醒过我母亲。

"姨妈，"他当着我的面说，"你们来家里用晚餐的时候（每两个星期一次），这个大孩子最好和您一起回家。而且，回家的时候最好走路中间，直到电车站。"

我不知道自己是否完全明白他的话，但有一天晚上，我的路线和平日的习惯相反。以往我习惯于从巴克街开始一路跑到姨妈家，总想比搭电车的母亲更早抵达，以示炫耀。但在那个春天的傍晚，因为母亲已在下午先去她姐姐家，我也比平常早一些出门，所以慢慢走着，享受着初春的温暖。就在快抵达的时候，我注意到了一些女人奇怪的姿态，她们没戴帽子，在街上晃过来荡过去，好像没决定要去哪里，偏偏就在我一定得经过的地方。我脑中闪现蒂索迪耶用的"职业"那个字眼，于是犹豫了几秒，考虑要不要走下人行道，避免和她们擦身而过；然而，我身上向来有个东西让我战胜恐惧，那就是怕自己显示出懦弱，所以我决定继续向前。突然间，那些女人中的一个出现在我身前，我本来没注意到她，也不知道她是从哪个门下闪出来的，她盯着我，挡住了我的去路。我连忙转身，脚步多么跟跄慌乱！原本哼着歌的她，用一种包含了埋怨、揶揄、温存、活泼的语气大喊："不必这么害怕，漂亮小伙子！"

血唰的一下冲上脸颊，我慌乱得像逃命。

多年之后，我对这些街头寻客的女人，还是像对会泼我硫酸的人一样惧怕。我所受的清教徒教育促成了我极端保守的天性，我也不觉得这有什么不对。我对异性毫无好奇，就算女性所有的神秘只消我一个动作就可解开，我也不会去做这个动作；我自命清高，把自己的这种反感解释为"谴责"，把嫌恶视为"美德"，我封闭保守，把这种抗拒当作理想，倘若失守，就是坠入邪恶。更何况，在那个年纪，对这种事情，我们多么擅长自欺欺人啊！某些时候我相信恶魔存在，每次我圣洁地反抗、高贵地奋起时，似乎都能听到恶魔正在阴影处笑着摩拳擦掌。但我如何能预知自己会深陷哪个泥沼呢？不过，现在不是谈这个的时候。

在描述我们公寓的时候，我没谈到藏书房。那是因为自从父亲过世，母亲就不让我踏入一步。藏书房上着锁，尽管它在公寓尽头，我却感觉它才是这座房子的中心，我的思想、野心、渴望都围着它转。对母亲来说，它像某种祭坛，萦绕着对逝者珍贵的回忆；想必母亲觉得让我太早取代逝者的位置很不妥当，我相信她也在尽量清除会让我志得意满的东西。甚至，我想，她觉得让贪得无厌的我能自由阅览这些非儿童读物，是不谨慎的。我快十六岁时，阿尔贝开始为我说情，我凑巧听到他们之间讨论的片段，妈妈喊道："他会把藏书室洗劫一空。"

阿尔贝平心静气地辩解说，我对阅读的喜好应当受到鼓励。

"走廊书架上和他房间里的书就够他读了，等他把那些书都看完了再说吧。"母亲说。

"您不担心这样反而会让书房的书带上禁忌的诱惑吗？"

母亲反驳道："这么说来，我们什么都不能禁止了。"她又坚持了一会儿，终于让步。只要是阿尔贝出面，她几乎都会让步，因为她很喜欢他、敬重他，而且只要是合情合理的事，她终究会赞成的。

老实说，并没有，禁令并没有给书房增添吸引力，只是让它染上了一点神秘色彩。我不是那种一开始就想反抗的个性，相反，我往往更喜欢服从、遵守规则、让步，对偷偷摸摸做任何事都特别厌惧——唉！后来出现了太多我必须隐瞒的时刻，但我这么做只是为了暂时保护自己，并一边不断希望着，甚至决心很快将一切公布于众。今日写这个回忆录，不就是为了这个目的吗？……再说回我以前的阅读，我可以说从不曾背着母亲看过任何一本书；我以不欺骗她为荣。那么，藏书室里的书有什么特别的呢？首先是它们看起来很漂亮；其次，我房间和走廊上的书几乎都是历史、注解、评论类书籍，在父亲书房里，我则找到了那些评论书籍中提到的作家原著。

母亲虽然几乎被阿尔贝说服了，但也没有一下子让步，只是妥协。我可以去书房，不过必须由她陪同，我选择这一本或那一本想看的书，由她决定可不可以，并且要和她一起读，大声念出来。我选的第一本书是《戈蒂埃诗歌全集》的第一卷。

读书给母亲听我很乐意，但母亲或许是想培养自己的鉴赏力，也或许是对自己的评断没有信心，总之她每次选的书都是完全不同的类型。例如保罗·阿尔贝枯燥乏味的论著、圣马

克·吉拉尔丹的《悲剧文学讲义》——我们以
一天一章的速度，接连念完了五册。连我自己
也很惊讶，这样的书竟不让我反感，恰恰相反，
我的胃口之大，反而更喜欢学术性的、难消化的、
艰涩的书籍。今日想想，我认为母亲如此重视
评论类书籍是对的，错只错在没人教她，所以
她选择的未必是最好的。况且，倘若我那时就
念圣伯夫的《星期一漫谈》，或是丹纳[1]的《英
国文学》，未必会比后来再读能获得更多益处。
那时，重要的是让我养成阅读的习惯。

　　若有人讶异母亲并没有将我的喜好导向历
史类书籍，我必须说那是最令我气馁的一类书。
这是我的一大弱点。一个好老师或许能经由历
史事件及对它们性质的解释而唤醒我潜在的兴
趣，但我没这个好运气，碰到的历史老师都是
呆子。之后也有很多次，我勉强自己的天性，

---

[1]　指伊波利特·丹纳（Hippolyte Taine），法国历史学家、文艺
　　理论家，历史文化学派的奠基者。

尽力想读历史，可我的脑子不听话，就算最精彩的论述我也记不起来——顶多记得事件外围不重要的细节，或是道德家由事件归纳出的结论。当我读到叔本华讨论历史学家与诗人心灵之不同的篇章时，我是多么感谢他！"这就是为什么我无法学好历史！"我欣喜地对自己说，"因为我是诗人。我要成为的是诗人！我其实是个诗人！"

> 无所谓何时何处开始的
> 才不会衰老。

而且，我重复他引述的亚里士多德的这句话："比起历史，哲学是最重要的，诗是最美的。"不过现在我先说回阅读戈蒂埃的事。

一天晚上，我在母亲房间里，坐在她身旁，手上拿着一本书，是母亲允许我从专门放置诗集的玻璃小书柜里拿的。我大声念着《阿贝都斯》。当时，戈蒂埃头顶的光环如此夺目！书名下那放肆的副标题深深吸引着我：《神学诗篇》。
对于我、对于当时和我一样的学子们来说，戈
蒂埃代表的是对拘谨的不屑，是解放与不羁。
当然，我选这本书带着挑衅的意味：妈妈不是
要跟我一起读吗？那我们就看看谁先求饶。然
而，这挑衅反过来害了我自己。正如几个月之前，
我如此僵硬、如此惶恐不安地强迫自己走进圣
普拉西德街的一家肮脏草药店，里面什么都卖，
连唱片都卖——我进去买了那首最愚蠢最低俗
的《啊！活色生香的亚历山德里娜！》。为什么
呢？噢！老实说，只为了挑衅，事实上我一点
都不想买那首歌。是的，这么做只因为想强迫
自己，只因为前一天走过那家店门口时，我对
自己说："这是你永远都不敢做的。"所以我这
样做了。

　　我大声念着书，没看妈妈，她坐在一张大
扶手椅里，手上织着挂毯。我刚开始以轻快的
声音念着，但随着文句变得放荡，我愈念声音
愈僵硬冰冷。这首"哥特式"的长诗，描述了一

个女巫为了吸引阿贝都斯，化身为最青春清新的样貌，由此引发了无穷无尽的描述……妈妈手上的织针动得愈来愈快，我边念边用眼角瞄着她的动作。直到第一百零一节：

> ……那女子如此美丽，
> 连天堂的圣者都愿意下地狱。
> 噢！可人的模样！羞惭得脸红……

"书给我一下。"母亲突然打断我，这让我松了一大口气。我看着她，她把书凑到灯下，抿着嘴唇，浏览接下来的诗节，紧皱着眉头，表情就像在不公开法庭中听取淫秽证词的法官。我等待着。她翻过一页，又往前翻，犹豫着，之后又翻回来，往下看，最后她把书还给我，指出该从哪里开始重新往下读。

"嗯……这里：'她一个人抵得上所有后宫佳丽。'"她念着她认为最能概括之前那些被跳过的诗句的这一句——那些被跳过的诗句我在很久之后才读到，而且失望极了。

　　上面写的这段痛苦而可笑的经历幸好没有再次发生。长达好几个星期，我连藏书室都不再看一眼，后来母亲终于允许我进入藏书室时，已经不再坚持要陪同我了。

　　我父亲的藏书室里大部分都是希腊文和拉丁文书籍，不必说，当然还有很多法学书籍。但是占据最佳位置的并非这些书，而是格拉斯哥出版的大部头欧里庇得斯、卢克莱修、埃斯库罗斯、塔西佗、精装维吉尔，以及三部拉丁文哀歌诗集。我想这样的选择除了父亲的偏好之外，更是因为书籍的装帧和开本大小的缘故。这些书的封面绝大部分都由白色小牛皮制成，与上了一层亮光漆的暗色书柜相衬，显得醒目但不突兀。大大的书柜非常深，后面可以再排一层比较高一点的书，真是有趣而令人欣喜：在贺拉斯和修昔底德的作品中间，排着一系列勒菲弗出版的小开本古希腊抒情诗，精美的蓝色摩洛哥皮质封面，谦卑地立在象牙色封面的布尔曼版奥维德，以及小牛皮封面全套七册的李维之前。书柜中央，维吉尔系列作品下方，有一个可以打开的小柜子，里面紧紧排列着各种集子；介于小柜子和上方雕饰之间，有一块充作小桌子的板子，可以放置正在阅读的书，或是站着写点东西。小柜子下面两侧较低的书架上，摆的是厚厚的对开本：《希腊文选》、一本普鲁塔克、一本柏拉图、《查士丁尼法典》。这些精美的书籍对我虽有一些吸引力，但我更感兴趣的是小玻璃书柜里的书。

小书柜里的都是法文书，而且几乎都是诗集……长久以来，我养成习惯，散步时一定随身带着一部雨果早期的诗集，是母亲的可爱袖珍版，我想是安娜给她的；就这样，我背了《心声集》《暮歌集》《秋叶集》里的好多好多诗篇，我一次次告诉自己一定要很快把这些诗背给艾玛纽埃尔听。那时的我对诗充满狂热，将其视为生命的花朵和结晶。我花了很长时间才认识到——而且我觉得太早体会到这一点并非好事

——优美的散文更加罕见，更能超越其他文体。
我把艺术和诗混为一谈，这在我那个年纪很自
然，把我的灵魂寄托在交互的、必然重复的韵
脚之间，自满地感觉到它们在我体内扩大，就
像两只翅膀有节奏地扇动，带着我腾空而起……
然而，从小玻璃书柜里发现的最让我激动的书，
是海因里希·海涅的诗集（我说的是法文译本）。
当然，他的诗不受韵脚和格律约束，在诗的魅
力之外，更增添了一种令人激昂的虚幻诱惑，
我之所以喜欢他的诗，是因为我一心一意希望
自己以后能够模仿他。

　　我仿佛看见当时的自己，躺在伊特鲁里亚
式的地毯上，在打开的小书柜脚边，那是十六
岁的春天，我因发现海涅而兴奋颤抖，感觉自
己突然苏醒，回应着他的召唤，心中满是丰沛
的春意。但是，该如何描绘呢？——这是我这
本书致命的缺陷，也是所有回忆录的致命缺陷：
能描述的都是外在表象，最重要的东西无形无
状，从笔力所能掌握的领域遁逃。到这里为止，

我满足于描述一些琐事，可现在我要开始描述我的人生了。

我的头痛在前一年更加频繁，迫使我几乎完全放弃学习。我已离开里夏尔先生家，母亲无疑觉得他的教学不够严谨；这一年，她把我送进位于谢夫勒斯街的凯勒寄宿学校，离阿尔萨斯学校很近，家里还是抱着我能回阿尔萨斯学校的希望。

凯勒寄宿学校的学生虽然多，我却是唯一不在公立高中上学的学生。每天早晚我到的时间，恰好是寄宿学校空无一人的时候。空荡荡的教室里一片寂静，我上课的教室不定，有时在这间，有时在那间；最好的是那间很小的教室，适合上课，适合接触到黑板，也适合与辅导老师们倾心交谈。我向来喜欢听别人吐露心事，万分自豪地以为自己特别懂得倾听。许久之后，我才明白，诉说的人只是必须倾吐心中苦恼之事，并不在意听者是否真的听得懂。

就像这样，布维先生让我分担他的苦恼。

布维先生是寄宿学校的辅导老师，说话之前必
定先叹气。他身材矮小，没有活力，长着一身
黑色汗毛，蓄一把浓密胡子。我已不记得跟随
他学习的是什么课程，想必也没学到多少东西，
因为只要一开始上课，布维先生的眼神就暗淡
下去，一声声长叹，后来连话也没了，只剩下
叹息。当我背书时，他若有所思地点着头，连
连低声发出"哎呀"的抱怨，然后突然打断我：

"昨天晚上她又不让我进家门。"

布维先生的苦恼是夫妻不和。

"什么！"我大声说，觉得好玩的成分比怜
悯多，"您又在楼梯间过夜了？"

"哎呀！您也认为这无法容忍吧。"

他眼神涣散，我想他已不再看得到我，也
忘记他是在和一个孩子说话。

"更何况，"他接着说，"我成了其他住户的
笑柄，他们不知道情况。"

"您不能破门而入吗？"

"我这样做的话，她就打我。站在我的立场

想想吧。"

"站在您的立场，我也打她。"

他深深叹息，抬起牛一样的眼睛看着天花板，以教训的口吻说：

"不能动手打女人。"之后低声说的那句话淹没在大胡子里，"再说她又不是一个人独处！……"

不久之后，布维先生就被达尼埃先生取代，后者是个肮脏、无知、贪杯的家伙，浑身散发着小酒馆和红灯区的味道，但至少他不会对我倾诉心事，我忘了他又被谁取代了。

接二连三，这些辅导老师一个个都无知又粗俗，令凯勒先生很头痛。凯勒先生是个有真材实料的人，花尽心思维持寄宿学校原有的响亮名声，而且我知道这学校原来的声誉并非虚传。我很快就被安排由凯勒先生单独授课，只除了数学由西莫内老师教，他们两个都是杰出的老师，是天生适合教书的人，不会让孩子的脑袋吃不消，相反，他们竭尽全力去启发孩子，教得筋疲力尽；因此他们和孩子的关系，正体现了先驱者耶稣所言："他必须苗长，而我必须减小。"他们两位让我如此苗长，光是十八个月的学习就让我弥补了多年荒废的学业，终于能在一八八七年十月重回阿尔萨斯学校研读修辞学课程，重新见到许久没见的老同学[1]。

---

[1] 我想这里我搞错了，回到学校我进的是下一届的班级，以前同班的同学现在比我高一年级。——作者注

VIII

在我身上，喜悦是无法隐藏的，我总是喜形于色；这也是为什么我对待相见总比离别更真诚，因为离别之际，就算心里有喜悦，也不能太过外露。离开凯勒寄宿学校时，我很高兴，但不想太喜形于色，不想让我非常喜欢的雅各布先生难过。我们都不用姓氏称呼凯勒先生，而称他为雅各布先生，其实是他要我们这么称呼的，以示对他年老父亲——寄宿学校的创办人和校长——的尊敬。就像《远大前程》里的威米克[1]一样，雅各布先生对父母亲（他母亲也还健在，不过主要是对他年老的父亲）有着近乎宗教般的、全心奉献的尊敬。尽管他自己也上了年纪，但是他的心思、计划、生命完全臣服于这位学生们几乎不认识的"老人家"；老人家

---

[1] 威米克（Wemmick）是狄更斯小说《远大前程》里的人物，与年老父亲同住，事亲至孝。书中称他父亲都用"老人家"（Aged）。

只在庄严的场合出现，可整个学校都笼罩着他的权威；每当雅各布先生从三楼那间老人不轻易出来的房间走下来时，浑身也笼罩着威严的气息（如同摩西带着十诫法版[1]从山上走下来一般）。这神圣的房间我只有极少几次被允许陪着母亲进去过（所以我可以作证，"老人家"的确真实存在），若是单独一个人，我绝不敢进去。我们被引进一个封闭的胡格诺派风格的小房间，老人一整天坐在绿色带棱纹的平布大扶手椅上。扶手椅靠近窗边，好让他监视院子里往来的寄宿生，他首先道歉无法起身接待我们。他右手肘斜倚着撒满纸张的桃花心木书桌上斜放的书架，我注意到他左边有一个独脚小圆桌，上面摆着厚厚一大本《圣经》和一个当作痰盂的蓝色大碗，因为他患鼻炎。他身材高大，岁月的重量并没有使他弯腰驼背。他的眼神坚定，声音

---

[1]　十诫是以色列先知和首领摩西向以色列颁布的法律中的首要十条准则。《圣经》记载上帝在西奈山上单独见摩西，颁布十诫，并亲自将十诫写在石板上。

严厉，下达的命令由雅各布先生传达给寄宿学校的所有人，让我们感受到威严，仿佛那是他本人直接从上帝那儿接收的讯息一般。

至于年老的凯勒夫人，已然离开了人世，我只记得她是除我祖母之外我所见过最干瘪的一个人，她身材比我祖母还要瘦小，但皱纹终究比不上祖母多。

雅各布先生已婚，有三个和我差不多大的孩子，混杂在寄宿学校的学生之间，我和他们没有什么接触。雅各布先生徒劳地想装出严厉的讨厌样子，在学生面前隐藏他的和善，因为他天性温和开朗，甚至可以说是个"好好先生"。他喜欢说不怎么高明的谐音双关语，例如每当我翻译维吉尔的作品，因匆忙而译错时，他必定会说："我们别生气，这样我们才会更有生气。"[1] 啊，他真是个完美无缺的人！瑞士正是

---

[1] 原文"Ne nous emportons pas, nous nous en porterons mieux"中，"emportons"和"en porterons"为同音异义。

这种人的家乡，他们都是从托普弗[1]笔下走出来的人。

他每个星期日早上都在女士街的教堂为礼拜仪式弹奏风琴。在唱圣歌之前，雅各布先生会即兴弹奏一些平淡的片段当序曲，这显示出他心性天真。我完全缺乏对音乐旋律的想象能力，非常崇拜他能即兴演奏出那么多小曲。

因此，在离开凯勒寄宿学校，回到阿尔萨斯学校读书的时候，我想寻找某种细腻的方式，向雅各布先生表达对他的关爱所留存的美好回忆。我们当然可以继续保持联络，寄宿学校就在去阿尔萨斯学校的路上，我大可以不时去探望他，但是我不知道要和他聊什么，况且我觉得这样做并不够。就是这无聊的细腻——更准确地说，是我想表露出自己是多么心思细腻的人——使我小心翼翼追求细致巧妙，结果经常

---

[1] 托普弗（Töpffer），瑞士教育家、作家、漫画家。

让自己因一些不必要的担心而苦恼，或是做出一些让对方无法理解的多余关心。当时我起了一个念头，决定每星期回凯勒学校吃一顿饭。这个念头当然也包含不言自明的想重温寄宿学校气氛的渴望。因此，我决定每星期三回寄宿学校吃午餐，那天的固定菜单是小牛肉。我以为我会和其他学生坐在一起，但雅各布先生执意把我当贵宾招待，安排我坐上位，反而让我难堪困窘。大约十五个学生坐在大餐桌一端，凯勒夫妇则坐在另一端的主位。我被安排坐在凯勒先生旁边，和其他学生隔着一大段距离。最糟的是，凯勒先生自己的两个儿子也和其他学生坐在一起，离父母远远的。这种想帮我融入群体的做法，反而突显了我的不同，事实上，每次我想融入一个团体或制度时，都会发生这种事。

从那个时期开始，我对一切事物都产生了极大的兴趣，而这几乎都因为我一直与艾玛纽埃尔相伴。只要发现了什么，我就立刻告诉她，我的喜悦若不与她分享，就是不完美的。我看的所有书，只要有值得我们赞叹、惊讶、回味的句子，我就在旁边写下她名字的缩写。若没有她，生命对我毫无意义，我梦想她无时无刻不陪在我身边，就像在拉罗克的夏日早晨，整个房子还在睡梦中时，我拉着她到林中漫步。草地上沾着浓厚的露水，空气清新，红色朝霞早已退却，斜射的阳光带着悦人的新鲜对着我们微笑。我们手牵着手往前，小径太窄时我就走在她前面几步。我们踏着轻快、寂静的脚步，以免惊醒任何神祇、禽鸟、松鼠、兔子或羊羔，这些小动物玩耍着、喷着气，对这纯真的清晨时分充满喜爱，在人类苏醒之前、白昼还迷迷糊糊之际，快乐地在每日重新出现的伊甸园中玩耍。这纯净的光芒啊，在死亡来临之际，希望对你的回忆能战胜阴影！多少次，在正午日光的燥热下，我的灵魂在这纯净的曙光露水中汲取清新……

我们分开时就互相写信，开始维持不断的通信……最近我想重读自己当时写的信，但那些装腔作势的语气令人难以忍受，我觉得信中的自己很可厌。今日我试着跟自己说，只有头脑简单的人才可能自自然然地显得坦率、不做作。对我来说，必须把自己的道路从卷成一堆的线团中解出来，然而我却根本没意识到自己正陷在一大堆错综复杂的线里。我想用笔表达，却连笔端也被线团缠绕，我只好将其全部斩断。

那段时间，我开始对古希腊文化感兴趣，这对我的心灵起了决定性的影响。利勒[1]的译本刚问世就引起很多反响，露西舅妈（我想是她）买了送给我。它们锋芒毕露，不寻常的光辉和充满异国情调的音韵，最让我心醉；有时候，我甚至感谢这些译本的生涩和表面上小小的困

---

[1] 勒孔特·德·利勒（Leconte de Lisle），法国高蹈派诗人，翻译了许多古希腊诗人的作品。

难，让那些想随便翻翻的读者望而却步，因为它们需要缓慢专注、心有所感的阅读。经由这些译本，我得以凝视奥林匹斯山，体会人类的痛苦与诸神善意的严峻。我开始研读古希腊神话，将其中之美紧紧抱拥在我炽热的胸中。

表姐当时在读《伊利亚特》和古希腊悲剧，她对那些作品的赞赏使我的赞赏加倍，我们的喜好合二为一；我甚至觉得就算是福音书中的耶稣复活时刻，我们俩也未必能如此紧密地融合。多么奇怪！就在我准备坚信礼[1]的时刻，希腊异教的美在我心头熊熊燃烧。今日回想起来，我倒奇怪这并未在我心中造成太大的困扰。或许有人会认为，我只初学教理，还不怎么投入。不是的！我稍后会说到我对教理狂热到何种程度。其实，我们心中的殿堂就像伊斯兰教的清真寺，朝东的寺门永远敞开，让神圣的光芒、

---

[1] 根据基督教教义，婴孩时期受洗者在十八岁长大成人时，有能力确认受洗时父母或教父母代他们许下的承诺，承担基督徒使命时，应受坚信礼。

音乐、香气澎湃而入。任何排斥都是不虔诚的叛教行为，在我们内心，只要是美的事物必都欣然相迎。

为我准备坚信礼的顾夫牧师无疑是全世界最正直的人，但是……天啊！他的课程无聊至极！我们十几个孩子跟着他上课，男女各半。第一年的课程是分析经文，这一整年我都殷殷期望下一年的课程会比较生动一点，然而不管是传授教义、讲解历史背景还是修习基督教义，顾夫先生都用同样沉闷严肃的方法，我想这也源于正统教派的僵硬。顾夫先生连说话的音调都正派得一丝不苟，跟他的灵魂一样坚定而扁平，而正是他这种四平八稳让我觉得更加焦躁。他其实有一颗柔软的心，只不过在上课过程中没有表现它的时机……我是多么失望！因为我当时正走向宗教的神秘领域，犹如古希腊人参加厄琉西斯秘仪 [1]。我怀着多么战战兢兢的心想

---

[1] 古希腊时期雅典西北部厄琉西斯城秘密教派的入会仪式。

要学习！得到的回答却是要我记住有多少位先知和圣保罗的旅途路线。我失望到极点，疑问也一直没有得到解答，甚至让我开始怀疑我被教导的这个宗教（我指的是新教）是否真的符合我的需求；我想再多了解一点天主教，因为我对以天主教为主题的艺术作品很有感觉，而且顾夫先生的课程从未激起我读波舒哀、费奈隆、帕斯卡尔作品时的那种激动情感。

我天真地向顾夫先生坦白心中感受，甚至在单独会谈的时候，对他说我不敢确定自己追求上帝的心该朝向哪座圣坛……这个了不起的人交给我一本平铺直叙阐述天主教教义的书；当然不是颂赞天主教的书，但也不含丝毫抨击诋毁，这是浇灭我热情最好的方式。它像一份笔录一样索然无味，像顾夫先生的课程一样枯燥沉闷。唉！我认为无论是新教还是天主教，都无法满足我的渴望，只好靠自己去直接挖掘，因此热切地埋头去做。我开始比以往更认真地读《圣经》，热切、贪婪、有条不紊地研读，带着骚动的求知欲。我怀着尊崇虔敬的心深潜《旧约》之中，然而我感受到的激动显然不纯粹是宗教性质的，正如我念《伊利亚特》和《俄瑞斯忒亚》[1] 得到的感受也不全然是文学性质的。更确切地说，艺术和宗教在我心中热切虔诚地结合在一起，我在两者融合为一之际体验到了完美的喜悦。

但是，福音书……啊！我终于找到了爱的原因、爱的占有和无尽的付出。我在福音书里所感受到的，呼应并且大大加强了我对艾玛纽埃尔的感情，这两者并无二致；我在前者中感受的似乎使我对后者的爱更为深沉，也更确定了这份爱在我心中真正的地位。我只在晚上畅读《圣经》，到了早上，我以更亲近的感情重拾福音书，一整天反复地念。我随身带着一本《新约》，放在口袋里，从不离身，随时随地拿出来

---

[1]　《俄瑞斯忒亚》是埃斯库罗斯所著的悲剧三部曲，由《阿伽门农》《奠酒人》《复仇女神》组成。

读，不仅仅是独自一人的时候，更是和那些可能会嘲笑我、让我难堪的人在一起的时候：例如在电车上，我也会像个牧师一样念着《圣经》，或是在凯勒寄宿学校，以及之后在阿尔萨斯学校的下课时间，在同学的讥笑下，我将我的困窘和羞涩寄情于上帝。

好几个月的时间里，我处在天使般的状态中，我相信那就是一种圣洁的状态。那时是夏天，我几乎已完全不去学校了，我获得学校特别许可，只去听那些对我真正有益的课程，也就是极少的几门课。我制订了一个时间表，严格遵守，并因时间表本身的严格性感到极大满足，以严守它为傲。我清晨即起，把自己浸泡在前一晚装满浴缸的冷水中；随后，在开始工作前读几节经文，更准确地说，是重读前一晚记下、作为今日冥想沉思之用的几节诗文，然后做祷告。我的祷告犹如灵魂可察知的游移，更深入上帝之中，我时时刻刻都重复着这个游移，因此暂停研读经文是为了思考咀嚼，以便能给它更多反馈。为了苦修，我睡在硬木板上，半夜起身，跪着祷告，但我不觉得这是苦修，而是源于喜悦的雀跃骚动，我好似抵达了幸福的最高峰。

还能再多说什么呢？……啊！我无法削弱对这段美好经历的鲜明记忆！这就是自传文体的欺骗性：最无关紧要、最无意义的事不断篡夺叙述的位置。唉！该用什么文体好呢？充满我心的，用寥寥三两字就可说完，无须膨胀延长。噢！我的心被光芒占满！噢！这颗心并未意识到光芒之外的阴影，神性之外的平凡肉身。或许在效仿神性的同时，我对表姐的爱也适应了长久分离，无需肉体满足。往往在我们意识到之前，个性中最强烈的特点已然成形、显现。然而，我那时岂能明了自己内心正在形成的性格所代表的意义呢……

然而，那天傍晚下课时分，皮埃尔·路易在我手上看见的并不是福音书，而是海涅的《诗歌集》，那时我读的已是原文。我们刚下了修辞学课，课上修习了法文作文，皮埃尔·路易一直都认真地参与所有课程。他不仅是个杰出的学生，还有天分，而且无论做什么事，都带着十足的优雅。每次法文比赛，毫无疑问他都是第一，且远远领先。我们的老师迪耶齐每次都带着诙谐的语调说道："路易，第一。"没人敢和他争这个位置，甚至没人敢想。我当然也不敢想，尤其我已经休学在家自习很多年，和二十五个同学一起上课只会让我精神紧张，不仅不会激励我，反而会让我困扰。不过，突然间，我自己并不觉得那篇作文值得嘉奖的时候——

"纪德，第一。"迪耶齐老师公布成绩时说。

他高声宣布，好像投下一纸战书，同时拳头砰地重重敲在讲桌上，充满诙谐的微笑目光从镜片后巡视全班。迪耶齐面对全班，就好像坐在风琴键盘前，他像音乐大师一样，随心所欲地使我们奏出最意想不到，连我们自己都不曾希冀的声音。

"纪德，第一！"

我感觉所有视线都集中在自己身上，费了极大力气想让自己不脸红，结果脸反而红得更厉害，头也开始晕眩。得第一这事与其说令我开心，不如说令我担心会让皮埃尔·路易生气。他会怎么想呢？他会恨我吧！在班上，我眼里只有他一人，他当然不会料想到，因为直到今日我和他说的话还不到二十句；他热情洋溢又外向，我却羞怯得可怜，万般克制，沉默寡言，什么都顾忌以致什么都做不了。然而，不久前我才决定要走向他，对他说："路易，现在我们该聊聊了。如果这里有人能了解你，那就是我……"是真的，我前一天才准备好了要跟他说话。这下可惨了。

"路易，第二。"

远远地，比平日还遥远地，我看着他削着铅笔，一副什么都没听到的样子，但看起来脸色有点苍白。我透过指缝看着他，因为我感觉自己脸红时就会拿手掌遮着脸。

那堂课下课后，我像平常一样来到通往操

场的、有一排玻璃窗的走廊上，其他学生都在操场上喧哗玩耍，走廊上只有我一人，不受干扰。我从口袋里拿出《诗歌集》，又开始念：

> 海中有明珠
> 天际有星辰

以书中爱情来安慰我友情的触礁，

> 而我的心，我的心
> 我的心有它的爱

我身后传来脚步声，回头一看，是皮埃尔·路易。他穿着一件黑白小格子的外套，袖子已经太短，一边领口撕破了，因为他喜欢打架，领带垂下来……他的样子现在还清晰出现在我眼前！有点笨手笨脚，像个长得太快的孩子，纤细、凌乱的头发半遮住优美的额头。他站在我面前，我还没回过神，他立刻开口。

"你在读什么？"

我说不出话来，把手上的书递给他，他翻阅了一下。

"你喜欢读诗？"他说话的语气、脸上的微笑是我从未见过的。

那么，他不是带着敌意而来。我的心融化了。

"这些诗我也读过，"他把书还给我，继续说，"但是德国诗里，我比较喜欢歌德的。"

我腼腆地说："我知道你也写诗。"

不久之前班上流传着一首歪诗，是路易上课时"低声抱怨"被罚，当作罚写的作业交给迪耶齐老师的。

"皮埃尔·路易先生，下星期一交给我三十行以抱怨为题的诗句。"迪耶齐老师说。

我把那首诗背了下来（我想我到今天还背得出来），尽管是中学生作品，写得还真不坏。我开始背给他听，他笑着打断。

"哦！那些是乱写的。如果你想，我给你看其他的，认真写的。"

他浑身充满讨人喜欢的青春气息，一种内心的沸腾似乎在动摇着他的克制，说话时急躁地口吃起来，带着一种世上最愉快的热情。

上课铃声响起，休息时间结束，我们的谈话也打住，但我心中的喜悦已足够支撑这一整天。可是接下来的几天，情况急转直下。发生了什么事呢？路易不再和我说话，像把我忘了似的。我想那是一种像恋爱般的羞赧，想在别人面前对我们刚滋生的友情保密；可当时我并不了解这层，看到他和其他同学说话，心里嫉妒得半死；我迟疑着不敢加入他们是因为骄傲而非害羞，我不能忍受和其他人混在一起，一点也不想让路易以为我和他们一样。我等待单独遇见他的机会，机会很快就来了。

我说过路易喜欢打架，他虽然脾气暴躁，体格却不太强壮，打架经常输。阿尔萨斯学校的男孩们打架并不粗暴，和蒙彼利埃高中那些同学间的斗殴不能比。但路易喜欢逗弄、挑衅，人家一碰到他，他就像疯了一样反击，所以他的衣服老是倒大霉。那天，他打架时帽子掉了，被风远远吹到我旁边，我偷偷摸摸捡起帽子，披在外套下，光是待会儿放学拿去他家（他家就在学校旁边）还给他这个想法就足以让我的心怦怦直跳。

"他一定会被我的心意感动，"我自顾自想着，"他绝对会对我说'进来吧'。我先是拒绝，最后还是进了他家，我们聊着天，他说不定还会念他写的诗给我听……"

这都要等放学之后。我等其他学生都走了，最后才走出学校。路易走在我前方，没有回头。一走上他家那条街，他就加快脚步，我也紧跟其后。他已经到了他家楼下，我能看到他走进昏暗的楼梯间，能听到他上楼的脚步声。他住在三楼，现在已经走到三楼的楼梯间开始按电铃了……我得加快动作，在他家门开启、分隔我们之前，我大声叫了起来——我原本想用充满友情的声音喊，但情绪过于激动，声音像哑了似的。

"喂！路易！我把你的帽子拿来了。"

然而，从楼上传来他的回答，压垮了我可怜的小小希望。

"很好，留在门房那里好了。"

我的失望并没有持续多久，两天之后，我们的一次谈话结束了我的失望，之后又有许多次。不久之后，我习惯一放学就先去路易家，只要次日功课不太多，就多留一会儿。我母亲要求认识我这位朋友，因为我一天到晚夸奖他。当我带他到科马耶街我们家里时，我胆战心惊。母亲不喜欢他可怎么办！

我把路易介绍给母亲时，他礼貌的应对和进退让我放下心来。他离去后，我听到母亲那让我高兴极了的评价：

"你这位朋友教养真好。"母亲随后又自言自语，"这让我惊讶。"

我胆怯地问："为什么惊讶？"

"你不是说他很小就失去父母，和哥哥相依为命吗？"

我辩解道："或许这是与生俱来的品质。"

但母亲坚持认为是教育的问题，她手挥了一下（让人想起她姐姐的动作），意思是说：我很清楚要怎么回答你，但我宁愿不讨论这件事。为了表示妥协，她又补了一句：

"总之，他是个很杰出的孩子。"

和我母亲见面之后不久，路易邀请我找个星期天和他一起去乡下，例如去默东森林。我对默东森林熟悉得像对卢森堡公园一样，但是我们新结下的友谊会把一切变得如迷宫般有趣。这个计划中唯一的阴影是我曾答应路易也要把我写的诗拿给他看……我跟他说我也写诗，其实是夸大其词。没错，我一直渴望写出自己的诗句，但苦无灵感，下笔干涩。老实说，我所有的努力只局限于试着把我觉得重要的思想"翻译为诗句"，并以苏利·普吕多姆[1] 的文笔风格

---

[1] 苏利·普吕多姆（Sully Prudhomme），法国诗人，首届诺贝尔文学奖获得者，笔调细腻含蓄，抒情与哲理交织。

呈现。我那时非常迷他，但是对我这样一个喜欢伤春悲秋的学童来说，以他为例并追随他的风格是有害无益的。我因为韵脚缚手缚脚无法伸展，不仅没有被诗韵有益地陪伴、引导、支持，反而为了配合韵脚而削弱、扼杀了想要表达的感情，以至于到那时连一首诗都没好好完成。出游的前一天，我还绝望地挣扎着，依旧徒然。噢！真是绝望，写完第一段之后就再也接不下去了。

想对他表白，他却无法了解。
我说爱他，他却微笑以对。
我真该慎选表白的字句，
假装不屑心中隐藏的爱情
不流露真情，或许甚至一笑置之。

接下来的诗句一团糟，我自己知道，而且很恼火。但是，我向皮埃尔·路易解释，我之所以写不成诗，是因为在全心全意酝酿着写一本书的计划，无法分心做其他事。我说的是已经开始着手写的《安德烈·瓦尔特笔记》，书中承载了我的所有疑问、内心的一切挣扎，尤其倾注了我所有的爱——这正是那本书的主轴，一切都围绕着"爱"这个圆心转。

这本书矗立在我面前，挡住了我的视线，使我认为自己再也无法越过它去做其他事。我无法将它视为写作生涯里的第一本书，而是独一无二的一本书，我无法想象除了它之外还有什么，我感到它会占据我生命的一切，在它之后，就只有死亡、疯狂和我不知道的某种恐怖空虚，我和书中的主角正朝着它们奔去。况且，我不知道是书中主角带领着我还是我带领着他，因为他所想的一切都是我先构思过的、在我身上体验过的，与此同时，在督促着我的分身向前之际，我也亦步亦趋跟在他后面，我也将沉陷在"他的"疯狂之中。

实际上，还需一年多的时间，我才真正开始这本书的写作，但在那之前我已养成写日记的习惯，以便爬梳我内心模糊的悸动，这日记里的许多页被原封不动移到《安德烈·瓦尔特笔记》之中。我那时满脑子只有这本书，整个人被内心的翻涌占据，我写的、想写的纯粹集中于我的内心世界，完全不顾故事梗概，认为所有情节都是多余的窒碍。今日，或许我称许的正是一篇叙事完整的文章，回头看我那时写的东西不禁满心恼怒，可在那时，我还没弄明白艺术只能由每个人自己体会，只想把它框在某个偶发事件之下，让偶然模糊了周遭的一切外貌轮廓，我只想着淬出精华，而失了整体。

倘若皮埃尔·路易鼓励我朝这个方向走，那我就完了。幸好他并没有，因为他懂得品鉴艺术就像我懂得品鉴音乐一样。我们的个性背道而驰，也因此，我觉得和他在一起能得到无法想象的诸多益处。但是当时我们还不知道我们俩到底有多么不同，对文学和艺术的喜爱拉近我们，我们觉得（我们这样想错了吗？）这喜爱是唯一重要的。

次年，我们分开了。皮埃尔·路易家搬到帕西那片了，他进了让松中学念哲学。我呢，也不知为什么决定离开阿尔萨斯学校，转到亨利四世中学。更准确地说，我决定不再去学校上课，自己准备大学考试，只在需要的时候请老师辅导一下。我认为我想研读的哲学是通往智慧的道路，而这需要远离凡尘喧嚣。第一学期结束后，我就不再去学校上课了。

IX

　　信手游笔，使我没能在适当的时间提及安娜的死。她在一八八四年五月离开人世，在母亲和我把她送进沙尔格兰街的医院十天后。她在那里接受肿瘤割除手术，这肿瘤让她形销骨毁，再也无法承受下去。我把她留在一间狭小、干净、冷冰冰的病房里，之后就再也没能见过她。没错，手术是很成功，但耗损过多，身体太虚弱，安娜无法恢复，以她谦卑的方式告别人世，悄悄地、不惊动任何人。无人察觉她正在死去，我们都是在最后才得知她死了。她弥留之际，母亲和我都没能陪伴在她身边，她无法和我们诀别，最后一刻眼里看到的都是陌生的面孔，一想到这儿，我就心如刀割。好几个星期、好几个月，我无法忘怀她死前的孤独。我想象着那时的情景，耳边听到绝望的呼唤，她死后重生的灵魂除了上帝之外，遭所有人遗弃，这呼唤的回音在我写的《窄门》一书的最后几页回荡。

上完修辞学那一年，阿尔贝·德马雷提议替我画一幅画像。我已经说过，我对阿尔贝表哥怀着一种温柔而热切的崇拜，他在我眼里活脱脱代表着艺术、勇气与自由；但是，虽然他非常喜爱我，和他在一起时我还是忐忑不安，焦虑地丈量着我在他心中和思想中占据的小小位置，不停想着用什么方法能让他对我更感兴趣。无疑地，阿尔贝试着节制对我的感情，正如我急着夸大它们。我不自觉地因他的保留态度而觉得痛苦，今日我不禁认为，倘若他当年让我死心，或许对我来说是件好事。

他的提议让我吃惊，起初，我只是充当他一幅画里的模特儿，他想画一个小提琴家，并把那幅画作送到沙龙去。他叫我拿着小提琴和琴弓，在他临摹时长时间地摆出拉琴的姿态，手指扣在琴弦上，努力维持小提琴与我的灵魂合一的姿态。

"表现出痛苦的样子。"他对我说，这对我

可一点都不难，维持着这样紧绷的姿势，很快就成了痛苦的折磨。我弯曲的手臂麻痹了，弓弦就要从指尖滑下……

"好吧！休息一下，我看你受不了了。"

但是我害怕一休息，待会儿就摆不出原来的姿势了。

"我还可以支撑，继续吧。"

过了一会儿，琴弓滑下了地。阿尔贝放下调色盘和画笔，我们开始聊天。阿尔贝对我讲述他的人生。姨父和姨妈长期反对他探索绘画方面的兴趣，以致他直到很晚才真正开始作画，现在四十岁了，还在摸索阶段，跌倒、犹豫、不断重来，走的都是前人走过的路。尽管情感敏锐，画笔却沉重而笨拙，画出来的所有成果都不如预期；他意识到自己力不从心，但每开始一幅新的画，内心的兴奋激动又令他重新燃起希望。他声音颤抖，眼中含着泪水，向我描述他的"主题"，并要我答应不跟任何人提起。阿尔贝心目中的主题通常和他完成的画作并无多大关系，只好借助线条和色彩，无奈它们又不怎么听话。他的疑虑和害怕不自主地反映在画作上，偏离了画作本来要表达的，却同时增添了一层带着哀愁的优美，而这才是他作品的真正价值。若是多一点自信、多一点灵巧，这技巧不足的缺点大可以转为优点。然而，自觉和谦虚促使他只能不断费力去修改，反而把原先微微显露的光芒涂抹成平庸。尽管我那时完全没有鉴赏的经验，还是不得不承认阿尔贝就算内心敏锐，也不可能成为艺术界的英雄；然而，那时我还相信充沛的感情可以战胜一切，和他抱持一样的希望，认为他的"主题"终有一日会成功。

"你懂吗，我想把舒曼在《神秘时刻》这首旋律中表达的感情用画表现出来。那将是一个夜晚，在一座类似小山的地方，一个女子的形体，仰躺着，被落日氤氲笼罩，双臂伸向一个展翅朝她降临的天使。我要表现出天使翅膀的振动，"他的手模仿着羽翅振动，"像乐曲的旋

律那样温柔、浑然忘我的东西。"然后他引吭
高歌：

天拥抱着地
在一个爱吻之中。

他把这幅画的几张草图拿给我看，图中大
片大片云朵把天使和女子的形体遮住了大半，
也就是说，草图根本不完整。

"当然，"他半辩解半评论地说，"当然，我
应当找模特临摹才对。"他又忧愁地加上一句：
"人们都不知道我们这行找模特多么困难，首先
费用高得可怕……"

这里我要插一句话，自从阿尔贝继承了父
亲留下的遗产，若不是有一些不为人知的秘密
负担的话，其实经济无忧，但他总是不断担心
会负担不起，深深受此折磨。再说，他天性就
害怕缺钱，一向如此。"能怎么办呢？"他说，"我
就是忍不住会担心。我一向用钱小心，这是我

引以为耻的一个缺点，可就是改不过来。二十年前我去阿尔及利亚旅行，身上带着一小笔存下当旅费的钱；我一直怕花得太多，结果几乎原封不动地带了回来，在那里，我愚蠢地拒绝任何享受。"

这绝不是吝啬，他是个非常慷慨的人，而且是以一种谦卑的形式。所有作画必需的花费（因为从不能确定画能卖得掉），他都觉得自责，可怜兮兮地斤斤计较，不断担心浪费画布、多用了油彩，尤其因节省不敢找模特。

"而且，"他继续说，"我永远找不到合适的模特，永远不是我真正要的，那些模特也永远弄不懂画家所要求的。你不能想象他们愚笨到什么程度，摆出来的姿势永远和要求的千差万别！我知道，有些画家懂得如何诠释，也有的根本不管如何表现情感，照着模特画就是了。我呢，总是受到目力的干扰。另一方面，我又没有足够的想象力，能够没有模特就作画……但很荒谬的是，模特摆姿势时，我又不断担心他会太累，一直强忍着才能不老是要求他休息。"

　　然而，最主要的障碍是阿尔贝从不敢向人吐露的一件事，我自己也是两年之后才知道的。十五年来，他瞒着所有人甚至他的哥哥，与一个女人同居，而这位如同他妻子的女子无法忍受他画画时和一个年轻、貌美、衣衫半解的女模特独处一室长达好几个钟头。

　　可怜的阿尔贝！他向我坦白他双面生活的那一天，我不知道我们两个之间到底谁比较受震动。他的爱情如此纯净、如此高贵、如此忠贞，却又如此让人胆战心惊。他把这位已经称作妻子（之后他也娶了她）的女人安顿在当费尔街的一个小公寓里，竭尽所能让她生活舒适，她也尽力做裁缝和刺绣，以贴补家里微薄的收入。当他介绍我认识她时，我立刻被这女子超凡的特质所吸引。她名叫玛丽，面容姣好，耐心庄重，若有所思地倾身在阴影中刺绣；她说话轻声细语，似乎噪声和强烈的日光都会惊动她，我想若不是两人的小女儿已出生许久，她绝不会要求阿尔贝给她名分。阿尔贝看起来精壮结实，其实是再胆怯温驯不过的一个人，他知道母亲一定会因这段她不看好的婚姻苦恼伤痛，所以不断退却。他担心所有人的评判，尤其是他嫂嫂的；更准确地说，他担心这些反对的声音会给他的婚姻笼上阴影。因双重生活的情势所逼，坦率开朗如他，也只能选择这种迂回隐晦的方式。他小心翼翼，绝不损伤到他认为的对母亲的义务，他的心、他的时间分成两半，一只脚踏一边。自从姨父过世、其他表兄表姐成家之后，只剩下阿尔贝陪伴姨妈，她把他视为傻乎乎的大孩子，认定他没有她就活不下去。他每隔一天和她共进晚餐，而且每晚都回母亲家过夜。为了保守秘密，阿尔贝拿一个朋友当挡箭牌，老实说，在他生命中，和这个朋友的友谊几乎和爱情占据同样的地位。西蒙先生没结婚，这两个老单身汉在一起丝毫不会让人存疑。甚至在姨妈夏季去拉罗克和屈韦维尔度假，阿尔贝和妻子长时间去其他地方度假时，也是拿这个朋友当幌子。

爱德华·西蒙是犹太人，除了脸部轮廓或稍可看出之外，没有任何特征能显示他的种族，也或许我当时还太年轻，辨识不出。爱德华·西蒙并不穷，但生活非常简朴，一心一意只想着帮助别人。他以前是工程师，退休多年来，唯一的工作就是全心投入慈善事业。他和想找工作的工人、想聘工人的老板都有接触，就在自己家里成立了一个免费的中介所。他一整天到处拜访穷人，四处奔走。我想，促使他这样做的，不是对个人的爱，而是对人类整体的爱，说得更抽象一点，是为了正义。他将自己的慈善事业视为一种社会责任，其实，就这一点来说，也体现了犹太人的典型特征。

面对朋友这样积极、这样实际的美德，以及这行动所获得的显著成果，可怜的阿尔贝以自己艺术家的空头大梦为耻，而对这个艺术家大梦，他的好朋友也觉得不可行，无法理解。

"我需要鼓励和支持，"阿尔贝悲伤地对我

说，"爱德华假装对我做的事很感兴趣，但那只出于他对我的友谊，其实他只懂得那些有实际用处的事。啊！你看，我一定得画出一幅旷世杰作，才能向自己证明我并非无用之才。"

他青筋毕露、布满汗毛的大手摸着已经光秃的额头，我看见浓密蓬乱的眉毛下，他一双温柔的大眼里充满泪水。

我或许刚开始对绘画并没有太高的敏锐度，尤其不如对雕塑敏感，但我充满了想要理解的强烈欲望，鉴赏能力很快便大有进步。有一天，阿尔贝为了测试我，把一张照片遗落在桌上，我一眼就看出是弗拉戈纳尔[1]的素描，他喜出望外，我却非常惊讶于他的讶异，因为在我看来，不可能有人搞错。他点着头，微笑地看着我。

"我要带你到'老板'那里去，"他说，"你一定会觉得他的画室很有趣。"

---

[1] 弗拉戈纳尔（Fragonard），法国洛可可风格画家。

阿尔贝曾经拜让－保罗·洛朗斯[1]为师，称他为"老板"，对他一直怀着狗一般的忠心、如子如徒的崇拜。让－保罗·洛朗斯住在田野圣母街一间不怎么舒适的公寓里，两侧是两间大工作室，一间布置成沙龙，供洛朗斯夫人招待客人，另一间则是"老板"的画室。每周二晚上，把沙龙和画室隔开的帷幕拉开，这每周一次的聚会只有亲近朋友参加，大部分是以前的学生，大家弹奏音乐、聊聊天、气氛亲切且单纯；然而我第一次踏进这新环境时，心怦怦跳……周围一切如此严肃、神秘，一种近乎幽暗的和谐感笼罩着我，几乎如同某种宗教，将我整个包围，一切都让感官和心灵如此舒服，让人陷入观赏和冥想。那一天，我的双眼突然睁开了，也立刻发现母亲的家具如此粗俗，这粗俗简直就像黏在我身上；自觉低俗的感觉如此强烈，我几

---

[1] 让－保罗·洛朗斯（Jean-Paul Laurens），法国历史画家，第三共和时期的"御用"画家。

乎要羞愧得昏过去了，幸好我以前的同班同学——让－保罗·洛朗斯的大儿子亲切待我，尽力让我觉得自在。

保罗·阿尔贝·洛朗斯[1]和我同岁，但因为我辍学许久，自从九年级和他同班之后，就很久没有见过他了。我记忆中的他是个懒散的学生，不守规矩却魅力十足。他坐在教室最后几排，上课时总在笔记本上画满稀奇古怪的画，那些画总令我大为惊艳。有时候我故意被处罚，就可以被派到后排坐在他旁边。他用一节脏兮兮的粗笔杆充当毛笔，蘸着墨水画图，神情那么专注。然而，当老师问他问题时，他眼神涣散不知所以，好像神游太虚，全班都会哄堂大笑。当然，我很高兴又见到他，很高兴他也还认得我，可我又十分担心他把我当成一个中产阶级。自

---

[1] 保罗·阿尔贝·洛朗斯（Paul Albert Laurens），在后文中简称为保罗·洛朗斯，即前文提到的画家洛朗斯的长子，后来亦成为画家，纪德曾与他同游北非。

从替阿尔贝充当模特之后（他刚完成了那幅画），
我特别注意自己的形象，我想要呈现出我认为
的自己、想要成为的自己：一个艺术家；结果
搞得什么都不像，把自己弄成了一个装模作样
的家伙。我做功课的小书桌上（是安娜留下来的，
妈妈把它摆在我房间）摆着一面镜子，我揽镜
自照，不厌其烦地端详着自己的五官，像个演
员似的研究、训练表情，尝试用嘴唇、用眼神
传达出我想表露的情感。我希望自己被爱，甚
至愿以灵魂去交换。那段时间，只有对着这面
小镜子我才能写作，甚至才能思考；在我眼里，
似乎必须先在镜子里看见，才能自知情感或思
想。就像那耳喀索斯一样，我倾身注视着自己
的倒影，那时我写的每个句子都好像有点偏斜。

　　保罗·洛朗斯和我之间很快就建立起友谊，
而且是很快变得热切的友谊。这一点等之后谈
到我们一起旅行时再提，现在先说回阿尔贝。

　　阿尔贝之所以跟我坦白秘密，并不只是因
为对我的感情，还掺杂了一点私心，他很快就

跟我表明了。他女儿现在已十二岁，很有音乐天分。阿尔贝的手指在钢琴上就像画笔在画布上一样笨拙，他想让女儿补偿他的失败，把希望和野心都寄托在女儿安托瓦妮特身上。

"我想把她培养成一名钢琴家，"他对我说，"这会使我感到安慰。年轻时未能好好学琴，我一直觉得可惜，她这年纪该开始学琴了。"

我母亲终于察觉，我一直以来接受的钢琴教育都很平庸，她意识到若有更好的课程，我会有更大的进步，所以在二十个月之前，让我拜杰出的马克·德拉努斯为师，在他的指导下，我立刻有了惊人的进步。阿尔贝问我是否愿意为我的表外甥女上课，传授一点德拉努斯杰出的教学方法，因为他囊中羞涩，不敢延请德拉努斯。我立刻开始教她钢琴，因为自己承担了重要的角色和阿尔贝的信赖而扬扬得意，所以尽我所能地教。这为时两年、每周两次的钢琴课，我很自豪没缺过一次，这两年的课程对我的助益和对我的学生一样大，两年之后，表外甥女转由德拉努斯先生直接授课。倘若我必须工作谋生的话，我会选择当老师，最好是钢琴老师。我热爱教学，只要学生稍微值得费心，我会有用不尽的耐心。我曾有过好几次经验，因此我敢自命不凡地说，我的课不亚于最好的大师课。我刚才没多谈德拉努斯先生对我的影响，是担心话题又被我扯远，现在该是详述的时候了。

高克琳小姐、席夫马克尔先生，尤其梅里曼先生的钢琴课程，让人完全提不起兴趣。我虽隐隐约约回想起盖鲁先生要求保持"圣洁的热情之火"不止熄，但是就算努力追随他的指导，也无法有多大的进步。盖鲁先生太过以自我为中心，无法成为良师。如果我早就拜德拉努斯先生为师的话，他或许会把我调教成一名优秀的钢琴家！但是我母亲和很多人的观念一致，认为初学者随便什么老师教都一样。从第一堂课开始，德拉努斯先生就着手改革一切。他的教法让一切活了起来、明亮起来，一切都呼应和谐音律的需要，巧妙地分解、重组；我懂了。

我想，使徒领悟圣灵降临于身的时刻，应该就是这样的感受吧。在此之前我都只是重复，而没有真正听见音乐这个神圣之音，突然之间我不只听见，还能开口说了。每一个音符都产生了特别的意义，变成了话语。我带着多大的热忱学习啊！连最无聊的练习曲都成了我的最爱。有一天下了课，我把位置让给了下一位学生后待在楼梯间，隔着门听他弹奏。那个学生年纪或许并不比我大，弹奏我也正在学习的舒曼的狂想曲，他的演奏充满张力、光彩和自信，我远远比不上。我坐在楼梯台阶上，嫉妒地哭泣起来。

德拉努斯先生似乎非常喜欢教导我，上课时长常常远超约定的时间。很久以后，我才知道他曾经试着说服我母亲，说他认为我的一般教育已经足够，牺牲其他学业专攻音乐是值得一试的，劝她把我完全交付到他手上。母亲先是犹豫，问了阿尔贝的意见，终于自己做了决定，拒绝了，她认为比起耗费生命去诠释其他人的作品，我会有更大的成就；为了避免唤醒我浮夸虚荣的野心，她请求德拉努斯先生不要对我说他所提出的建议（我必须特别说明，他的建议是毫无私心的）。我是很久之后才从阿尔贝那儿知道这件事的，那时想改变心意也已经太迟了。

受教于德拉努斯先生的四年中，我们之间建立起了深厚的感情。他不再指导我之后（有一天我非常遗憾地听到他对我说，我已经不再需要他的教导了，虽然我一再抗议，他也不肯继续那些他认为我不再需要的课程），我还是常常去拜访他。我对他怀着一种崇拜，如同之后我对马拉美[1] 所感到的尊崇且敬畏的爱慕，除了这两人之外，我从未对其他人产生过类似的感

[1] 指斯特凡·马拉美（Stéphane Mallarmé），19 世纪法国诗人、文学评论家，与兰波、魏尔伦同属早期象征主义诗歌代表人物。他曾每周二在自己位于巴黎罗马街的公寓中接待法国文艺圈内的好友，举办沙龙。纪德青年时期结识马拉美，并成为"星期二聚会"的常客。

觉。在我眼中，这两人都是最罕见的人格完善
的典型，我的心自然而然地臣服在他们面前。

马克·德拉努斯不仅仅是一位教师，他的
一生都值得赞佩。他与我成了忘年之交。我抄
记下他说的话和我们之间的谈话，尤其是在他
辞世前几年我们的谈话；这些笔记我再次回看，
依然觉得十足珍贵，只不过分量太多，我无法
抄录在本书里，只能草草勾勒出他的速写。

马克·德拉努斯和他表哥利勒同样出生于
法属留尼汪岛，这解释了他为何留着微卷的头
发（留得很长，往后梳），肤色呈橄榄色，眼神
迷蒙。他整个人散发出一种狂躁激情和懒散颓
废的奇异混合气质。他的手和所有我见过的钢
琴家都不同，握手时似乎融化在对方手中一般，
而他高大笨拙的身体似乎也是由像手一样绵软
的物质组成的。他站着授课，在屋子里踱步，
或是倚着一架不用来教学的三角钢琴，手肘往
前，上身前倾，一只手撑着突出的额头。他穿
着一件剪裁浪漫的束腰长礼服，竖高的领子系

着一条平纹细布领带，围两圈，高高打个小结，在某些光线下，突显出他高高的颧骨和瘦削的脸颊，简直像极了德拉克洛瓦的自画像。有时，某种抒情或热忱使他激动狂热起来，此时他就显得非常俊美。他极少在我面前弹琴，或只是弹一些教导性质的小片段，我想是出于谦虚。但是他很愿意（至少在我面前）拿出一把小提琴，这小提琴通常被他藏起来，自称拉得很差。然而，在我们合奏奏鸣曲时，他演奏得比我好得多。至于他的脾气我不多提，生怕又打开话匣，停不下来。不过，一笔小小的勾勒就可窥知全貌，我忍不住想说——他认为孙子孙女没被教育好。

　　"喏，"他对我袒露心事，"我举个例子给你听。小米米每星期三来这里过夜（是他孙女中年纪第二大的）。她睡的房间里有个闹钟，她抱怨闹钟嘀嗒嘀嗒地响个不停，吵得她睡不着。你知道德拉努斯夫人做了什么吗？她把闹钟拿走了。这样小孩怎么会习惯闹钟声呢？"

这让我联想到马西亚克小姐那句精彩的评论，有一次我去日内瓦看她，她家里正好有一群老小姐在聚会。其中一个说到她的小侄女特别害怕金龟子肥大的幼虫，那种被称为"蛴螬"或"绿白虫"的大蛆。她母亲决定终结她这种惧怕。

"你们知道她怎么做的吗？她要孩子吃它，可怜的孩子！"

"哎呀，"马西亚克小姐大声说，"那她一辈子都会讨厌吃它了吧！"

或许大家觉得这两件事之间并无关联。好吧，没关系。

阿尔萨斯学校的低年级虽然很杰出，高年级的水平却被认为不够好，我母亲于是决定让我到亨利四世高中修习哲学。我则决定自修准备考试，最多请家教老师上几堂课。研修哲学需要安静沉思的环境，我觉得和那么多同学一起学并不合适。三个月之后，我就离开了公立

高中。我在亨利四世高中的哲学老师 L 先生答
应指导我穿越形而上学的弯曲小径，并批改我
的作业。他是个矮小、干涩、粗短的人——我
指的是他的心灵，因为他其实身材瘦长，他那
苍白且扁平的嗓音足以让所有萌芽的思想窒息，
在他表达心中的思想之前，听者就已感受到他
早已把这思想的花叶去除，只剩下如他贫瘠的
心一般苍白光秃的概念。他的教学极端沉闷无
趣，受他教导让我感到的绝望，犹如顾夫牧师
在坚信礼之前给我上的宗教课。什么！这就是
我希望用来启迪人生的崇高科学，足以凝视全
宇宙所有知识的最高峰？……我只好从叔本华
那里寻找慰藉，以无可言喻的喜悦潜入《作为
意志和表象的世界》中钻研，先是从头到尾一口
气念完，又更专心地重读，好几个月的时间里，
没有任何事能让我分心。后来我又开始研读一
些大师作品——斯宾诺莎、笛卡尔、莱布尼茨、
尼采，我喜欢他们胜于叔本华，乃至于很快就
挣脱了叔本华最初给我的影响。不过，我哲学

上的启蒙是叔本华，而且我在哲学方面的思想也只能归功于他。

七月份高中会考没通过，我在十月好歹勉强通过了第二次补考，至此我认为我学业的第一阶段已经告终。我完全不想进大学继续攻读学位，也不想研修法律或参加任何进阶考试，决定立刻开始职业生涯。然而，在母亲的要求之下，我答应次年再继续和迪耶齐先生学习。没关系！我从那时起，感受到一种奇异的自由，既无负担，也无金钱上的顾虑——而且我那个年纪，根本无法想象必须赚钱谋生是怎么一回事。我真的自由吗？并不，因为我被我的爱情和之前提到的写书计划压迫着，这计划对于我是无可商榷的、最迫切的任务。

我的另一个决心，是要娶我的表姐，越快越好。有时候，我觉得我的那本书就是一篇长长的爱情宣言与见证，如此高贵、感情洋溢、不容置疑，只要书一出版，我们的双亲就不会再反对我们的婚姻，艾玛纽埃尔也不会拒绝我的求婚。那时，我的姨父，也就是她的父亲，不久前因心脏病突发而去世，他临终之际，她和我一起守在床边，倾身看护，心有戚戚却非常亲近，我觉得这次守丧是在见证我们的婚约。

　　我心里虽然急着完成那本书，但很清楚它还不够成熟，我还没有能力写它；因而我不能着急，准备先花几个月时间做更多研究、练习和准备，尤其要更大量地阅读（我一天吞下一本书）。母亲认为，准备期间进行一次短途旅行，不失为一件有益的事，我也这么认为；但是到了选择要去哪个地方的时候，我们的意见不再一致。母亲认为去瑞士好，她同意不陪我去，但也不让我单独一人去。当她提议让我参加一个登山俱乐部办的旅游团时，我一口回绝，宣称这种团体旅游会让我发疯，何况我非常厌恶瑞士。我要去的是布列塔尼大区，背着背包，不要人陪。母亲对我的意见充耳不闻，没得商量。我向阿尔贝求救，既然他之前推荐我读《越过田野越过海滨》[1]，自然能理解我的愿望，替我请求母亲……母亲最后妥协了，但一定要和我同去，我们约定让她跟在后面，每隔两三天在旅途停歇地相见。

这次旅行我都沿着布列塔尼沿岸前行，只在从基伯龙到坎佩尔途中几次短暂离开海岸线在内陆停歇；有一天，我到了一座小村庄，如果没记错的话叫作勒普尔迪。这小村子里只有四户人家，其中两家是旅店，比较简朴的那家看起来更舒适一点，我口很渴，就走了进去。一个女仆把我领进粗粗刷着石灰的大厅，在我面前放了一杯苹果酒就走了。大厅里家具很少，墙壁也没涂漆，使得面靠着墙放在地上的一些画作和画框更为醒目。女仆一走我就跑过去看画，把它们一幅幅转过来，愈来愈惊愕地凝视着它们；一开始我看见的是五颜六色的幼稚涂

---

[1] 《越过田野越过海滨》是福楼拜与好友马克西姆·迪康合写的布列塔尼游记，1881 年出版。

鸦，但色彩如此鲜明、如此特殊和愉悦，我根本不想离开了，我希望能认识画出这些有趣而疯狂的作品的画家，便放弃当晚抵达蓬塔旺的计划，订了一个房间，询问晚餐时间。

"您想要单独进餐？或是和先生们一起在餐厅里吃？"女仆问。

"先生们"就是那些画的作者：他们有三个人，没多久就带着颜料盒和画架出现了。不消说，我当然要求一起进餐——倘若这不会打扰到他们的话。他们的确没显出被我打扰的样子，那是因为他们根本旁若无人。他们三人都光着脚，放肆喧哗，声音洪亮。整个晚餐我都激动万分，倾听他们的谈话，好想上去和他们说话，介绍自己、认识他们，并且告诉那个眼睛雪亮的大个子，他刚才扯着喉咙大声高唱，另外两个也一起合唱的那个调子，不是他以为的马斯内的作品，而是比才 [1] 写的……

---

[1] 朱尔·马斯内（Jules Massenet）与乔治·比才（Georges Bizet）都是 19 世纪法国作曲家。

之后，我在马拉美家又遇到过他们中的一位：高更。另外一个是塞律西埃。第三个我不确定是谁（但我想是夏尔·菲利热）。

那年秋季和冬季，在迪耶齐先生监督下做的一些功课、拜访，以及和皮埃尔·路易商量的、兴冲冲想着手做的杂志计划占据了我大部分时间。春季时，我觉得开始写作的时机到了，但是要写我那本书，必须在孤独的情境下才行。我在巴黎北边皮埃尔丰湖畔的小旅馆里找到一个临时落脚处，可只过了两天，皮埃尔·路易就来找我谈杂志计划，逼得我跑远了一些。我前往格勒诺布尔，在那一带寻了个遍，从依泉到圣皮埃尔－德沙特勒斯，从阿勒瓦尔到不知何名的小镇。大部分的旅馆都还关着，山区别墅又只租给家庭。就在我开始心灰意冷之际，在阿讷西附近，几乎傍着湖的芒通，有一座迷人的村舍，四周都是果树林，房东答应以月租的方式租给我两间房。我把大的那间整理为书房，同时觉得自己不能没有音乐，就从阿讷西运来一架钢琴。我在湖边一家夏季营业的餐厅搭伙，每餐都去那里吃，因为夏季才刚开始，一整个月都只有我一个客人。丹纳先生就住在附近，我那时刚狼吞虎咽读完他的著作《艺术哲学》《智慧》和《英国文学》，但我克制着不去找他，一来是羞怯，同时也担心工作精力被分散。我活在全然的孤独之中，将我的热情燃烧到白热，心灵充满激昂狂热，我认为若不是这种状态，便不适合写作。

当我今日重新翻开《安德烈·瓦尔特笔记》，那喷射般狂涌的笔调让我很受不了。那时候我喜欢用一些能让人随意想象的字眼，例如"不确定""无止境""无可言喻"——我用这些词，就和阿尔贝在画不好的部位以雾来遮掩是一样的。这类词在德文中大量存在，令我觉得它们充满某种迷蒙的诗意。很久之后，我才领悟到，法文的特性正在于力求精确。《安德烈·瓦尔特笔记》这本书顶多见证了我年轻时模糊的不安与忧虑罢了，我希望保留的段落非常少。然而，在写的时候，它在我眼里是世界上最重要的一本书之一，书中所讲述的危机是最普适、最迫切的议题，我那时怎么会明白，这危机其实只是我个人的问题呢？我所受的清教徒教养使我将肉体需求视为魔鬼，我那时何以能了解，我的天性令我逃避大家广泛接受的解决方法，因为这方法正是我的清教主义所谴责、拒绝的呢？然而，我要求自己严守的肉体贞洁，其实是隐伏而不定的，既然没有任何其他宣泄方式，我又重新堕入童年时期的坏习惯，而每一次堕入，就再一次觉得失落绝望。我那本书充满爱、音乐、形而上、诗歌，其实主题就是围着这个打转。我之前已经说过，这本书占据了我全部的心思和视野，它远远不仅是我的第一本书，而是我的"总结"，我觉得我的生命应该以它作结。然而，有些时刻，我的心灵终于从书中那陷入疯狂的男主角身上解放出来，一跃而起，挣脱了压迫太久的垂死重担，窥见了令人眼花缭乱的可能性。我梦想模仿格拉特里神父所著的《源泉》，以一系列"非宗教式的布道"，迂回婉转地把全世界最顽强的怀疑者带到福音书的上帝面前（这上帝并非人们平常想象的样子，我在本书第二部讨论纯粹宗教的部分将会说明）。我同时也计划以安娜的死为主题写一个故事，叫作《善终》，后来书名改为《窄门》。总之，我开始领悟到世界之大，而我对它还一无所知。

记得有一天，我散步走了很久，走过了湖的尽头，孤独让我欣喜，却也让我恼怒。夜色降临了，我一边迈开大步快走（就像在飞，我应该是几乎用跑的），心中如此热切渴望，恳切地呼唤着犹如兄弟手足的那个好友，我要向他倾诉，高声和他交谈，因感受不到他在我身边而啜泣。我单方面决定了这个好友就是保罗·洛朗斯（那时我根本还不算认识他，因为我之前提到的他父亲画室的那一段是后来才发生的），深深预感有一天我们会就这样出发旅行，就我们两个人一起，没有目的地，让偶然带领我们且行且停。

夏季中，我回到巴黎，书稿已完成。我立刻读给阿尔贝听，他有些沮丧，觉得我在书里过度虔信，也引用了太多《旧约》里的句子。大家可能觉得《圣经》引文还是太多，其实在他的忠告下，我已经删去了三分之二呢……之后我也把书念给皮埃尔·路易听，我们两个说好，要在自己的第一本书留下一页空白，让对方填满，就像阿拉丁为了表示礼貌与敬意，留下宫殿一道回廊让岳父去设计装潢。如同阿拉丁童话所告诉我们的，岳父设计的回廊和整个宫殿完全不搭调，我们也是，我们无法在彼此的诗集中添加任何东西。但是为了不全然放弃原先的提议，路易建议写一篇序言，让我的书真正带有"遗著"[1]的风格。

在那个时期，报纸上殷切呼吁年轻一辈崛

---

[1] 这篇短短的序言署名 P. C.，是路易第一个笔名（Pierre Chrysis）的缩写，只出现在佩兰出版社印制的版本中。——作者注

起。我认为我的书恰恰就在呼应保罗·德雅尔丹的《眼前的义务》一文。梅尔基奥尔·德·沃居埃写的《致二十岁的你们》一文，让我坚信世界正等着我。是的，我的书正是回应时代所需，正是公众所要求的，甚至我讶异没有人在我之前想到要写这样一本书、趁势快速出版。我担心被别人抢了先机，不断咒骂迪穆兰出版社，我早已将最终校样寄给他，却迟迟不见出版。我稍后才知道，事实上我的书让他十分为难。迪穆兰先生（大家跟我说他是全巴黎最好的出版商之一）虔信天主教，思想正统，并且想表现正统的形象；他不知道内容就接下我的书，结果听到传闻说我这本书有邪教异端的嫌疑。他犹豫了一段时间，担心自己的名誉受到影响，最后借用了另一个出版社的名义出版。

除了这第一个印刷精美、印量很少的版本之外，我还筹备了另一个大众版，为了应广大读者要求，我想象印量应该要相当大。然而因为迪穆兰的顾忌，以及和接手的出版商的交涉耗时太久，尽管我谨慎小心，还是让大众版赶在前头出版了。

印刷错误百出，令我气恼，而且我必须看清现实，销售量几乎是零。精美版刚一出版，我立刻销毁大众版，我亲自到装订工厂取回几乎原封不动的书（只除了寄给媒体的约七十本）送到销毁厂，兴高采烈地收回一点钱，他们按斤收购……这一切对谁都没什么价值，除了收购罕见版本的藏书人……

是的，一场惨败。但我的个性让我能在失败中发现乐趣。在所有的挫折中都藏着教训，必须懂得聆听，而我听到了这个教训。我立刻放弃了对从我手中溜走的胜利的渴望，或者说，我开始渴望一些不同的事物，明白了喝彩的质量远比掌声的音量重要。

和阿尔贝的几次谈话让我下了一个与我天性相合的决心，我决定采取一种态度，就是对成功避而远之，我这态度后来遭到许多批评，现在或许是解释这个态度的时候了。

　　我不想把自己形容得比实际更崇高，我热切地渴望过荣耀，但很快就领悟到，一般意义上的成功，只是成功的劣质赝品。我希望自己因为真正的赏识而受到喜爱，带着误解的赞美，对我简直是种折磨。一想到赞美是出自感激或牵涉利益，立刻就让它完全失去意义，我不需要。因为最重要的是，知道我作品真正的价值，一个可能很快就凋萎的桂冠，我一点都不想要。

　　我这个转变相当突然，刚开始当然是因为赌气，但赌气也只是一时，并不足以维持下去。我很快就发现，这个旁人可能视为装腔作势的态度，非常符合我的天性，我觉得很自在，一点都不想再改变。

　　我的第一本书印了惊人的数量，之后的书我都只印刚好够，甚至稍嫌不足的数量。我企图借此筛选我的读者，在阿尔贝的鼓动之下，我企图不再做引导者，我还企图……然而我想其实这一切最主要的原因是好玩和好奇：我想尝试之前没人做过的事。感谢上帝，我衣食无缺，不必为五斗米折腰，倘若我的作品有价值，自然经得起时间的考验，我可以等。

我天性中的某种沉郁让我加倍地排斥评论家，甚至排斥读者，这种不稳定的情绪使我一旦完成一本书，就立即跳到相对的极端（也是为了平衡自己的关系），写出让喜欢我上一本书的读者绝不会喜欢的书。

"你简直让我难以置信，"我年长的堂姊弗歇尔男爵夫人大声叫道（什么！我还没介绍她吗……），"我难以置信，若你因某个体裁获得成功，会不再将这个体裁继续下去。"

但正因如此，若是必须被固定在一个体裁里，我宁可不要成功。我无法满足于一条既定的路，尽管它通往成功与荣耀。我喜欢尝试未知、冒险，我喜欢身处人们以为我不会在的地方，这也表示我高兴待在哪里就在哪里，别人不必多嘴干涉。对我来说，最重要的是能够自由地思考。

在《安德烈·瓦尔特笔记》出版不久之后，

一天晚上路易带我到瓦谢特咖啡厅（或是泉源咖啡厅），在那里遇到阿道夫·雷泰[1]，他以溢美言词恭贺我，我实在忍不住，硬生生打断他的话（我经常依循本能，而非深思熟虑后行事），站起身就走。

"如果这是你接受赞美的方式，以后别人就不会经常赞美你了。"下一次见面时路易对我说。

其实我喜欢得到赞美，只不过愚蠢的赞美令我无法接受，不适当的阿谀只会令我生气反感。我很容易会认为别人是在夸张，无可救药的谦逊让我立刻知晓自己的缺点，我随时警惕不高估自己，认为浮夸是心灵进步的死敌，宁可以贬低自己为傲。请不要以为我说这些是矫揉造作，其实那都是自发而不自觉的反应。而为了解释我的孤立不群和退缩，需要强调的一点应该是我极端害怕倦怠，只要我觉得无法

---

[1]　阿道夫·雷泰（Adolphe Retté），法国象征主义诗人。

表现得自然的时候，与任何人相处都让我筋疲力尽。

刚才提到的那位堂婶，是父亲纪德家这边的，弗歇尔将军的遗孀，尼姆还有一条大道以他的姓氏命名。我年轻时，她住在贝拉榭街一栋豪华宅邸的二楼。入口处有一个游廊，一进门穿过内院还没走到游廊，门房就会敲两下不知装在哪里的铃通报。所以一走上游廊，大门已半开，一个高大的门童站在那儿等着带领客人进去。这个清脆的铃声和我父母家一个罩奶酪用的钟形玻璃罩被碰触时发出的声音一模一样，而这个奶酪罩只有在接待宾客时才拿出来用，因此，一切和堂婶有关的东西都显得奢华而隆重。当我还是个孩子时，她在一个摆着桃花心木家具的小厅接待母亲和我。我尤其记得一个大柜子，我的视线牢牢盯着它，因为我知道过一会儿堂婶就会从里面拿出一盒糖渍水果，就像剧院幕间休息时，大家把糖果和橘子拿出来分享一样。糖渍水果给我带来短暂的愉悦。

我感觉这拜访冗长无止境，堂婶看准我母亲永
不疲倦的耐性，不断诉说对她女儿、对银行专员、
对公证人、对牧师的烦人牢骚，她对所有人都
有一肚子牢骚可发。她留心不要太早把糖渍水
果拿出来，等到察觉对方快开始不耐烦时才拿
出来。此时她撩起长袍，从塔夫绸裙子里掏出
一串钥匙，选出其中一把，打开身旁一张小桌
子的一个抽屉，抽屉里放了另一把钥匙，是柜
子抽屉的钥匙，她从柜子里拿出一盒糖渍水果，
以及一堆纸张，是要念给母亲听的。盒子通常
都快空了，所以客人不敢多拿，母亲每次都谢绝，
有一天我问她为什么总是拒绝。

"孩子，你也看得很清楚，堂婶并没有坚
持啊。"

我拿了糖渍水果后，堂婶把盒子放回柜子
里，拜访的第二幕便开始了。她的那些纸张——
几年之后我被认为够成熟了，也承受了必须倾
听的酷刑——不仅是她收到的信件，还有她回信
的副本，另外还有她做的一些谈话笔记。她记

录的不是别人的谈话，而是她如此高贵、既简明扼要又意味深远的回答，我猜她想模仿李维的方式，记录下并非她真正说了的，而是她原本想说的话，这也就是她要写下来的原因。

"我是这样回答他的。"她开始以戏剧性的声音念，这一念就没完没了。

"瞧瞧！他今天真乖，长大了呢！"有一天我们正要告辞时，她说，"他没像以前那样问'我们什么时候走啊'。我说的这些也开始让他感兴趣了呢。"

后来，我被认为到了不需母亲陪伴、可以单独去拜访她的年纪，糖渍水果当然更不是重点了。我已成熟到可倾听大人心事，堂婶第一次拿出纸张念给我听时，我还觉得相当得意呢。

那是在安坦大道上，堂婶后来搬到那儿的一栋华美公寓里。她几乎只使用一个房间，因为她都让用人送餐到房间里。走到她房间时，可以通过透明玻璃门窥见两间护窗板紧闭的豪华客厅。有一次她带我进客厅，指给我看一幅米尼亚尔[1]画的巨幅人像，说自己"想捐赠给卢浮宫"。她一心一意想减少女儿（伯爵夫人）在她死后将继承的财产，而我想不少人巴不得助她一臂之力。她记录的那些内容并非毫无意义，但是犯了过度夸张的错误。我特别记得她和布朗齐牧师的一次谈话，她叙述自己差一点被人下毒，怀疑是她女儿所为。

"这真像戏剧。"他叫道。

"不，先生，这不是舞台，是重罪法庭。"

她念这一段时，带着悲剧性的语气，身子在扶手椅上挺直，她整天都窝在这张扶手椅上，现在我眼前还能浮现出这个画面。她苍白无血色的脸庞围着一圈漆黑的假发，上面罩着一顶蕾丝小帽；身穿一件棕褐色的罗缎长袍，稍稍一动就发出窸窣的摩擦声，细长的手戴着黑色露指手套，几乎都缩在有宽大皱褶的袖套里。

她过世时将近一百岁，她念这些文件给我听的时候，也已超过九十岁了。

---

[1]　米尼亚尔（Mignard），法国路易十四时期宫廷画家。

X

《安德烈·瓦尔特笔记》一出版，我就进入了生命中最混乱的一个时期，紧绷且晦暗，直到我和保罗·洛朗斯出发前往非洲才结束。那是心思涣散且焦虑的一段时光……若非那个时期的阴影将会解释接下来发生的事，我还真不想再提起；我想也是因为我在写作《安德烈·瓦尔特笔记》期间情绪一直太过专注紧张，所以才会引发之后这段时间的心思涣散。

我无从得知艾玛纽埃尔对我的书有什么看法，她让我知道的，只是她拒绝了我随着书的出版而提出的求婚。我抗议说我不把这拒绝当成最后的决定，答应等她，绝不放弃。然而因为她已不再回复我的信，我还是有一阵子不再写信给她。这一段沉默、这心灵的空虚让我不知如何是好，幸好友谊填满了爱情缺席的这段时间和位置。

我继续几乎每天和皮埃尔·路易见面。那

个时期，他和他哥哥住在维讷斯街尽头一栋矮房子的二楼，位于富兰克林小广场拐角，从他书房的窗户望出去，视野可及特罗卡德罗广场，甚至可越过广场到更远。但是我们根本没心思看窗外，我们只关心自己，想着我们的计划和梦想。皮埃尔·路易在让松高中念哲学那年，在班上结交了三个好友，其中名叫德鲁安和基约的两位，很快也变成了我的亲密朋友。

我很想了解，为什么自己在这本回忆录里完全不想谈及友谊，这些朋友明明在我生命中占据非常重要的位置。或许仅是担心一说起就会没完没了吧。就因他们，我完全同意尼采的那句话："艺术家拥有的不仅仅是个人的，而且是他的朋友们的智慧。"在一些我无法穿透、钻研的心灵范畴，我的朋友们是我的探勘者。和他们每个人相比，我对某个学科或某个领域的了解都远远不足，但同时，我觉得能够了解他们每一个。我站在这个交叉点上，借由他们有了四面八方的视野，经由他们的见解环望着不同的方向。

　　每个人都以自己为中心，以为世界的秩序绕着自己运转，但是对这些朋友，我可以自傲地说，我成了他们最好的朋友，我对他们付出全部的我，也要求他们对我付出全部。任何微小的迟疑或保留，我都觉得荒唐、有失道义。几年之后，我继承了母亲的遗产，基约的工厂面临破产，向我求援，我一句也没多问就倾囊相助。如今回想起来，我不知当时是对自己的举动无暇多想，或是我针对的并不是他这个朋友，而是对"友情"怀抱着高贵情愫。我对友谊几乎是不问所以地全心付出，皮埃尔·路易了解这一点，以此取笑我。有一天下午，他躲在圣叙尔皮斯街的一家店里，促狭地看着我在和他相约见面的喷泉旁淋着雨踱来踱去等了一个钟头。这喜爱恶作剧的家伙！而且，我之前就预感他不会来赴约。总之，我爱朋友胜过爱我自己，我这充满诗意的信念使我欢喜地接受一切，所有发生的事我都相信是上天的旨意，是上帝精心选择过的，是为了帮助我、拉拢我、使我更臻于完美。即便在最艰难的逆境中，我都本能地从中寻找能够使我开心、让我成长的东西。我把"爱命运"推展到极致，乃至于不屑去想，或许另一个事件、另一条路会对我更好。我不仅喜欢发生在我身上的一切，甚至觉得这是最好的。

　　然而，我今日回想当年，心想倘若我那时交到一个自然学家好友，会对我有多么大的助益：我一心追求友谊的时候，对自然科学的喜好又是那么强烈，我肯定会不懈探索，舍弃文学……或是交到一个音乐家好友：在我被路易介绍进以马拉美为中心的那个圈子时，每个人都自诩喜欢音乐，皮埃尔·路易也不例外；但我认为那个圈子的所有人，就连马拉美本人，都还是在音乐中寻找文学。瓦格纳是他们的神，他们解释他、评论他。路易每次都强迫我在什么时候该高声呐喊，什么时候又该轻悄感叹，使我对"富有表现力"的音乐敬谢不敏。经过了这一段，我更热切地投入了我称之为"纯"音乐的乐曲中，也就是不宣称代表着什么意义的音乐。出于对瓦格纳复调音乐的反感，我偏爱（直到现在还是）四重奏胜于管弦乐，喜爱奏鸣曲胜于交响曲。但是音乐占据我太多心思，已使我的风格变得滑腻……不，我需要的朋友，或许是一个小说家，一个能教导我关心别人，从自我中走出来的朋友。可在那个时期，我只在乎灵魂，只对诗有兴趣。当然，当我听见皮埃尔称讽刺作家盖·德·巴尔扎克[1]为"伟大的巴尔扎克"，以贬低《人间喜剧》的作者时，我感到非常气愤；然而，他规劝我应该把表现的形式视为创作的首要考量，这一点非常正确，我很感谢他这个忠告。

我相信，若非皮埃尔·路易，我很可能继

---

[1] 盖·德·巴尔扎克（Guez de Balzac），17 世纪法国巴洛克时期的作家，以书信体散文而闻名，是法兰西学院的创始成员之一，与著名法国现实主义作家奥诺雷·德·巴尔扎克无关。

续离群索居，像个野人，我并不是不想加入文学圈子，结交几个文人好友，只不过被无法克服的羞怯所拦阻，直到今日，每当我想接近那些很自然地吸引我的人时，担心干扰对方的羞怯依旧经常让我不知所措。皮埃尔则没那么瞻前顾后，他比较大胆，才华也已经成熟，把自己初期的诗作献给我们都很崇拜的前辈们看。在他的催促之下，我决定把我的书拿去给埃雷迪亚[1]。

"我跟他提过你，他等着你呢。"他不断跟我这么说。

埃雷迪亚当时还未将他写的十四行诗集结出书，我们却有幸抢先拜读，这使我们觉得这些诗更为灿烂。当我第一次敲响他在巴尔扎克街的家门时，心扑通扑通地跳。

埃雷迪亚和我那时在心目中勾画的诗人形象差之千里，这一点一开始就让我懊丧。他身

---

[1] 埃雷迪亚（Heredia），古巴出生的法国诗人，十四行诗的大师。

上完全没有沉静和神秘感，说话口吃，声如洪钟，音调毫无变化。他身材矮小，虽然稍嫌臃肿，样子还不错，但是走起路来挺着胸伸着腿，踩得鞋跟啪啪响。他蓄着一把修成方形的胡子，留着平头，看书时挂着一个单片眼镜，没挂镜片的那只眼经常露出混浊如翳的眼光，完全无神。他脑中不存什么心思，想到什么就一股脑说出来，这使得他的言谈显得放肆不拘，令人轻松。让他感兴趣的几乎只局限于外部世界与艺术，我的意思是，一进入思辨的范围，他就茫然困窘，那是因为他仅凭借一个人外在的形态去认识他。但他阅书无数，由于不知自己的缺失，也不觉得需要任何增添。与其说他是诗人，不如说他更像个艺术家，或是工匠。我刚开始觉得极其失望，继而自问，这失望是否由于我对艺术和诗的观念其实是错的，在这个领域里想达到单纯完美，其实比我之前料想的更为难得。他张开双臂热忱待人，如此热情的接待，令人难以立刻察觉他的思想并不像他的双臂那么开放。可他如此热爱文学，乃至于他心中无法理解的，也能借由文字理解，在我的记忆里，他从未说过任何愚蠢的话。

埃雷迪亚每个星期六在家宴客，从下午四点开始，他的吸烟室里就挤满了人，外交家、记者、诗人，若不是皮埃尔·路易也在的话，我一定害臊死了。这一天也是宴请女士的日子，有时常客们从吸烟室到客厅里，或是从客厅到吸烟室来，当门偶尔打开的时候，我们听到银铃般的说话声和笑声，但我总是守在吸烟室的角落，任香烟和雪茄的烟雾遮掩，就像在奥林匹斯山上的云雾中。

亨利·德·雷尼耶、费迪南·埃罗尔德、皮埃尔·基亚尔、贝尔纳·拉扎尔、安德烈·丰泰纳、皮埃尔·路易、罗贝尔·德·博尼埃、安德烈·德·盖尔纳，这些人每个星期六都来报到。前六个人我每个星期二晚上也会在马拉美家碰到。在所有人当中，路易和我是年纪最小的。

聚在马拉美家的，几乎全是诗人，有时也有些画家（我想到高更和惠斯勒[1]）。他位于罗马街的家里那间同时充当客厅和餐厅的小厅，我曾在另一本书中描绘过，我们的时代变得太过喧嚣，今日已很难去想象他家那平静、几乎宗教式的气氛。马拉美一定预先准备过他的发言，内容大多不脱《漫谈》里收录的篇章所言。可他讲述的技巧如此高超，完全不教条，每个主张都好似他刚刚才发现的。他并非是在肯定这个主张，反而像是让听者裁决，几乎是在询问，食指高举，似乎在问"我们是否可以这样说？……或许……"，而且每句话最后必定加上"不是吗？"——这种说话方式，无疑对某些人的思想起到很大的影响。

通常，他会不时用某个插曲、某个极精彩的佳句来中断他的"漫谈"，他总是太过担忧地注重优雅和精致矫饰，乃至于他的创作和现实

---

[1] 惠斯勒（Whistler），美国画家，与象征主义和印象派关联密切。

生活完全脱了节。

　　某些晚上，围坐在小桌旁的客人并不太多，马拉美夫人就会留得晚一些，刺着绣，女儿紧挨在她身旁。但浓密的烟雾很快让她们逃之夭夭，在我们围坐的小圆桌上，摆着一大罐烟草，每个人随时抓一点出来卷香烟，马拉美自己烟抽个不停，多是抽一个泥制烟斗。将近十一点钟时，热讷维耶沃·马拉美会送上掺热糖水的烈酒，因为这个简朴的家里没有仆人，有人按门铃，大师都亲自去应门。

　　围绕在这两位导师周围的人，其中几个成了我的朋友，我想描述一下他们。那个时代，我们大多懵懂地服从于这个或那个模糊的指令，没有人倾听自己的内心想法。当时的潮流是反现实主义，也连带批评"高蹈派 [1]"。我受到叔

---

[1] 高蹈派（Parnasse），19 世纪中叶兴起的法国诗歌流派，受其先驱戈蒂埃（Gautier）"为艺术而艺术"主张的影响，讲求表达的精确，重视形式的完美，推崇韵律的优雅。

本华思想的影响（我不懂怎么会有人喜欢黑格尔甚于他），认为所有非"绝对的"，所有生命中多棱多角的分歧，都被"偶然性"（这是当时的时髦用语）所牵引。我当时的那些朋友，也都这么认为，我们犯的错误，并不是想从当时的"现实主义"所代表的那些理不清的大杂烩里找出某种美感或某个广泛的事实，而是抱着既定成见，完全背对现实。我之所以能逃脱这个错误，是因为我胃口大，什么都想尝试……现在回过头说我的友伴们。

亨利·德·雷尼耶绝对是所有人中最耀眼的一个，连外表都很出众，态度带着令人喜欢的诚恳，他尽力隐藏着内心暗藏的深深优越感，但还是稍显高傲。他身材太高，瘦长的四肢有点不太灵活，但他把这笨手笨脚转化为优雅。我们第一眼就会被他高突的额头、修长的下巴，他的脸，他那不停搓捻着高卢式长胡须的漂亮双手所吸引，最后，他脸上的单片眼镜完成了这幅画面。利勒在这个圈子里带动了单片眼镜的时尚，其中好些人都戴了。在马拉美家，或在埃雷迪亚家，雷尼耶为了表示尊敬，几乎不开口，只在谈话的适当时机低调地插进一句妙语，使对话的高潮更富激情，但私底下，他的言谈就变得生动有趣。每隔两个星期，我必定会收到他的便条："若您没有其他要事，明晚请到我家来。"我不确定今日是否还会觉得那些会面如此有意思，可在当时，我最喜欢那些夜晚。我不记得我们两个人说了很多话，那时我也还不抽烟，但是他说话声音轻松懒散、带着迷人的不羁，他的声音不若马拉美的声音具音乐性，比较响亮，不响亮时就会变得尖锐。他有某种天分，能用最稀奇古怪、最令人困惑的方式呈现自己的意见——我不敢用"思想"这两个字，因为我们当时大张旗鼓批判这两个字毫无意义。而且他对事对人都抱着促狭的兴致……时间很快就过去，午夜钟响，我遗憾地离去。

请大家了解，这些人物印象，有时分散在长达十年的时间当中，我把它们聚集成一堆，所以，那是过了一段时间之后……我记得有天晚上，雷尼耶显得忧心忡忡，他拿下单片眼镜，眼神迷惘。

"您怎么了，我的朋友？"我问。

"啊！"他摇晃整个上半身，以既严肃又好笑的声音回答，"我就要踏进三十岁了。"

刹那间我觉得他好老。那是多久前的事啊！

在那时期，他最亲近的好友是弗朗西斯·维埃雷-格里芬[1]。两个人的名字经常被连在一起，诗作也被搞混。然而，这两个人其实截然不同，他们的友谊如同我和皮埃尔·路易的，建立在误解上。格里芬是再坦率、正直、冲动不过的人，当然，我并不是说雷尼耶正好相反，狡诈、阴险、城府很深，绝非如此！只不过广博的文化熏陶压抑了他那些最温柔、自然且高尚的情感，磨光、软化了它们，到最后，什么都不再让他感到惊

---

[1] 弗朗西斯·维埃雷-格里芬（Francis Vielé-Griffin），法国象征主义诗人，出生于美国。

奇，任何情感都是早已体味过、早就经历过的。许多人努力想达到这个他们认为高超的境界（我就认识一些），但我经常想，他们太容易、太快达到了这个境界，也牺牲了太多。换句话说，这个境界，或许只对那些奋力想达到却达不到的人，才是理想的吧。格里芬完全没有这么做的意图，他总是以俏皮话幽默地表达自己，尽管他如此真诚地爱着我们的国家和优美的法文，一举一动却不知为何带着一抹粗糙不驯，满是"新世界[1]"的气息。他说话发音浑浊，很像勃艮第的口音（他那引人喜欢的同胞斯图尔特·梅里尔[2]也有几乎相同的口音），这声音使他讲的所有话都带着一股异域风情；如果他能少用一点"似非而是"的诡辩，那么他的表达方式可说极为真诚动人。他个性特别好斗，一腔热血

---

[1] 新世界指的是美国，因为格里芬在美国出生。

[2] 斯图尔特·梅里尔（Stuart Merill），当时活跃于法国文坛的美国诗人。

想要伸张正义，其实内心多少有些清教徒的影子，无法适应文人圈子里极端的、经常是装出来的放荡。他大力抨击亚历山大体诗[1]、抨击孟戴斯[2]、抨击风俗道德、抨击当下时代，说话经常以这句作结，伴随着开心大笑（因为他也觉得自己这么义愤填膺很好笑）：

"哎呀呀，纪德！这样下去怎么得了？"

他有一张宽阔的圆脸，额头高得好像一直长到后颈似的，他试图把太阳穴一边的头发拨到另一边，遮盖早秃的额角，因为他尽管举止不拘小节，还是很注重仪表。他脸色非常红润，眼睛是勿忘我的天蓝色，在挤得鼓鼓的紧身礼服外套之下，他显得体格强壮，长裤永远太紧，手臂太短，一下就接上了宽度胜于长度的手。

---

[1] 亚历山大体诗（Alexandrine）起源于中古世纪，至19世纪又流行，诗体工整，规定每行含十二音节，古典派分四顿，浪漫派分三顿，自由诗则分为三顿至六顿不等。

[2] 卡蒂勒·孟戴斯（Catulle Mendès），法国高蹈派诗人，私生活奔放，著有多部情色作品。

据说有天晚上，晚宴过后，他打赌说自己可以双脚并拢跳过桌子，他真的做到了，而且没打碎任何东西。这只是传说，真相是只要在聚会时别人稍一鼓动，他就当场表演如何不必助跑就跳过一张椅子——对一个诗人来说，做到这种地步已经够令人惊讶了。

他是第一个写信跟我讨论《安德烈·瓦尔特笔记》的人，我不会忘记这一点，为此，我也曾试图向他表示我的谢意。我很希望能和他好好聊聊，可他言谈中大量的诡辩让我非常反感，我无法和他用相同的论述方法，很快就只剩他一人滔滔不绝。他属于那种为了能好好发表自己的言论，必须蒙耳不听别人所言的人，我曾经为了谈一件事去找他，从头到尾直到离去时没能说上三个字。

他的另一个小缺点使我们的关系发生了一点冲突：他疑心病重，又常不分青红皂白。他很怕人家对他不尊敬，我和他在一起必须时时小心，不让他疑心我冒犯。他这种担心通常会导致非常大的愚蠢误会，然后又尴尬羞惭，直到天性里的热情让他忘怀。他的热情是最大的优点，可以发自真心地哈哈大笑，扫除一切不愉快，此时人们眼中只剩他那清澈坦率的眼神。

我继莱昂·布卢姆[1]在《白色评论》担任文学评论，负责散文，古斯塔夫·卡恩[2]则负责诗集。我在这里补充一句，在某些圈子里，古斯塔夫·卡恩被视为"自由诗的发明者"，这个问题在当时引起激烈争议，惹怒了许多人，格里芬也包含其中，他认为自由诗不需要卡恩发明就会出现，就算需要发明，那个人也不是他……格里芬的《威兰德天马行空的传奇》出版了，如同其他出版的书一样，他寄了一本给我。我遗憾这本书不在我评论的范围之内，回信谢谢他，并毫无恶意地在信中夹了这个不合时宜的亚历山大诗体的句子：

---

[1]　莱昂·布卢姆（Léon Blum），法国政治家、作家，后任总理。
[2]　古斯塔夫·卡恩（Gustave Kahn），象征主义诗人、文学艺术评论家。

　　我多么希望能驰骋在卡恩的领域！[1]

　　他想必气得火冒三丈，三天之后，我收到这封令我瞠目结舌的信：

　　亲爱的安德烈·纪德：

　　您的来信我已研了四十八个小时。
　　我决定要求您回信告知，这奇怪的句子是什么意思、有何深意：
　　'我多么希望能驰骋在卡恩的领域！'
　　我很荣幸能静待您的解释。

您忠实的朋友
一九〇〇年二月二十日

---

[1] 这句话其实意指纪德遗憾自己负责的部分是散文，无法替格里芬出版的那部诗集在杂志上做介绍评论，却被格里芬误会，以为纪德崇拜自己抨击的卡恩。

我们双方都无恶意，对彼此的信赖足够坚固，误会很快冰释了。

出入马拉美家、埃雷迪亚家、博尼埃家、茱迪特·戈蒂埃[1]家、利勒家最勤的一个，无疑是埃罗尔德。无论去哪里都会遇到费迪南·埃罗尔德；他和你分手时，必定要约好下次见面的时间，我很惊讶他还有时间阅读或写作。可事实上，他写得很多，什么书也都看了。他对我们当时醉心投入的话题，都有说不完的知识见闻，从所谓的"俚语"十四行诗，到萨克斯风在乐团里的作用，在走上好几公里路的时间里他一直说个不停，从马拉美家出来、聚会结束、看完表演，不论是几点钟，他一定会送你回家。我母亲因为这一点很喜欢他，她总担心我过了午夜单独走在街上不安全，于是信赖埃罗尔德会把我送到家门口。他蓄着一把大胡子，想借

---

[1] 茱迪特·戈蒂埃（Judith Gautier），法国文人，著名文学家泰奥菲勒·戈蒂埃的女儿、孟戴斯的妻子。

此让他那孩子气的温和脸庞显出男子气概。他是最佳伙伴、最忠诚的朋友，只要你需要，他一定出现在身边，甚至不需要时他也守在身边，似乎只有他人在场时他才存在。费迪南·埃罗尔德在发表了一篇关于敬畏（或不如说，反对敬畏）的文章之后，额头向上扬了几公分，胡子也往前翘了几公分，文中他持与所罗门王相反的意见[1]，认为唯有在对神的敬惧停止时，智慧才会生发。而每一种敬畏，无论是对父母、风俗习惯、权威，还是对其他事物，都是盲目行为，唯有突破它们，人才能希冀在清明中寻求进步。基亚尔、拉扎尔、埃罗尔德和其他几个人所彰显的反军国主义，甚至扩展到反对制服，他们认为，例如仆役所穿的制服，会损伤个人尊严。我不敢说他们是国际主义者，否则

---

[1] 据《圣经》记载，所罗门王是以色列的第三位国王，因向上帝祈求智慧而拥有超越常人的智慧。

很可能会冒犯到他们，因为今日回想起来，或许他们并不是这么主张的。但就我而言，当时我完全赞同他们的意见，甚至认为一个有点知识和受过教育的人不可能不这么想。在那种情况下，大家能明白我何以将服兵役视作一个无法忍受的灾难，除了潜逃之外，想尽方法都得逃避[1]。

关于罗贝尔·德·博尼埃伯爵呢？他那年轻的妻子据说非常美丽，这多多少少起了点作用，使他处处受到热情接待。博尼埃被认为是很有才智的人，这声誉让他极为自信。无论对什么都有无可撼动的见解，完全不听别人所说的。天啊！他那专横的语气真叫我受不了，我听到他断言："每个作者的作品都应该能以一个公式来概括，愈是容易概括的，作品愈有机会留存，若是无法概括，就会很快过时。"

---

[1] 纪德反对军国主义、帝国主义，赞同国际主义。1892 年曾受征召服了一星期兵役，因结核病得以免除。

　　有一天，在他的殷勤邀约下，我终于决定去他家，他问我是否已找到自己的公式，我该怎么办呢？他按照习惯抓住我外套的一颗纽扣，脸几乎碰到我的脸。我吓坏了，先是往后退，装作不懂的样子，但他不放过我：

　　"那么，"他继续说，"如果您预先以一句话、一个词来总结您将来的作品，会是哪个词、哪一句呢？这个词，您自己可知道吗？"

　　"当然！"我不耐烦地大叫。

　　"那么！是哪个词？说吧！说出来。一切尽在这个词里。"

　　而最荒谬的，是我的确知道自己的公式，只不过因为拘谨，它就像是一生的秘密，我不想告诉这装年轻的老头子。到最后，我气得发抖，终于忍不住，用平直的声音清楚地回答。

　　"我们每个人该做的，就是呈现。"

　　他目瞪口呆地看着我，终于松开我的纽扣。

　　"那么，去做吧！我的孩子（他年纪比我大很多），"他大叫，"呈现吧。"

若不稍微解释一下我的"公式"，看起来就太蠢了。那个时候，它不仅专断地统御着我的思想，也成了我思想的新指标。我到那时为止抱持的道德观，逐渐被我还不确定是什么但更绚丽多样的人生视野所取代。我开始领悟到，或许每个人的义务不尽相同，或许连上帝自己都讨厌这种违背自然的"一致性"，然而，现在的基督教理却将驯服自然视作理想。现在的我不再认可固定不变的道德观，甚至有时与之相抵触。我相信每个人，或至少每个相信上帝的人，都在世上有他要扮演的角色，每个人的角色各不相同，在我眼中，任何以某个共通的规范约束所有人的企图，都是对教义的背离。是的，这就是背离教义，我将它比作"不可宽恕"的心灵罪恶，这罪恶剥夺了每个特殊的个体确切的、不可替代的意义，使他失去难以复得的"生命况味"。我在那时的日记簿上写下不知何处看到的这个拉丁文句子——

人类全体的良好运作，来自智力的完善运用。

　　事实上，我那时醉心于生命的多彩，并从我自身的变化开始……但是这一章我只准备谈友伴们，回到正题吧。

　　贝尔纳·拉扎尔——本名拉扎尔·贝尔纳——是从尼姆来的犹太人，他其实并不矮，但是身材五短，让人怎么看都不顺眼。他的脸似乎只有腮帮子，上身只有肚子，腿只有大腿。透过单片眼镜，他对人和事都投出一种刻薄挖苦的眼光。最寻常普通的感情都令他受不了，也就是说他一天到晚不断因为同时代人的粗野和卑劣而愤慨，但他似乎需要这只有他才看出来的粗野，并对其进行强烈的指责，因为一旦他的愤慨减弱，就只剩下一个虚幻的空壳，而他写的书就叫作《传说之镜》。

　　贝尔纳·拉扎尔令我害怕，我隐约感到，在他身上可能会发生令人棘手的事，而且是与艺术无关的。无疑地，不只我因为这种感觉而与他保持一定的距离，至少雷尼耶、路易也和我一样。只有基亚尔和埃罗尔德除外，结果也被卷入了类似的事件中。

"你注意到雷尼耶的碰触了吗？"有一天路易跟我说，"他差点把拉扎尔当同出同进的朋友，但就在他正要拍他膝盖的时候，他克制住了。你看到他的手停在半空中了吗？"

在"德雷福斯事件"发生后，拉扎尔拔剑开战、摩拳擦掌准备扮演大家都知道的重要角色 [1]，我们顿时明白他找到了自己的方向——直到目前为止他暂栖文学里都只是伺机而动，就像许多人栖身在文学里，伺机了一生。

我还没提到过阿尔贝·莫克尔，他主持着一本深具影响力的比利时－法国杂志：《瓦隆尼亚》。如同所有流派（我们当然也形成了一个流派），成员的鉴赏力是在磨合中淬炼和提升的，

---

[1] 在"德雷福斯事件"中，同为犹太裔的拉扎尔四处奔走大声疾呼，控诉政府，成为激进的无政府主义者。

很少会发生某一个人评判错误的事。就算出了错误，也大多是全体成员的责任。然而，在这种集体品味之外，莫克尔还有一种更精致的艺术品味。他的艺术感纤细入微，和他那细密的思维比起来，其他人的想法都显得含糊粗糙[1]。他的谈话是如此罕见的隽永，充满精巧隐喻，我们得踮起脚尖才够得上。他的谈话极端诚恳、细腻，往往是令人叹服的简洁说明，听上一刻钟就会五体投地。与此同时，他还在创作《稍显天真的歌谣》一书。

除了这些人之外，我还经常和一个可怜的年轻人见面，我们一星期见好几次，在埃雷迪亚家、马拉美家，或是其他场合。我不敢称他为朋友，却对他怀着一股特殊的情感。他是安德烈·瓦肯纳，著名杰作《拉封丹生平》的作者瓦肯纳的孙子，他体弱多病，十分聪明，不

---

[1] 马拉美曾谈起一位如此超凡脱俗的女士："当我跟她说日安时，总觉得自己口出秽言，说的是：狗屎。"——作者注

会不知道他被剥夺的那些东西的价值。他天生只得来一副尖锐的嗓音，刚好用以抱怨自己的不幸。他从国立文献管理学院毕业后，在马札林图书馆当助理员。他是我德马雷姨妈的近亲，她在一次晚餐上介绍我们认识。我那时还没完成《安德烈·瓦尔特笔记》，也就是说还没满二十岁，安德烈·瓦肯纳比我大几个月。我立刻被他的殷勤热心、对我的重视弄得满心欢喜，为着投桃报李，我将他的形象设想为我心中隐约计划要写的一本书的主人翁的模样，书名定为《情感教育》。我知道福楼拜已经写过，但我要写的内容更适合这个书名。瓦肯纳自然兴奋不已，沉醉于我这本描绘他形象的书。我问他是否愿意当我的模特，就像作画一样。我们约好日子。就这样，整整三年，只要我在巴黎，安德烈·瓦肯纳每个星期三下午两点就来我这儿，或是我去他家，有时谈话延长到晚餐时分。我们不知疲倦、滔滔不绝地聊着，普鲁斯特巨细靡遗的绵长书写让我想到当时我们的聊天方式。我们天南地北，无所不谈，钻着最细微的牛角尖。浪费时间吗？我不认为，某些细腻的思想和文字只有经过吹毛求疵的讨论才能求得。我已说过，可怜的瓦肯纳健康很差，脆弱的身体不是气喘就是长满周期性的皮肤癣，看着他疲倦的表情，听着他的喘息呻吟，真令人同情。他也一直咕哝着想写作，但身体这样什么都没办法做，心灵痛苦纠结。我听着他叙说他的微小梦想、他的失望挫折，虽不能带给他什么安慰，但倾听就是表示关心，或许让他的痛苦有了存在的理由。

他介绍我认识一个比他更孱弱的人，我在此不说他的名字，姑且称他为 X。X 整个人的厚度，仅仅足以支撑他穿着剪裁完美的礼服在各个沙龙间飘来荡去。和他一同出门做客时，都会惊讶于他本人没和大衣一起挂到衣帽架上。他在沙龙里就像个鬼魂，从蜜糖色柔软光滑的长胡须后面，发出尖细如幽灵的声音，细述着无人能及的陈词滥调。他的一天从下午茶时分开始，到处跑沙龙，扮演着散播消息的人、传话者、中间人、倾听者的角色。他不断把我引进瓦肯纳也常出入的沙龙里，幸好我没有什么可资在人群里耀眼的地方，在误被引进的那些沙龙里，我像只夜禽一样蛰伏不动。没错，就算我剪裁合身的礼服，我的长发、高领子、腼腆的样子会引起某些注意，我一开口就会令人失望，因为我的脑筋如此愚钝，未经雕琢，每次该开玩笑助兴时我就紧闭着嘴。伯莱夫人、贝涅尔夫人（这位夫人一点也不笨）、J子爵夫人（"噢！X先生，"她叫道，"给我们背诵一下苏利·普吕多姆的《碎掉的花瓶》[1]吧。"她不仅搞错诗名，人名也常搞错，大谈她十分欣赏英国画家约翰·伯恩斯，我想她要说的是伯恩－琼斯[2]）——这些人的沙龙我只去过几次，

---

[1] 这首诗的名字是《带裂痕的花瓶》（*Le Vase brisé*），而非《碎掉的花瓶》（*Le Vase cassé*）。

[2] 伯恩－琼斯（Burne-Jones），英国拉斐尔前派画家。

便吓得不敢再去了。

奥罗索夫公主家的沙龙比较有趣，至少是宾主尽欢。在那里，话题百无禁忌，愈疯狂的话语愈受欢迎。公主是个丰满的美人，东方风情的装扮，和蔼可亲又滔滔不绝，她自己也好像对什么都抱着好玩的态度，立刻让每个人都觉得自在。沙龙中的谈话疯疯癫癫，有时几近疯狂，让人怀疑女主人是否真的没意识到严重性，但是她永远保持着高昂的兴致，使整体的气氛颇为愉快，没有人想对此揶揄嘲讽。一场豪华盛宴中，我们突然听到她的女低音响起，朗声对穿着制服、端上最精致餐点的仆役说：

"您的肿瘤好点了吗，卡西米尔？"

有一天，我和她独处的时候，不知哪根筋搭错了，突然打开她的钢琴盖，弹奏了一首舒曼的小故事曲。那时我根本无法跟上正常拍子的速度。令我深感惊讶的是，她正确地批评了我的拍子，轻声地指出几个错误，这表明她熟知这首曲子，之后她说：

"若您觉得我这钢琴还不错，就来我这里练习。我会很高兴，您也不会打扰到任何人。"

那时公主才刚认识我，这个提议我辞谢了，然而这不但没使我感觉更自在，反而令我尴尬。我提这件事，只是举例表明她那种令人喜爱的直率态度。然而众人耳语说她曾被关进精神病院，我和她待在一起总免不了担心她的疯疯癫癫会转为真正的疯狂。

有天晚上，我带王尔德到她家去，亨利·德·雷尼耶曾在某篇文章中描述过这次晚餐，席间公主突然大叫一声，说她看到一圈光晕环绕着王尔德的脸庞。

在她家另一次晚餐，我认识了雅克-埃米尔·布朗什 [1] ——他是我在本章提到的所有人中唯一还和我有来往的。但是关于他还有那么多

---

[1] 雅克-埃米尔·布朗什（Jacques-Émile Blanche），法国肖像画家，曾为多位文艺界名人创作肖像，也是普鲁斯特、亨利·詹姆斯的好友。——编者注

要说的……另外，梅特林克 [1]、马塞尔·施沃布 [2] 和巴雷斯 [3]，也必须以后再描绘了。脱离童年之后，我彷徨、游移的想法和热情的探索迷失在这阴暗丛林，无疑地，我使这气氛更为阴暗了。

我把这本回忆录拿给罗杰·马丁·杜加尔 [4] 看，他指责我说的永远都不够，吊读者胃口。然而，我向来的意图是将一切都说出来，可坦白到了某种程度，若非做作或刻意，是无法越过这个极限的，而我想做到的是自然流露。我的个性也令我尽量简化所有过度和夸张，用纯

---

[1] 莫里斯·梅特林克（Maurice Maeterlinck），比利时法语诗人、剧作家，1911 年诺贝尔文学奖得主。

[2] 马塞尔·施沃布（Marcel Schwob），法国象征主义作家、诗人、翻译家。

[3] 莫里斯·巴雷斯（Maurice Barrès），法国作家、政治人物。他曾是纪德的创作典范，后来立场倾向于民族主义与排外思想，纪德便与他划清界限。

[4] 罗杰·马丁·杜加尔（Roger Martin du Gard），法国作家，1937 年诺贝尔文学奖得主。

粹的线条去描绘；所有的描述必定经过选择，但最困扰的是必须将同时发生的混沌以前后相继的方式呈现。我是个需要对话的人，内心中一切都在不断冲突、对抗。无论多么想忠于事实，回忆录永远都只能呈现一半的真实，因为一切都永远比说出口的更为复杂。或许只有在小说中，才能更贴近真实。

第二部
Deuxième Partie

当她的心脏停止跳动时，
我感觉自己沉陷于一个充满爱的，悲伤的，
却也自由的深渊。

安德烈·纪德，1891 年
Albert Démarest, *André Gide*, 1891

I

现在我必须阐述的是一些事实、心灵的骚动、我的想法，我希望它们以在我脑中出现时的第一印象被记录下来，而不受太多我后来判断的影响。更何况，这判断又依我内心的清明状态而定，依对生命时而放纵、时而严厉的眼光和标准而变化。更甚者，我最近才发觉一个重要角色——魔鬼，很可能在我生命里占有一席之地，但我先不把它放进我陈述的那段生命之中，因为这是我许久之后才意识到的。我要叙述的是我的生命经历了哪些弯曲迂回，追求了哪些盲目的幸福。在我二十岁那年，我开始坚信一切发生在我身上的，都是幸福的事，我坚守这个信念直到前几个月 [1]，突然动摇我这个信念的，是我视为生命中最重要的事件之一。甚至在动摇之后，我的喜悦也还是如此坚定。我

[1]　本段写于 1919 年春季。——作者注

内心认为，就算是乍看最不幸的事件，仔细想想，也能让人得到教训；最糟的境遇中也含着助益，不幸中也含着良善，若我们不那么经常体认到幸福，是因为它并非总以我们预期的面目出现。但这是后话，倘若现在就预先描述我已达到的快乐境，将会毁了我的叙述。那时，我几乎无法想象那快乐是可能的，甚至不敢想象那是被允许的。后来我对生活多了一点认识，这一切也变得比较清晰；那些小小困难对我造成的巨大波澜，我能够微笑以对，从前模糊看不出轮廓而使我担忧的，我已能指出它们的名称。那时我还在摸索，发现苦恼，也发现解决方法，我不知这两者哪一个更令我恐惧。我接受清教徒教育，将某些事看得极为重要，我压根都没想过这些困扰我的问题并非全人类所关心的、并非人人感受的。我如同普罗米修斯，无法想象人没有老鹰、未受老鹰啄食还能活下去。不知不觉中，我渐渐喜欢上这只老鹰，但也开始向它妥协。是的，我的问题还是一样存在，但年纪愈长，已不觉得它有那么恐怖，也不会以那么尖锐的角度看它。是什么问题呢？我很难用几个字界定它。但是首先，确知"有问题"不就是很重要的一点了吗？——我用最简单的字句来解释吧：

是以哪个上帝之名、以何种理想典范，能禁止我依照我的天性来活？我若按照这天性来活，又会怎么样呢？——直到今日我一直在接受基督的道德，或至少，清教教义所教导我的基督道德戒律。我强迫自己遵守这个道德，得到的却是对生命的深沉恐惧和慌乱。我无法忍受无纪律的生活，肉体欲望也必定不能逾越心灵可接受的范围。即使这些欲望比较正常，我仍旧怀疑我的困扰是否会因此减轻，因为重要的不是欲望本身，而是长久以来我都认为必须拒绝所有肉体欲望。但我开始怀疑，神是否真的要求这样的戒律束缚呢？不断反抗欲望是否才构成不敬？是否这样才是背叛了神真正的本意呢？在让我分裂的两方撕扯中，我是否该理智地认为错的其实不是我呢？我终于在这撕扯之中窥见一丝或许能和谐圆满的曙光，我立刻觉得这和谐圆满就是我人生最高的目标，为了得到它而做的努力就是我人生的意义。一八九三年十月，我启程前往阿尔及利亚，驱使我的，并不是想朝向一片新的土地，而是朝向"这个"，朝向这个"金羊毛"[1]。我早已决定出发远游，但犹豫了很久是否该应表叔乔治·普歇邀约，和他一起搭科学探勘邮轮去冰岛。还在犹豫之时，保罗·洛朗斯不知获得一份什么奖学金，一定要出国一年，他邀我同行，我立刻就答应。因此我和好友一起搭上"阿尔戈"号，我想希腊王子上船时也没我那么慎重和欣喜。

我想我曾经说过，保罗·洛朗斯和我一样大，身材相当，长相、举止、喜好也都相似。他自

[1] 金羊毛是古希腊神话中描述的稀世珍宝，许多英雄和君王都想得到。后来引申为财富冒险的象征，寻找金羊毛则表示对理想和幸福的追求。在古希腊神话中，王子伊阿宋乘坐"阿尔戈"号，在众神的帮助下找到了金羊毛。

从和美术学院的同学交往之后，说话带着笑闹自若的神态，掩饰起天生的矜持内敛。他也学会经常口出妙言，让我又羡慕又开心，和他一比，我的死脑筋真让人泄气。

我和保罗见面的机会或许比和皮埃尔·路易的少，但我对前者似乎有更真切的情谊，我们的友谊也有更多增进的空间。皮埃尔的性格里有一些说不出的攻击性、不羁和叛逆，这些让我们之间的关系起起伏伏。保罗却相反，个性平和，与我也契合。每星期两个晚上去他家学击剑成了我的借口，学完我就留下来和他一起读书、谈话。保罗和我都觉得我们的友情迅速升温，我们都处于生命的同一阶段，虽然还是有一个不同点——他的心是自由的，我的心却被爱情占据。然而，我下定决心，不让这一点成为我的阻碍。表姐对我的求婚的拒绝，并没有让我气馁，只是必须把我的希望延后；如同我说过的，我的爱情属于神秘的精神层次，倘若是什么魔鬼让我以为任何肉体、感官的愉悦都是一种亵渎，我那时也还未能认清这一点，且一直以来都认为感官愉悦和爱情是分开的，甚至觉得这样很好，这样可令感官愉悦更纯粹，爱情则更完美。是的，保罗和我出发的时候，是下定决心的……如果人们问我，保罗接受正常道德教育，接受天主教而非清教徒教育，涉足艺术家圈子，不断受到学艺的学徒和模特的起哄教唆，都过了二十三岁了，怎么可能还保持童贞呢？我会回答，我这里叙述的是我的故事，而非他的，何况这种情形其实比人们想象的更为常见，因为大多数人都不想让别人知道这一点。害羞、矜持、厌恶、骄傲、误解，或是某次笨拙经历留下的神经质恐惧（我想这是保罗的情况），这些都有可能使人却步。因此，我们都厌倦了那些随之而来的疑虑、困惑、浪漫、忧愁，我们都急于摆脱它们。我们那时最反感的，就是特异、病态和不正常，我记得我们出发前的多次谈话，都是关于对平衡、圆满和健康这个理想的向往。我想那是我对今日大家所称的

"古典主义"的最初憧憬，这和我原先的基督教憧憬完全相反，言语难以形容，但我立刻明了这两者的冲突，以至于决定此行不带《圣经》。这看起来或许没什么，其实具有极大的重要性：直到那时为止，我没有一天不在这本圣书中汲取道德食粮和忠告，然而正因我觉得这食粮已经变得不可或缺，才必须割舍断绝。和基督诀别，令我感觉自己像被撕裂，乃至于我现在仍怀疑自己是否真正离开过它。

我们到了土伦，在洛朗斯的朋友拉蒂伊家盘桓了几天，我感冒了，在还没离开法国之前就已经不舒服，但是我并没有表现出来。我的身体一向不好，征兵体格检查接连两年都不合格，第三年体检表上赫然写着"结核病"，我不知是该高兴得以免除兵役，或是该被这个诊断吓到。何况我知道我父亲就是……总之，在土伦患上这场来者不善的感冒，立刻让我忧心忡忡，我甚至犹豫要不要让保罗自己先出发，我稍后再去和他会合。但后来我决定把自己交给命运，这通常也是最聪明的做法。再说，我想阿尔及利亚温暖的气候会让我身体好转，没有其他地方的气候比得过那里。

那时土伦正好在迎接俄国海军舰队，港口张灯结彩，到了晚上，整个城市灯火通明，连小街暗巷都充满欢腾欣喜。我们幻想着，从第一站开始，旅途中将一站接一站，整个国家和人民都因为我们的到来而喜悦，大自然也因我们的到来而欢欣。我已不记得是什么原因，有一天我让保罗独自去参加舰队一艘装甲舰上举行的晚会，可能我太疲倦，也可能是我比较想钻入小巷子里，看肉欲横流、酒醉熏天的场景。

次日，我们在拉蒂伊家位于海边的大别墅"锡米亚讷庄园"度过，保罗说，他记得我在那里跟他讲述了之后成为《田园交响曲》那本书的题材。我还和他提起了另一个野心更大的计划，我应该赶在被犹豫吞没之前快点完成那本书才对。一个题材会引发的困难最好是一边进行一边陆续出现，若是一开始就一眼看清，会令人失去进行下去的信心。我那时计划写一个虚构的故事，描写一个国家和它的人民，有战争、革命、政权替换、可为典范的事件。虽然每个国家的历史都有差别，但我自认可以勾画出一些它们共通的轮廓，创造出一些英雄人物、君主、政治家、艺术家。我还会想象出一种艺术，一种虚构的文学，描述它们、批评各个流派、描摹各种风格的演变、引述某些杰作中的片段……这一切为了证明什么呢？为了证明人类的历史其实可以不一样，我们的习惯、道德、风俗、品味、准则、对美的标准都可以不一样——但我们依旧是人类。我若是着手书写的话，或许会迷失在这个庞大计划里，但一定会很有趣。

从马赛到突尼斯的航程还算平静，舱房里密不透风，令人窒息，第一夜我睡得浑身大汗，床单都黏在身上，第二夜我在甲板上度过。远处非洲的方向，因炎热迸发出的巨大闪电"噼啪"划过天际。非洲！我重复这个神秘的字眼，想象力使它充满恐怖、期待和诱人的惊骇，炎热的夜里，我的眼神热切地投向那令人喘不过气的、笼罩在闪电之下的土地。

噢！我知道到突尼斯旅行并不是什么罕见的事，并不是，但罕见的是"我们前去"的那一次。当然，今日再看见珊瑚礁小岛上的椰子树已不会令我如当时那么惊艳，唉，明日更不会！正如同第一次在船上远远看见骆驼一样，环绕着进港水道的低矮沙洲上，骆驼的侧影出现在天际。我当然知道在突尼斯会看到骆驼，但从来没想过它们长得这么奇特。还有船缓缓沿着码头向前行驶时，那从水中飞跃而起的金色鱼群，以及那些如同从《一千零一夜》里涌出的人群，蜂拥而上抢着帮我们提行李。我们正处于生命中的那个时刻：对所有事物都新奇，对一切新奇都沉醉，我们同时品尝着我们自身的饥渴与它的满足。一切都超乎期待，我们多么天真地掉入掮客小贩的陷阱之中！但买来的那些阿拉伯白罩袍、毛呢料子做成的斗篷又是多么美丽！商家们请我们喝的咖啡是多么美味，这样招待我们又是多么慷慨！从第一天起，我们一出现在市集，就有个十四岁的小向导跟着我们，带我们到各个小店（如果有人说他从中抽取佣金，我们一定会很生气），他会说一点法语，人也很可爱，我们和他约好次日到旅馆来。他名叫塞西，是从杰尔巴岛来的，那个吃忘忧果的人们住的岛 [1]。第二天他没在约定的时间出现时，我记得我们很担心，也记得几天之后他带着我们购买的物品来到我们房间（那时我们已离开旅馆，在杰济拉街租了一套有三个房间的小公寓），为了教我们如何穿罩袍而脱成半裸时，我内心的悸动与困惑。

我们在勒克莱尔将军家见到了朱利安上尉，他把军用马匹借给我们，并陪着我们骑到城墙之外的郊区。到那时为止，我只在骑马场骑过马，学员们枯燥地排成一列，在教练严格的眼神和

---

[1] 荷马史诗《奥德赛》中想象的族群，因食用忘忧果而忘却家乡。

纠正姿势的批评下一个个骑过去，在封闭的场地上一圈圈垂头丧气地转一个小时。我骑的那匹栗色阿拉伯小马，依我的脾性来说，或许有点太活泼了，可当我松开缰绳，横下心让它恣意奔驰时，真是快意无比。很快，我发现自己独自一人，失去了同伴与方向，并一点也不担心入夜之前寻不到人也找不着路。夕阳金紫色的余晖照耀着一整片由突尼斯绵延到宰格万山的大平原，远处矗立着几座古代水道桥巨大的遗迹，我想象着正是这水道桥将住着仙女的清澈山泽运往迦太基。一潭咸水池塘看起来像一汪血湖，我沿着它荒芜的岸边前行，惊起几只红鹳。

我们原计划在冬季来临时再离开突尼斯，南下到比斯克拉。朱利安上尉断然建议我们修改计划，在天气转坏的季节之前就要启程。他审查我们规划的路线，向我们建议停留的驿站，并嘱咐我们行程中该注意的事项。若我没记错，他还派了一支军卫队保护我们穿越杰里德盐沼。

我们像孩子一样莽撞地奔入沙漠，依靠自己的好运气，相信一切都不会有问题。我们以一天二十五法郎的价格，雇了一名向导和一名马车夫，四匹马拉着一辆巨大的豪华双篷四轮马车，预计花四天时间抵达苏塞，到达苏塞之后我们再考虑是否放弃这辆马车，改乘驿马车从斯法克斯到加贝斯。向导和马车夫都是马耳他人，年轻、肌肉厚实，带点江洋大盗的味道，我们觉得很迷人。我到现在还在惊叹，花这么一点微薄代价，却有这样的排场，当然，四天回程的钱我们也会照付。停留的驿站都已找好，我们的行李和旅途的食粮都绑在马车后面，保罗和我缩在一堆斗篷和毛毯下，看起来像两位俄罗斯贵族。

"而且大家会很惊讶这两位给的小费这么微薄。"保罗很会一针见血地以一句话描述情况。

我们预计在宰格万过夜，一整天就看着宰格万山在眼前缓缓移近，呈现出愈来愈鲜明的淡红色。我们渐渐喜欢上这单调的壮丽景色、绚丽多彩的空旷与寂静。但这风啊！风一止就闷热无比，风一刮又冷得刺骨，它像大河淌水一样不间断地呼啸，穿过毛毯、衣服和肉身，我的骨头都冻僵了。在土伦患上的感冒还没完全好，疲倦（我硬撑着不肯向疲倦低头）更加重我的不适。我不愿和保罗分开，所以跟着他到处跑，我体力不济时他就贴心地停下，我想若没有我拖累，他可以跑更多地方、做更多事。我随时要小心，担忧自己是否穿得太多或太少。在这种情况下，贸然进入沙漠简直是疯了，但我不想放弃，我被南方风情所吸引，被那抚慰人心的海市蜃楼所蛊惑。

宰格万拥有诸多优点，怡人的果树、涓涓河水，又位于山坳处不受风，若是在那里住下，病一定很快痊愈。然而，如何能不向往更远处的风景呢……我们到了旅店时，已经又饿又累，一吃完晚餐就准备回房间，脑中只想着睡觉。这时一个北非骑兵（我对军服一无所知，也可能把骑兵和步兵弄混了）[1] 前来告知我们，本地指挥官接到我们到来的消息，非常乐意款待我们，一定要接待我们住在军营里才行。他又接着说，村子里已经暴发了数起霍乱，待在这里实非明智之举。这真让我们伤脑筋，因为我们已经把行李乱七八糟地摊在房间里，而且次日一大早就要出发，我们眼下又很困了。但是如何拒绝呢？我们只好重新收拾行李，把它们放在等在旅店门口的一匹骡子背上，跟着它往前走。军营在一公里之外，好几个没事干的军官等着我们到来，想拉我们去一家摩尔人的歌舞咖啡馆，那是本地唯一的消遣场所。我说我实在太累无法同去，只有保罗跟着去了。一位军官提议陪我回我们住的宿舍去，但还没等其他人走远，他就让我坐到一张桌子前，在桌上摆了一堆以阿拉伯不同地区方言写的文件，我得

---

[1]　原文中的 "Spahis" 是法国在北非殖民地以当地人组成的骑兵部队，而 "turco" 则是步兵部队。

花一个多小时才能把它们读完。

在军营度过的那一夜也并非没有收获，我在那里认识了臭虫。当那个军官觉得折磨我够了，就把已是半个死人的我带到一个大仓库里，微弱的蜡烛昏昏暗暗，角落里摆着两张行军床。蜡烛一吹熄，臭虫就开始大肆侵袭。我刚开始还不知道是臭虫，以为是谁恶作剧在床单上放满了整人的刺蔷薇。我在困倦和刺痒之间挣扎了一阵，最后刺痒获胜，困倦落败，只好醒来。我想重新点燃蜡烛，但四处找不到火柴。我记得刚才看到床头旁小凳子上有一只陶制凉水壶，月光从窗缝照射进来，我拿起水壶凑近嘴就大口喝，之后用凉水浸湿手帕，按在额头上想退烧，并用水浸湿睡衣的领口袖口。因为不可能继续睡了，我在黑暗中摸索着找到衣服穿上。

走到门口，保罗刚好走进来。

"我受不了了，"我跟他说，"我要出去。"

"别忘了我们是在军营，你不知道口令，如果走远，小心被一枪打死。"

清冷而皎洁的月光洒满军营，我在仓库门口徘徊了好一会儿，觉得自己好像死了，整个人没重量、没实体地飘浮着，像一个梦、一段回忆，倘若那边的哨兵再稍微逼近我，我就会融化在夜空之中。我一定是在不知不觉中走回仓库、和衣躺在床上的，因为起床号响起时，我已身在床上。

有人前来通知我们，车子已在旅店门口等候。经过这发烧狂乱的夜晚，再没有什么比清晨的空气更舒畅的了。宰格万小城里房屋的白墙，昨天傍晚在玫瑰色天空的辉映下，带着些许蓝色，在清晨温柔的蓝色下，则稍带绣球花的色调。我们没有去看那传说中住着仙女的喷泉洞窟就离开了宰格万，这更让我把它想象成世界上最美丽的地方之一。

第二天，我们走在几乎连痕迹都看不清的小径上，离开山区之后，立刻进入比昨天还荒芜粗粝的地区。快到中午时，我们抵达一座满是洞穴的大山岩，这里住着成群的蜜蜂，岩壁上流淌着蜂蜜，是向导说的，也不知是真是假。晚上我们抵达昂菲达模范农庄，在那里过夜。第三天抵达凯鲁万。

圣城凯鲁万毫无预兆地浮现在沙漠当中，四周一片荒凉，除了仙人掌之外没有任何植物——这模样像绿色球拍的怪异植物，长满有毒的尖刺，据说眼镜蛇最喜欢藏匿在仙人掌丛生的地方。城门旁边的护城墙下，一个魔术师正吹着笛子，引着一条这种剧毒的蛇起舞。城里所有房子都刚刷过白灰，好似在欢迎我们到来。除了南部绿洲的黏土墙之外，我最喜欢的就是这些白灰墙，以及它们的阴影和反射的神秘光线。想到戈蒂埃一点都不喜欢它们，我不禁微笑起来。

我们的介绍信令我们受到本城权贵人士招待，但这么一来我们的自由度就大打折扣了。本城的哈里发[1]招待我们和一些军官一起参加晚

---

[1] 哈里发（calife）是穆罕默德后裔的称号，伊斯兰国家的政教领袖。

宴。晚宴排场奢华，气氛愉快热烈，餐后我应大家要求坐在一架破旧的钢琴前面，绞尽脑汁想着能弹什么曲子让宾客随乐起舞……为什么说这些呢？我知道这些没什么意思，噢，只是为了拖延对之后将发生的事的叙述。

次日，我们一整天都待在凯鲁万，在一座小清真寺里，见证了一场阿依萨瓦[1]的宗教仪式，其狂热、邪丽、高贵、恐怖的程度超越了我之后所见的一切，包括在阿尔及利亚的另外六次旅行。

旅程继续，我的情况一天比一天差。风一天比一天冷冽，不停地吹。又在沙漠中跋涉了一天之后，我们抵达苏塞，我呼吸非常困难，开始感到极为不适，保罗找来一位医生。我想医生一定认为我的情况很严重，我忘了他给我开了什么诱导剂，使我肺部充血消退，并答应

---

[1]　原文是"Aïssaouas"，北非 15 世纪时创立的一个神秘教派，常举行狂热的宗教仪式。

次日再前来复诊。

不消说，我们的旅程不能继续了，但是只要不走冒险迂回的路线，去比斯克拉倒是不错，那是一个避寒的好地方。如果返回突尼斯再去比斯克拉，搭火车虽然乏味却方便，两天就可以抵达。但在此之前，我必须先休养，我的情况不允许那么快再出发。

我不记得自己听到医生的诊断有多么担心，或许那时并不太惧怕死亡，或许死亡这个概念对我来说遥远而模糊，也或许我那时昏昏沉沉，根本不会有任何强烈反应。再说，我并不是喜欢伤感的人，因此我把自己交给命运，心中并无遗憾，只是抱歉于连累到保罗，因为保罗无论如何都不肯扔下我，独自继续前行。生病后的第一个效应，或说补偿吧，就是体认到一份如此珍贵的友谊。

我们在苏塞只停留了六天，每天过得了无趣味，郁郁地等待，但在无趣中发生了一段插曲，在我心中引发了极大的震撼。说出来或许惊世骇俗，但不说出来则是欺瞒。

保罗每天有几个钟头会离开我出门作画，我情况不太糟的时候会去和他会合。其实，我生病期间，没有一次是一整天躺在床上的。出门时我一定带着大衣和披肩，一走出门，一定会有当地人主动上来要帮我拿。那天陪着我的是一个棕色皮肤的阿拉伯年轻男孩，几天前我就在旅馆附近聚集的一群闲晃的小混混里注意到他了。他和那群男孩一样，戴着穆斯林的小圆帽，光身套着粗麻外套和突尼斯式灯笼短裤，使裸露出的腿更显得纤细。和那群男孩比起来，他显得比较内向，或是比较胆怯，因此通常都被别人抢在前面。但那一天，我走出来时，不知为什么他们没看到我，我走到旅馆拐角处时，他才突然靠过来。

旅馆位于城外，这一带的城郊都是沙质土地，附近原野里长得茂密的橄榄树在这里半埋在沙堆中，歪歪倒倒令人可怜。再走远一点，会令人讶异地碰到一条小溪，细细的水流从沙地里冒出来，倒映些许天空，很快又流到海里。一群黑人妇女蹲在细弱的水流旁洗衣服，这里就是保罗今天作画的地方，我答应来此地和他会合。尽管走在流沙上很累人，我还是跟着小向导阿里一路走向沙丘，不久我们就走到一个像火山口的漏斗形洼地，在洼地边缘的高处可俯瞰四周，有人走过来远远就看得到。一到了那里，阿里把我的大衣和披肩丢在沙坡上，他自己也躺在沙上，脸朝着天，两臂大大张开，笑嘻嘻地看着我。我不至于傻到不懂他的邀请，但没有立刻回应。我在离他不远的地方坐下，却也不是太近，我直直地盯着他，我在等待，很好奇他下一步要做什么。

我等着！今天的我真惊叹当时的耐力……但或许克制我的其实只是好奇心？我不知道。我们的行为——我说的是具有决定性的行为，背后都隐藏着秘密的动机，连我们自己都不明了的动机，而且并不是后来回想才发现这种动机存在，是当下就知道。在人们称为"罪恶"

的边缘，我还犹豫不决吗？不，若这冒险最后
还是我的美德获胜，我就会太失望了，何况我
早已对美德不屑、厌恶。不，我等着是因为好
奇……我看见他的笑缓缓凋谢，双唇闭起盖住
洁白牙齿，一股沮丧悲伤的表情笼罩在俊俏的
脸上。他终于站了起来。

"那么，再见。"他说。

我握住他伸出来的手，将他拉倒在地，他
的笑重新出现。他不耐烦于解开腰间拿鞋带充
当腰带系的结，于是从口袋里拿出一把小匕首，
一刀割断揪成一团的结，裤子滑下，他把外套
脱掉，扔得远远的，像神明一样赤裸站着。他
细瘦的双臂朝天举起，笑着倒在我身上。他的
身体或许是滚烫的，但用我的手摸起来却如阴
影般清凉。沙子多么美！在傍晚令人赞叹的瑰
丽之中，我的喜悦散发着万丈光芒……

但天色已晚，我得去和保罗会合了。我的
模样无疑残留着狂欢的痕迹，我想他一定猜到
几分，但或许出于矜持礼貌，他什么也没问，

我也不敢主动向他叙述。

我已经多次描绘比斯克拉，这里就不再重复。那间露台环绕的公寓，我在《背德者》中描述过。那是绿洲旅馆为拉维热里红衣主教[1]准备的房间，他正准备下榻时，死神却将他由"白衣神父会"手中带走，于是旅馆安排我们住下。我就睡在原本为主教准备的那张床上，这是最大的一个房间，我们也当作客厅使用，旁边一间比较小的房间当作餐厅，我们不想和旅馆其他客人一起用餐。餐点由一个叫阿特曼的年轻阿拉伯男孩放在热炉中送来，他是我们找来为我们服务的，个子很高，在来我们露台玩耍的那群男孩中显得很有权威、很强壮。那些男孩无事时就来这里玩弹珠和陀螺，阿特曼比他们都高出一个头，使他自然显出保护者的模样；

---

[1] 拉维热里红衣主教 1868 年创立"白衣神父会"（Pères Blancs），在北非传播基督教并从事慈善工作，于 1892 年去世。

他还故意流露出天真甚至逗趣的模样，好像在告诉大家，如果他看起来有点可笑，也不是完全无意的。除此之外，他是我们能找到的最好、最正直的男孩，绝不会欺负任何人，和诗人一样不会赚钱，却随时准备花钱或施予。他向我们描述他的梦，我们就能明白约瑟的梦[1]。他很喜欢讲故事，记得很多故事，但讲述时既笨拙又缓慢，保罗和我都认为这是东方风情的叙述方式。他懒散又多愁善感，很会夸大自己的快乐，懂得如何用痴梦、希望或迷醉来排解眼下的忧愁。他帮助我了解到，那么有艺术细胞的阿拉伯人创造出的艺术杰作却如此少，是因为他们一点都不想把这些快乐囤积起来收藏。有关这一点其实还有很多可谈的，但我不想又岔开话题。

阿特曼睡在紧邻着餐厅的第三个房间，那

---

[1] 约瑟为《圣经》中的人物，《圣经》中记载了约瑟的梦与约瑟解梦的故事。参见《旧约·创世记》第 37 章第 6—9 节。

个小房间外面有一个小小露台，这就是公寓的尽头了，每天早上阿特曼在这露台上擦我们的皮鞋。有一天早上，保罗和我撞见他盘腿坐在这里，身上穿着最好的衣服，打扮得像要参加庆典，身旁环绕着十二个蜡烛头，尽管天光大亮，蜡烛却都点燃着，每两根蜡烛之间，放着一小束插在小碗里的花。阿特曼在这简朴的华丽中央，以富有韵律的动作用力刷着鞋，扯着喉咙唱一首听起来像是圣歌的歌曲。

当他背着画架、颜料箱、折叠椅和阳伞陪保罗穿越绿洲时，可就不像参加庆典那么开心了。他汗流浃背、气喘吁吁时，会突然停住，以最蛊惑人心的口气大喊："啊！这个景好！"他想让主人放弃东游西荡的习惯，抛下锚。这是保罗回来后，乐不可支地讲给我听的。

我的身体状况不容许我陪他们一起去，总是带着些许忧郁地看着他们出门。刚开始我只能在公寓前面的公园走走，我对自己的身体状况没信心，我这个"心的扇子"——阿特曼这样形容肺——一边工作一边抱怨，所以呼吸很困难。我们一到比斯克拉，保罗就请来 D 医生，他之后又带来了烧灼器帮我治疗，每隔一天来一次。这个疗法是在胸口和后背的局部涂上松节油，再用火炙烧，持续半个月后，肺部原本扩散的充血应该会被集中到一处，但 D 医生后来吓了一大跳，因为充血全从右肺集中到左肺了。那时他没注意到我体温的问题，但我回想当时的病症，第一个想到的就是自己每天早晚都发高烧。我从阿尔及尔运来一架还算不错的钢琴，但刚弹一点音阶就开始喘。身体不好，完全无法集中精神做任何事，我整天悲惨地无所事事，唯一的消遣和快乐就是看孩子们在我们露台上或前面的公园里玩耍，那还是得天气够好，我可以下楼走出去才行，因为那时是雨季。我并没有特别喜欢他们中的哪一个，而是喜欢他们全部的青春。能看到他们健康活泼的样子，是我的精神支柱，真希望能与他们为伍。或许他们天真无邪的动作和孩子气的话语给了我无声的忠告，让我更加喜爱生命。我觉得在宜人的气候和疾病的教训之下，我自己严厉的戒心开始融化，紧蹙的眉头开始舒展。我终于明白，我骄傲地不肯对自己之前所称的"诱惑"让步，背后隐藏的是什么，我现在不再称它为"诱惑"，因为我已不再武装自己对抗它。"固执甚于忠实"，西尼奥雷[1]如此描述我。我自豪于自己的忠实，但是固执呢，或许指的是我在这个决定上的坚持不懈吧——让保罗和我"重新正常化"的决定。连疾病也没让我放弃这个决定。我希望大家明白，接下来发生的事都来自这个决定，而我如果随着自然的倾向走，这是由我的精神决定的，而非肉体决定的。我那时好不容易勉强自己正视但还不能接受的这个自然倾向，在我的反抗下反而更加茁壮；既然反抗只会增强它，又不可能克服它，不如想办法引导

---

[1] 西尼奥雷（Signoret），法国诗人，二十八岁早逝，纪德相当赞赏他，曾帮他出版遗作文集。

它。对保罗的友谊，甚至让我想象出一些肉欲，也就是说，我认同了他的肉欲，我们甚至彼此怂恿。像比斯克拉这样的避寒胜地，特别提供了这方面的便利。这里住了一群女人，拿自己的肉体做生意，法国政府把她们视同妓女里的低级娼妓，规定她们注册，以便监管（就因如此，D 医生得以给我们每一个人的详细描述和资料）。但是她们的举止、品行和法国的注册妓女完全不一样。按照奥拉德奈勒部落的古老传统，女孩一达到生育年龄，就被送出族去，几年之后带着赚来的嫁妆钱，回到族里买一个丈夫。那个丈夫完全不会觉得有损名誉，不像在我们国家会被羞辱或耻笑。真正的奥拉德奈勒女人以美貌著称，所以这里从事这行的女人都自称来自这个部落。有的奥拉德奈勒女人出来了就不回部落里了，所以可以看到各个年纪的女人。她们有的极为年轻，在等待生育年龄到来之前，和年纪较长的住在一起，受到保护和启迪，她们脱离童贞的时候，会举办庆典，镇上半数居民都会前来参加。

奥拉德奈勒女人集中住在一两条街上，人们称这样的街为"圣街"。是反讽吗？我认为不是，常可以看见她们出现在半世俗半宗教的仪式中，身旁伴着德高望重的伊斯兰教隐士，我虽不敢妄言，但感觉伊斯兰教对她们并不恶眼相对。圣街上咖啡馆林立，晚上很热闹，绿洲里的人都聚集在那里。奥拉德奈勒女人三两结伴，等着客人上门，坐在从她们房间直通到街上的台阶下方。她们端坐不动，打扮华丽，戴着金币串成的项链，顶着高高的头饰，像端坐在神龛里的神祇。

我记得数年之后，我和洛桑来的布尔热医生经过这几条圣街，这位杰出的先生（每个瑞士人身上都携带着瑞士的冰河）突然满怀厌恶地对我说："我真希望带那些年轻人来这里看看，让他们对放荡倒尽胃口。"啊！他真是不了解人心！至少不了解我的……对我来说，异国情调最极致的呈现，就是示巴女王来到所罗门王面前，"以难题考验他的智慧"[1]。这位瑞士医生完全相反，只喜欢和自己相似的人，有的人却喜欢和自己相异的人，我属于后者，奇异的事物吸引我，惯常则令我厌烦。说得更清楚一点，阳光眷恋的棕色皮肤蛊惑着我，维吉尔的这句诗简直是为我而写：

阿敏塔斯的皮肤黝黑又如何？ [2]

有一天，保罗回来时一脸兴奋，散步回来的途中，他遇到一群奥拉德奈勒女人正结伴去温泉洗浴，他认为其中一个特别迷人，就朝她招招手，她脱了队走过来，两人订好了约。我受身体状况所限，还不能出门去她的住处，保

---

[1] 据《圣经》记载，示巴女王是统治非洲东部一小国的女王，她仰慕以色列国王所罗门王的智慧与才华，前往以色列向所罗门王提亲。参见《旧约·列王记》第 10 章第 1—10 节。
[2] 原文为 "Quid tum si fuscus Amyntas"，出自维吉尔的《牧歌》，表达了牧羊人科里东对美少年阿敏塔斯的爱情。

罗和她说定到我们这里来。这些女子的住处虽
然不受管制，住的地方也和妓院大不相同，但
还是要遵守一些规定，晚于一定时间就不能随
便出门了。保罗躲在公园里的一棵树后面，等
着美人儿玛丽亚姆浴罢归来，准备带她到我身
边。我们提前把房间装饰了一番，摆好餐桌，
备妥晚餐，遣开阿特曼，静候她来和我们一同
进餐。但是约定的时间过了很久，我无限焦虑
地等待，保罗却一个人回来了。

　　我虽下了这个决心，其实背后并没有真正
的欲望，因之导致的失落也特别残酷，我就像
该隐看到他的献祭被上帝拒绝一般失望[1]。我们
觉得不会再有这么好的机会，我也觉得自己再
也无法做好如此万全的心理准备。曾一度被希
望掀起的沉重盖子，又轰然关上，无疑也永不

---

[1] 参见《旧约·创世记》第4章第3—7节。该隐和亚伯为亚当
　　和夏娃的孩子，长大成人后向耶和华献上贡物，耶和华选择
　　了亚伯的，该隐因此暴怒又嫉恨，杀死了弟弟。

会再开启。我被驱逐了。我每次希望自我解放的时候，眼前看到的都是习惯和僵化竖起的高墙……我只好再次告诉自己要接受这一切，最好的做法就是一笑了之。我们不无骄傲地在命运的捉弄下打起精神，调整情绪，结果由垂头丧气开始的这餐饭，却在开心的玩笑中结束。

突然，随着如翅膀拍打窗户般的轻微响声，门被推开……

那天晚上的一切，最让我颤动的记忆是夜色中迟疑的玛丽亚姆，她认出保罗，露出微笑，走进房间之前先退后几步，朝后倚着露台栏杆，在夜色中挥挥长袍，这是她对陪同她一直来到我们台阶下的女仆的暗号，表示她可以走了。

玛丽亚姆会说一点法语，足以向我们解释她为何一开始未能赴约——阿特曼之后才告诉她我们的住处。我记得她裹着一件双层罩袍，在进门处很快脱下，但是留着手镯和脚环；我记得保罗先把她带到他那位于露台另一端的独立小屋，她是在黎明才到我这里来的；我还记得阿特曼早上经过红衣主教的床时，眼睛低垂，害羞又滑稽地说了一句"早安，玛丽亚姆"。

玛丽亚姆的肌肤是琥珀色的，肌肉紧实，体态浑圆但几乎还像个孩子。我不禁将她看作加埃塔花瓶[1]上绘的那位酒神女祭司，一方面是因为她的手镯脚环，一动就叮叮作响，像祭祀时给舞蹈伴奏的响板。我记得看过她在圣街一间咖啡馆里跳舞，是保罗有一天拉着我去的，她的表姐安·巴尔卡也在那里跳舞。她们跳奥拉德奈勒部落的古老舞蹈，头挺直，上身不动，双手灵巧摆动，整个身体随着光脚踏地的韵律而抖动。我多么喜欢这种"伊斯兰音乐"，规律、绵长、坚定地淌流着，让我醺然，又像迷烟一样令我沉醉，慵懒缠绵地麻痹我的思绪。舞台上，单簧管吹奏者旁边，一个老黑人敲着金属响板，小穆罕默德随着韵律激动地拍着铃鼓。这男孩

---

[1]　一种古代希腊或罗马时期的花瓶，以其精美的绘画和神话主题而闻名。

多俊美啊！衣衫褴褛，几乎半裸着，像个小恶魔般黝黑纤细，嘴唇微张，眼神狂野……保罗倾过身来（他可还记得？）低声跟我说：

"你相信他比玛丽亚姆更令我心痒难耐吗？"

他只是说笑，没有其他的意思，他只对女人感兴趣，但他为什么对我说这句话呢？我什么都没回答，但这话自此萦绕在我脑中，我很快把它变成我自己的话，或者说，在保罗说出来之前，这早已是我的一句话。和玛丽亚姆共度的那一夜，若我很尽兴，是因为我闭上眼睛，想象怀里抱的是另一个人。

经过那一夜，我感到一股平静、身心舒畅，我说的不仅是鱼水之欢后的慵懒恬适，但可以确定的是，玛丽亚姆对我的功效，比医生开给我的所有诱导剂都大。我不敢向大家推荐这种疗法，但我的病隐藏着许多精神方面的压抑，这种深沉的解放使我肺部充血减缓，乃至于身心获得平衡，并非不可能。

玛丽亚姆又来过一次，是为保罗而来，她

下次要为我而来，我们都已约定好，却接到我
母亲的电报，带来了她即将到来的消息。在玛
丽亚姆第一次来这里的几天前，我吐过一次血，
我自己并不觉得这有什么要紧，但是保罗很紧
张，把这事告诉他父母，他们认为应该让我母
亲知道。他们无疑也希望我母亲取代保罗来照顾
我，觉得他拿着奖学金出来旅行，有比病人看护
更重要的角色要扮演。总之，我母亲来了。

　　我当然很高兴看到她，带她认识这个国家，
但我们还是感到沮丧：我们住在一起时，生活
安排得很好，对本能的重新教育才刚开始，就
要被打断了吗？我说绝不可以，就算我母亲来，
也不能改变我们的任何习惯，第一件事，就是
继续让玛丽亚姆来。

　　后来我曾对阿尔贝叙述我们在突尼斯的爱
欲牧歌，我向来认为他心胸开阔，所以很讶异
他因为此事而感到愤慨；我们觉得这是很自然
的一件事，我们的友谊甚至因此更热烈忠诚，
像被一条新的缝线缝得更坚固。我们也不会因

为玛丽亚姆把肉体出卖给其他不认识的人而吃醋。那是因为我们两人都认为肉体行为是纯粹肉体的，至少在这个例子里，和感情无关。阿尔贝与其说是道德家，不如说是浪漫主义者，他属于那个在《罗拉》[1]中找到共鸣的世代，认为肉体结合只能是爱情的回报，蔑视单纯的肉欲欢愉。至于我呢，我已说过多次，不论是这个事件的发生或是我的自然倾向，都让我清楚地区分爱情和肉欲。我觉得这两者完全不相干，混在一起反而令人难以理解。我不是在吹嘘自己的价值观，我写的是自己的故事，不是辩护书。

母亲在一个晚上抵达，老玛丽陪着她一起来，她还从来没经历过这样的远途旅行呢。她们下榻在旅馆仅剩的两个空房间，在庭院的另一边，正对着我们的露台。若我没记错，当晚玛丽亚姆就会来我们这里，几乎是在母亲和玛

---

[1]《罗拉》是法国诗人缪塞的一首长诗，叙述放荡青年罗拉在妓女玛丽昂身上用尽最后一枚金币后，自尽而死。

丽刚各自回房后，她就到了。原本一切顺利，但到了次日清晨……

因为残存的羞耻心，或毋宁说是对母亲感受的尊重，我把我的房门锁上了。玛丽亚姆如果想要直接走进保罗住的独立小屋，必须穿过整个露台走到尽头。次日清晨玛丽亚姆离开的时候，经过我房间时轻轻敲窗，我急忙起身跟她挥手再见。她蹑手蹑脚地离开，融入泛红的黎明中，像一个幽魂随着鸡鸣消散；但就在这时，在她还没完全消失之前，我看见母亲房间的护窗板被推开，母亲探出身，目光跟在溜走的玛丽亚姆身上，窗户随后又关上。悲剧发生了。

很显然那女人是从保罗的房间走出来的，母亲一定看见了她，知道是怎么一回事……我除了等，还能做什么呢？我等待着……

母亲在她房里用早餐。保罗出门了。之后母亲来了，坐在我旁边。我不记得她具体说了什么，只记得我不想让保罗一个人背黑锅，也想保卫自己的未来，努力狠下心告诉了她真相。

"而且，你知道，她不只是为他而来，她会再来的。"

我记得她的泪水。我甚至记得她什么都没再说，她找不出能对我说的话了，只能哭泣，她的泪水让我心软，比责备更让我难过。她哭了又哭，我觉得她的悲伤巨大到无法安慰、没有尽头。因此我虽然厚着脸皮说玛丽亚姆还会再来，告诉她我的决心，却没勇气真正实行。我在比斯克拉的另一次尝试，是远离我们旅馆，和安·巴尔卡在她的房间里。保罗也和我一起，我们两个的尝试都悲惨地失败了。安·巴尔卡太美了（我也必须加上一句：她也比玛丽亚姆年长许多），她的美让我如同被冻结，我对她感到一种崇拜，而没有丝毫欲念。我在她面前像个没有奉献祭礼的崇拜者。和皮格马利翁相反，这美女到了我怀里反而成了一座雕像[1]。或

---

[1] 皮格马利翁（Pygmalion）是古希腊神话中的雕塑家，曾根据自己心中理想的女性形象创作了一个雕像，并爱上了自己的作品。爱神阿佛洛狄忒因同情他，便赐予这件作品生命。

者说，是我变成了大理石。爱抚、挑逗都没用，我一言不发，离开她的时候，除了钱以外什么都没给。

春天已降临绿洲，棕榈树下开始骚动着一股隐约的欢欣。我的身体也好些了。一天早上，我散步时走得比平常远，这单调的风景对我有无尽的吸引力。如同春回大地一般，我也觉得自己重生了，甚至觉得这是我第一次真正开始活着，走出死亡阴影的幽谷，重新进入真正的生命。是的，我进入了一个新的存在，接纳一切且全然放松。一抹蓝色的薄雾挡在近前，每个物体都失去重量和实体，我自己也失去所有重量，缓步向前，像里纳尔多走进阿米达的花园 [1]，因惊异与无可描述的眩晕而浑身颤动。我听，我看，我呼吸，就好像以前从未这么做过

---

[1] 16世纪意大利诗人塔索（Tasso）创作的史诗中，十字军勇士里纳尔多走进妖女阿米达的花园，阿米达爱上了他。18世纪法国画家弗拉戈纳尔以此为题创作了一幅知名的画作，珍藏于卢浮宫。

似的。当声音、香气、色彩充分汇流，和我融为一体，我感觉自己闲散的心感激地啜泣起来，崇拜地臣服在一个未知的阿波罗之前。

"带我走！带我走！将我身心整个带走吧！"我叫喊着。

"我属于你，服从你，委身于你，让我全身充满光亮吧，是的，光亮而轻盈！直到今天我一直在对抗你，终究徒然。但我现在终于承认你了，就让你的旨意完成吧，我不再挣扎，屈服于你，带我走吧！"

我带着一脸泪水，就这样踏进那充满欢笑和奇异的迷人宇宙里。

我们在比斯克拉停留的日子已近尾声。我母亲是来解救保罗的，我的状况还需要悉心照顾，她提议由她来代劳，让保罗能无忧无虑地继续旅程。但他说无意和我分开，这是他对我友谊的另一次证明——何况我从未跟他说过他若离开我会很难过这句心里话。因此，是母亲和玛丽离开，直接回法国去了，保罗和我从突尼斯上船，前往西西里岛和意大利[1]。

我们只能算路过锡拉库萨，恰内河、古墓大道遗迹、古代采石场都没看，我实在太疲惫，什么都看不到也不想看，好几年之后旧地重游，我才终于把手伸进阿雷杜莎之泉的水中。再加上，我们急着快点抵达罗马和佛罗伦萨，途中在墨西拿停留了几天，只是为了喘口气，因为前面这段行程已让我们累垮了。天啊！健康问题真是让我们恼火！阻挠了我们许多美好的活动，随时都必须考虑到它，比金钱的问题扰人多了。幸好我们没有金钱方面的问题，母亲来了以后，为了让我获得良好的治疗，给了我新的补贴。我怕冷、怕热、怕不舒适，拖着保罗去住最好的旅馆。怪异的小旅店、奇遇、邂逅，

---

[1] 更准确地说，我们离开突尼斯本想先前往的黎波里，以此弥补之前因我健康状况而被迫放弃的许多计划。但这个计划最终还是被放弃了。渡海的情况非常糟糕，我们已无心耽搁，从马耳他岛直接去锡拉库萨。——作者注

这些都是我后来重游意大利才体验到的，也成了旅行中最愉快的回忆。然而至少每晚我们两人单独的晚餐，让我们能愉快地聊个没完没了！把我们所有的想法拿出来讨论、审视，观察这些想法在对方心灵里的反映、扩展和完善，检验它们延伸出的思维旁枝。如果在今天重新听一次那些话，我不知道是否还会像当初一样觉得那么丰富，但无论如何，我知道之后再也没有其他谈话带给我如此大的乐趣。

我没看到那不勒斯附近任何风景，令人难以忍受的健康问题阻碍了一切，甚至连开车逛逛都不行。我又回到在比斯克拉时最糟糕的那几天的状况，悲惨地拖着身躯，在太阳下浑身是汗，在阴凉下冷得直打哆嗦，只能在平坦的地面上稍微走几步。这种情况下，可以想象拥有七座山丘的罗马不会让我如鱼得水！那是我第一次去永恒之城罗马，见到的只有苹丘，一天里天气最好的几个钟头，我会到苹丘公园里，走几步，坐在长椅子上；我租的房间在格雷戈里安娜街，离苹丘公园很近，即使如此，我还是走得气喘吁吁。房间虽然宽敞，但保罗想拥有更多自由，就在同一条街的另一端租了另一个房间，他那房间有个小露台，他希望在露台上作画。但他接待那位我们口中的"女士"，则是在我房间，她是个高级妓女，是罗马法兰西学院[1]的一个学生介绍给我们的。我却只记得她那高贵的神态、她的优雅和装模作样带给我的厌恶。我开始明白我之前之所以能够忍受玛丽亚姆，仅因她不对廉耻故作在意和她的野性，和她在一起，至少彼此都知道是怎么一回事，她的言语和姿态之中，没有任何一点假装爱情的成分。和这个"女士"在一起，我却觉得亵渎了心目中最圣洁的东西。

在佛罗伦萨，我的状况也无法好好参观美术馆和教堂；况且，我那时还不够成熟，从古代大师们那里无法吸收到多少益处，如同在罗

---

[1] 法国政府在罗马设立的艺术与文化机构，专门资助和培养年轻艺术家，位于罗马市中心的美第奇别墅。——编者注

马我也不太能领略拉斐尔作品的深意。我觉得他们的作品属于过去，而我只在意当下。数年过去，我能比较专心地欣赏，也受了较多启迪之后，才开始欣赏他们的流派风格，懂得重新审视他们作品中的现代性。保罗似乎对那些作品也没多大好感，并没有认真欣赏；在乌菲齐美术馆，他只驻足在乔尔乔内 [1] 那幅马耳他骑士画像之前，他之后当然画了一幅非常杰出的复制品，但除了添加一些技巧之外，毫无比原画出色之处。

我们在佛罗伦萨分道扬镳，一直到夏末才又在屈韦维尔相见。我从佛罗伦萨直接到日内瓦，在那里求助于安德烈埃医生，安德烈埃医生被视为当代的特龙金 [2]，也是我叔叔夏尔·纪德的好友。安德烈埃医生是个杰出的人，不只医术最灵活，也最有智慧，是他拯救了我。他

---

[1]　乔尔乔内（Giorgione），意大利文艺复兴时期画家。

[2]　特龙金（Théodore Tronchin），18 世纪瑞士名医。

很快就让我相信，我唯一出毛病的是神经系统，先到尚佩尔做水疗，再到山区过一个冬季，比任何预防措施和药物都有效。

皮埃尔·路易到尚佩尔来看我，他正在前往拜罗伊特[1]的途中，买了当季看表演的票。他难以忍受这么久没和我见面，也想听听刚旅行归来的我的见闻。另一个让他绕路过来看我的原因，是希望甩开费迪南·埃罗尔德，自从这家伙和他交结上，就缠着不放，一知道皮埃尔要去拜罗伊特，立即也订购了表演票。我在旅馆做完水疗，看到他们两个来了。我很高兴地把旅途见闻告诉路易，才稍微提到玛丽亚姆，他就订下计划出发去找她，要埃罗尔德独自前往拜罗伊特，但这家伙完全听不懂，一旦知道朋友的新计划，立刻大声说："我和您一起去。"

皮埃尔有不少个性上的缺点：任性、易怒、天马行空、强势，不断试着让别人臣服于他的

---

[1] 拜罗伊特是德国巴伐利亚州的一座城市。瓦格纳于 1876 年在这里创办了拜罗伊特音乐节，专门演出他的歌剧。

喜好，总是强迫朋友顺从他。不过，他是如此慷慨热情，满心的热血和义气不知不觉把那些小缺点一股脑抹消了。他自觉为了我们的友谊，必须让玛丽亚姆也成为他的情妇。他在七月中旬出发，埃罗尔德也跟去了，他带着玛丽亚姆送我的一条丝巾，是我给他当信物用的。他还带了一台手摇风琴送给阿特曼，但阿特曼还是喜欢他自己的笛子，把手摇风琴以几法郎的价格卖掉了。

不多久之后，我得知埃罗尔德和路易旅途平安，但到达比斯克拉没多久就得了热病（因为那里真的热得很恐怖），他们带着玛丽亚姆离开比斯克拉，一起住到君士坦丁城边。就是在那里，皮埃尔·路易完成了他那本精彩的著作《碧丽蒂斯之歌》[1]，这本书是他为了纪念玛

---

[1] 1894年，皮埃尔·路易虚构了一位与萨福同时代的古希腊女诗人碧丽蒂斯，并以女性的同性之爱为主题创作了诗集《碧丽蒂斯之歌》。1900年，德彪西受其启发创作了同名配乐。1977年，此诗集被改编为电影《少女情怀总是诗》。

丽亚姆·班·阿塔拉而题词献给我的——这就是那本书第一页的献词中，接在我名字后面那三个大写字母所代表的意义[1]。玛丽亚姆并不完全是书中的碧丽蒂斯，因为如果我没记错的话，许多诗篇是在路易去阿尔及利亚之前就写成的，但是玛丽亚姆贯穿整本书，不时闪现在我眼前。

该不该说路易和我在玛丽亚姆相助之下所开的幼稚玩笑呢？一天，我收到路易的来信——

"玛丽亚姆问可以寄什么给你当礼物。"

我毫不犹豫地回答：

"埃罗尔德的胡子。"

我必须再次说明，埃罗尔德的这把胡子，是他整个人最威武、最重要的一个部位，他少了这把胡子，就像殉道者头上少了光圈一样，令人无法想象。我说要埃罗尔德的胡子当礼物，纯粹是开玩笑，就像说要她摘月亮给我一样。但令我惊讶的是，一天早上，我收到这把胡子了；

---

[1] 这献词只出现在那本书的初版。——作者注

没错，邮寄过来的，路易把我的话当真，让玛丽亚姆在埃罗尔德熟睡之际剪下胡子，路易放进信封邮寄给我，还附了两句模仿诗人布耶《白鸽》的打油诗：

> 伟大的高蹈派诗人们如此可爱
> 连奥拉德奈勒女人都剪下他们的金色胡子。[1]

　　在尚佩尔的时候，我把我那段时间不知在哪里写的诗《石榴轮舞曲》读给这两位高蹈派的朋友听。我写这首诗的时候完全没有预先构想，只是顺应内心律动写出。那时我已在构思《地粮》，但这本书要等它成熟之后自己流露，我对他们两人透露的初步构思，并没有得到鼓励。高蹈派的理想典范并非我的理想典范，而

---

[1] 布耶原本的诗句是：伟大的奥林匹斯诸神模样如此悲惨／连孩子们都扯着他们的金色胡子。——作者注

路易和埃罗尔德除此之外别无其他感觉。《地粮》在两年后出版，几乎完全不被理解接纳，直到二十几年后才唤起人们的注意。

自从我获得重生之后，内心充满渴切的欲望，一股强烈的活着的欲望。这不仅是受尚佩尔水疗之助，也拜安德烈埃医生之赐。

"您只要看到可以游泳的水，不要犹豫，跳下去。"他这么对我说。

我照他的忠告去做。噢，湍急的激流、瀑布、冰冷的湖、树荫下的小溪、清澈的泉水、如透明宫殿的海洋，你们的清新吸引着我；而我游完泳之后，躺在那金黄色的沙滩上，傍着起落的海浪甜蜜地休憩。我喜欢的不只是游泳，还有游完泳之后那犹如神话般的等待，等待神拥抱我赤裸的身躯。阳光穿透的身躯中，我似乎感受到化学变化般的舒畅，我将束缚与忧虑连同衣物一起脱掉，意志消散时，欲望也在蒸发，我让全身毛孔打开，如蜂巢般多孔的身体所领受到的各种感觉，秘密地蒸馏为蜜，流淌在《地粮》这本书中。

　　我怀着重生者的秘密，回到法国，首先感受到的是如逃离坟墓的拉撒路[1]所感受到的那种可怕的焦躁。原本我在乎的事似乎都不再重要，我以前怎能忍受沙龙和文艺圈那种令人窒息的气氛呢？里面每个人的一举一动都散发着死亡的气息。无疑，我的自尊心也受到打击——我不在，事情还是如常地进行，而现在，每个人还是照常忙碌，就像我没回来一样。我的秘密在心里占据这么重要的位置，而我却惊讶地发现自己在这世上如此无足轻重。我可以原谅其他人没有发现我已改变，但我和他们在一起时，已经感觉不再是从前的我，我有那么多新的话要说，却无法对他们开口。我想说服他们，告诉他们我的讯息，但他们没有一个人躬身倾听。

---

[1] 拉撒路病死下葬四天之后，因为耶稣而奇迹复活。参见《新约·约翰福音》第 11 章。

他们继续生活着，他们不理不睬，满足于那些在我眼里如此微不足道的事物，我无法唤醒他们，真想绝望地大喊。

这种"隔离状态"（和朋友在一起时更让我难受），若非我在《帕吕德》一书中以讽刺的笔调描写出来当作宣泄，很可能让我走上自杀一途。然而今日我觉得很奇怪，其实那本书完全不是因为我想挣脱这种焦虑而动手写的，在我回法国之前，书的雏形就已经构思好了，只是着手写之后，那些感受不知不觉就渗入书中。在我之前那本《乌连之旅》的第二部分就已出现的一种荒唐感受，感染了《帕吕德》的开头几句，整本书在我毫无察觉的情况下围绕着这种感受展开。我前往尚佩尔途中，在米兰短暂停留，这开头几句是我在米兰一个公园里散步时写的：

长满马兜铃的小路旁

"天气如此不定，怎么只带一把阳伞呢？"

"这是把晴雨两用伞。"她对我说……

以我刚才所描述的心理状态，不难理解我一心只想离开，但安德烈埃医生推荐我在汝拉山一个小村过冬的时间还没到（我严格遵守他的嘱咐，觉得自己健康大为好转），于是我先到纳沙泰尔去。

我在纳沙泰尔湖附近小广场上一个"妓院"的三楼租了一个房间。中午，二楼的餐厅里挤满生活俭朴或贫困的老小姐，她们面对一个巨大广告牌坐着，吃着简陋的一餐，板子上写着《圣经》中的这个句子，这句子选得很好，它更激励和升华了我的厌食症状：

耶和华是我的牧者：我必不至缺乏。[1]

下方，一块比较小的板子上写着：

覆盆子柠檬水

---

[1] 参见《旧约·诗篇》第 23 章第 1 节。

这意味着，不必期待这里有什么精致餐点。但从我房间窗户看出去的景色如此美丽，足以让我忍受一切的剥夺！后来，一家大饭店在湖边盖起显眼的庞然建筑，就在我目光最喜欢流连的那个位置——被秋日染成金黄的老椴树和老榆树浓密的叶片之间，一汪青绿色的平静湖水若隐若现。

好几个月来，我任由思绪松懈、溶解，现在终于打起精神，欣喜地感到思绪活跃起来，而这平静的地区非常适合沉思默想。这小湖边的景色丝毫称不上壮丽，完全不像瑞士，一切都温柔、充满人性，似乎卢梭的影子依然在此徘徊。放眼望去，没有险峻高峰在鄙视和羞辱人类的小小成就，或让人忽视眼前亲近而迷人的风情。老树低垂的树枝倾弯在水面，有些地方的湖岸隐隐约约被芦苇和灯心草覆盖。

我在纳沙泰尔度过记忆中最美好的时光。我对生命重新燃起了希望；和我懦弱的童年比起来，它现在显得更丰富、更饱满。我感觉它在等着我，而我也对它充满信心，毋须躁进。那时，因好奇和欲念形成的恼人恶魔尚未烦扰我……沿着湖边公园宁静的小径、乡间小路、城外充满秋意的森林边缘，我信步乱走，当然我今日也常这么做，但那时心情是平静的。我的思绪所不能掌握的，我就不去勉强追逐，那时我正在研读莱布尼茨的《神正论》，常常边走边读，从那本书中获得极大愉悦，今日重读势必不会有相同的感受。研读这本书，跟随并理解书中和我迥然不同的思想，有相当大的困难，甚至必须做出努力，但这让我欢畅地预感到，我若放任自己的思想发展，将会有很大的进步。回到房间，桌上放的是我刚买不久的克洛那本厚厚的动物学手册，它在我惊奇的眼前揭开一个比思想世界更丰富、更明晰的世界。

我遵循安德烈埃医生的忠告，到拉布雷维讷过冬，这个小村子靠近法国与瑞士的边界，在汝拉区最寒冷的山顶上。好几个星期气温都持续在零度以下，某些夜里甚至降到零下三十度。然而，平常怕冷的我，却没有一天受到寒冷之苦。我在搭伙的小饭馆不远处找到住处，在村子尽头，一个类似农庄的地方，旁边就是牲畜饮水槽，每天早上都能听见牛群前来饮水的声音。一个自用楼梯通到楼上三个房间，最大的那间我当作书房，一个斜面小桌（我喜欢站着写东西）面对着一架我从纳沙泰尔运来的钢琴；墙壁上嵌着一个暖炉，温暖书房也温暖我的房间；我睡觉时脚靠着暖炉，毛毯拉到脖子，头上戴着帽子，因为我让窗户都大开着。一个丰满的瑞士女孩来帮我打扫整理，她叫作奥古丝塔，经常和我说一大堆她未婚夫的事。但有一天早上，她拿未婚夫的照片给我看时，我为了好玩，冒失地拿鹅毛笔搔她的脖子，结果狼狈地发现她立刻滑到我怀里。我费了好大力气把她拖到沙发上，她紧搂着我，在她张开的双腿间，我的脸倒在她的胸前。随之我一阵恶心，假装惊声大叫："我听到有人！"然后像约瑟一

样 [1] 赶快逃离她的双臂，跑去洗手。

我在拉布雷维讷小村待了近三个月，没和任何人来往，并非我想封闭自己，而是觉得这地方的居民是全世界最不友善的人。我带着安德烈埃医生的介绍信，前去拜访村里的牧师和医生，他们的态度让我打消再去见他们的念头，更遑论像我原先希望的，陪同他们一起走访穷人和病患。在这里住过，才能清楚明白卢梭在特拉韦尔谷住过之后写的《忏悔录》和《一个孤独散步者的遐想》里面的一些片段。坏心眼、恶毒的言语、怨恨的眼神、嘲讽——不，他没有瞎编，这些我在那里都遇到过，村子里群聚的孩子甚至拿石头丢外来客。卢梭穿着亚美尼亚风格的袍子出现在这里，自然更加引起排外反应。只不过他把此地人的敌意解释为阴谋，是错误而疯狂的。

---

[1] 先知亚伯拉罕的曾孙约瑟被卖给以实玛利人为奴后，被主人的妻子挑逗，吓得求饶、躲避。参见《旧约·创世记》第39章。

虽然这里风景丑陋，我每天还是强迫自己进行长时间的散步。我说这里丑陋不公道吗？或许吧，但是我觉得瑞士的风景就是丑，我说的或许不是它的高原台地，而是像这里的森林地区，松树林似乎把整个大自然都染成死气沉沉的加尔文教派风格。我真后悔离开比斯克拉。保罗和我穿越意大利时仍怀念着阿尔及利亚广阔平坦的土地和穿着白色长袍的人民，我们回忆着那里的歌曲、舞蹈、气味，还有那贪欢情欲转化成温柔缱绻的醉人买卖。在这里呢？没有任何事物让我从工作之中分心。无论瑞士让我如何绝望讨厌，我还是要待在这里直到《帕吕德》完成，我一心想着要尽快写完，然后立即出发前往阿尔及利亚。

II

一直到了一月，我在蒙彼利埃的夏尔·纪德叔叔家小住一阵之后，才出发去阿尔及利亚，我打算就待在从未去过的阿尔及尔。我满心欢喜，心想到那里就是春天了，结果天空阴沉，下着雨，冰冷的风从阿特拉斯山脉吹下，狂乱和绝望从沙漠深处吹来，我被朱庇特背叛了[1]，遭受残忍的失望与痛苦。就算阿尔及尔是个好玩的城市，却不是我原先以为的模样，除了欧洲人聚集区之外，找不到住宿之地，这点就让我气恼。若是在今日，我可能比较机灵，忍耐度也比较高；但那个时候，我已习惯极为舒适的生活环境，加上之前生病的教训，让我万事挑剔。本来应该让我还蛮喜欢的穆斯塔法区，到处充斥着奢华大饭店，我想到卜利达或许会

---

[1] 古罗马神话中的众神之王，与古希腊神话中的宙斯相对应，主宰整个天空，掌管晴雨气象。

好一些。我那时正在读费希特 [1] 的《全部知识学的基础》，但除了自己的专心热忱之外，没有感受到任何实际乐趣。但我不想放纵自己无所事事，只要是能让我专心去做的事我都愿意。所以，纯粹为了消遣，我一口气看了狄更斯的《小杜丽》《艰难时世》《老古玩店》《董贝父子》之后，接着看《巴纳比·鲁吉》。

离开法国之前，我不知发了什么疯，写信给艾玛纽埃尔和我母亲，邀她们两个来和我会合，不消说，我的提议当然没有下文，但我很惊讶母亲没有像我预料的那样耸耸肩拒绝。我姨父去年过世，过世前受尽痛苦，弥留了好几天。那几天中我和艾玛纽埃尔一起守着他，姨父一死，表姐妹们无所依靠，只能靠姨妈们保护，特别是我母亲，这么一来我们俩的联系就更紧密

---

[1] 指约翰·戈特利布·费希特（Johann Gottlieb Fichte），德国古典哲学的主要代表人物之一。

了。我后来得知，家族里对我的生活走向相当担心，也就没那么反对我和艾玛纽埃尔结婚，或许结婚还被视为驯服我的最好办法。最后，我的坚贞不屈终于打动了他们。

"我们不能确定这桩婚姻会幸福，"夏尔·纪德叔叔给我母亲的信里这么写，这封信后来我曾看到，"鼓励这婚事，我们必须负起很大的责任。然而，若婚事不成，他们两个人可能都会不幸（我是一字一句照抄下来的），因此，唯一能做的是在确定的不幸和可能的不幸之间，做一个选择。"至于我呢，我坚信这婚事会成，信心满满地等待着。我对自己决定要娶的女人的爱让我坚信：就算我不需要她，她也需要我，能让她幸福的没有别人，只有我。她的一切幸福不是正等着我带来吗？她不是让我明白，之所以拒绝我的求婚，只是因为不能抛下妹妹们，要等妹妹们出嫁后才能结婚吗？我会等。我的坚持、我的笃定必能突破横在我的路上、我们的路上的所有障碍。尽管表姐的拒绝不是最终的决定，但依然让我感到十分痛苦。我必须振作起来，然而我的快乐太过于依赖上天的微笑，天空没有一丝蓝，我的喜悦也逐渐动摇。

之后某个春季我再访卜利达，这个城市本应充满优雅香气，但在那时却沉闷无比。我在城里走来走去，想找个住处，却找不到适合的。我怀念比斯克拉。我对什么都提不起兴致。走在想象中应是无比美妙之地，失望就更大，冬天让它一片阴郁，连同我的心情也阴郁起来。低垂的天空压在心绪上，风和雨把我内心所有火焰都浇熄。我想动笔写作，但是毫无灵感，了无生趣地拖着日子。我厌恶这天气，也厌恶自己，恨自己，想伤害自己，并试着把这麻木昏沉的状态推到极致。

这样过了三天。

我正准备离开这地方，行李和箱子已经放上小公交车运到火车站了。在旅馆大厅里等着结账时，不经意间瞥到一块黑板上写着入住旅客的名单，我机械地看着这些名字：最开始是我的，接着是一些不认识的名字；我的心猛然一跳，名单上最后两个名字是奥斯卡·王尔德和阿尔弗雷德·道格拉斯勋爵。

这件事我已在别处描述过了，我的第一反应就是拿起海绵，擦掉自己的名字，付清住宿费，走路去火车站。

我说不清为什么要擦掉自己的名字。在第一次书写这件事的时候，给的理由是觉得一阵没来由的羞惭，后来再一想，或许只是因为我不喜与人交往的个性作祟吧。在频繁情绪低落时，我背叛自己、驳斥自己、否定自己，像只受伤的狗挨着墙走，想躲起来。然而，走向火车站的途中，我想了想，王尔德或许已经看到我的名字，这种做法实在懦弱，而且……总之，我让人拿回行李和箱子，又回到旅馆。

在巴黎的时候，我和王尔德来往频繁，后来在佛罗伦萨又碰到他，这些我都在别处叙述过，但在这里要加上之前没有说的细节 [1]。阿尔弗雷德·道格拉斯那本卑鄙的《奥斯卡·王尔德与我》无耻地歪曲了太多事实，今日我必须

[1] 王尔德的忠实好友和遗嘱执行人罗伯特·罗斯，于一九一〇年三月二十一日写了这封信给我：

很高兴看到您那本杰出的《王尔德回忆录》再版。自从您的文章在《隐居杂志》上发表后，我告诉过许多朋友们，此文不仅是对奥斯卡·王尔德不同阶段创作最好的回顾，更是我读过的相关作品中，关于他唯一真实且正确的印象。在此我也只能将我经常对朋友说的话跟您重复一遍。

或许有一天，我也必须出版奥斯卡·王尔德写给我的信，它们将会印证您说的每一件事——如果有人对您详细描述的事有任何怀疑的话。

为了驳斥阿尔弗雷德·道格拉斯的谎言，出版我的信或许会是必要的。相信您也已经听闻，在最近公开的开庭记录中，他当时在证人席上发誓他不知道王尔德的罪，而且他是"王尔德唯一正常的朋友"。您很清楚，阿尔弗雷德·道格拉斯是王尔德入狱之前和之后的毁灭之因。为了长久以来的友谊和顾全道格拉斯的颜面，我原本想骗自己事实并非如此，我和他发生严重争吵这件事也没有改变我的决心，想让世人认为他真的是一直佯装高尚。但是现在他摇身一变，自视为社会道德改革者，来谈论奥斯卡·王尔德的"罪"（其中大部分他自己也参与了），背叛了所有朋友，于是我没有继续保持沉默的理由了……

罗伯特·罗斯
——作者注

不再顾虑，说出真相，命运让我和王尔德的人生有了交集，我认为自己有义务为所看见的事作证。

直到那一天为止，王尔德对我都保持了完美的克制。对于他的私人行径，我一无所知，但在我们共同出入的巴黎文学圈里，已经小道消息漫天。老实说，大家都认为王尔德玩世不恭，展露他真实人生的这些消息，也不过更增加了他人看热闹的气氛。众人有点惊愕，但更多当笑话来看。我很惊讶法国人（我指的是大部分的法国人）在面对自己完全无法理解的感情时，直接认为其绝对不会是真诚的。皮埃尔·路易前一年夏天途经伦敦几天，我一回法国就和他见了面，尽管和英国人品味喜好不同，他还是有点震惊。

"完全不是我们以为的那样，"他说，"那些年轻人（他说的是王尔德的朋友和他周遭的圈子，那些人没多久之后也被指指点点，遭受怀疑）非常可爱。你无法想象他们的举止多么高雅。

举个例子：我第一天被介绍到他们圈子的时候，刚认识的 X 敬了我一根烟，但不像我们这里只是递出一根烟，他把烟点燃，自己先吸了一口才递给我。好可爱，不是吗？他们做每件事情都像这样，一切都充满诗意。他们告诉我，几天之前，他们当中的两个人决定举办一场婚礼，一场真正的婚礼哦，甚至会交换戒指。不，我跟你说，我们没法想象这个，我们根本不知道他们到底是什么样子。"

然而，不多久之后，王尔德的名声出现瑕疵，他宣称要搞清真相，前往王尔德正在养病的巴登，嘴里说是要去听王尔德解释清楚，其实已经想跟他绝交，他回来时也的确和他绝交了。

他向我描述他们见面时说的话。

"您以为我有朋友，"王尔德对他说，"我有的只是情人。再见！"

我思前想后，自认是因为感到羞耻才擦掉黑板上的名字，和王尔德的交往已经令我尴尬，再和他见面让我觉得丢脸。

王尔德整个人都变了，并不是他的外表，而是他的举止态度。他似乎决定摆脱以前那种矜持，我想，和道格拉斯勋爵在一起也让他开放了许多。

我完全不认识道格拉斯，但王尔德立刻就与我谈起他，满口赞词。他昵称他为"波西"，所以我刚开始根本不知道他赞美的是何许人，何况他带着情感满口赞美的只是波西的俊美。

"您待会儿就会看到他，"他重复了好几次，"等等您再告诉我是否能想象出比他更俊美的神。我崇拜他，真的，我好崇拜他。"

王尔德总是在真诚的感情上面，披上一件夸张做作的外衣，这让很多人受不了。他不停演戏，无疑也是因为无法停止，但是他扮演的其实是真实的他，这个角色是真诚的，一个魔鬼不停地在他耳边低语，提醒他台词。

"您看的是什么书？"他指着我的书问。

我知道王尔德不喜欢狄更斯，或者假装不喜欢。那时我一心想顶撞他，很开心地把手上

《巴纳比·鲁吉》的法文译本递给他（那时我根本不会英文）。王尔德做了一个奇怪的鬼脸，好像是在说"不该读狄更斯的"。我故意淘气地展开一长段对狄更斯最强烈的赞美，而且是我真诚的赞美，直到今天都是；他似乎下定决心不和我对冲，开始滔滔不绝和我大谈这位"天才"，显示在不赞同我的前提之下，他依然对他充满尊敬。可王尔德从没忘记自己是个艺术家，为艺术而艺术，无法原谅狄更斯太着重描述人类的情感。

那天晚上，一个卑鄙无耻的皮条客充当向导，带着我们穿过城区，王尔德不只跟他说想找阿拉伯男孩，还加上一句"要俊美如铜像一般"，幸好他说这句法语时带着兴奋的激情和蓄意保留的英国（或爱尔兰）口音，才拯救了这句话里滑稽的成分。至于阿尔弗雷德勋爵，他是在晚餐后才现身的，王尔德和他都是在他们的房间里进餐。王尔德想必邀了我与他们共进晚餐，我想必也谢绝了，因为那时候，任何邀约都让我退避三舍……我记得不是很清楚。我对自己发誓，绝不把空的房间用记忆填满。我答应晚餐后和他们一起出去，我记得非常清楚，刚走出旅馆到街上不久，阿尔弗雷德就热情地挽着我的手，说：

"这些向导都笨死了，就算解释老半天，还总是把人带到都是女人的酒吧。我希望您和我一样。我厌恶女人，我只喜欢男孩。今晚您和我们在一起，我觉得先说清楚比较好……"

我尽量隐藏这露骨粗野的话带给我的惊讶，一言不发地往前走。我不觉得波西像王尔德所说的那么俊美，但是他像被宠坏的孩子般专横的举止中带着如此多的优雅，我很快就明白王尔德何以不断屈服，被他牵着鼻子走。

向导带我们到一间咖啡馆，尽管气氛鬼祟可疑，却没有我两位同伴想寻找的东西。我们坐下没多久，咖啡馆最里面就爆发了一场西班牙人和阿拉伯人的群斗，前者大刺刺地抽出刀子，哄乱有扩大的趋势，在场的各自拥护一边，或冲上去分开打架的人。开始流血的时候，我们就决定还是走为上策。那晚后来就没什么值得叙述的事了，整体来说，是一个沉闷无趣的晚上。次日我就出发前往阿尔及尔，王尔德数日之后才来和我会合。

替伟人画肖像时，其中一种方式是作画者想尽量突显临摹对象的优点。我不想画这种谄媚的肖像，但在王尔德一切外露的缺点背后，我想强调的是他伟大的那个部分。诚然，他为了显示自己的风趣而满嘴反讽时真让人倒胃口。听到他看到一块桌布时大喊"我要拿它做背心"，面对一块做背心的料子又说"我要拿来挂在客厅"，太多人会忽视在他做作夸张的面具之下，其实隐藏着真实、智慧和更微妙的情绪。然而，我说过，王尔德在我面前摘下了面具，我见到了真正的他，想必他明白自己不需要再假装，他让其他人排斥的那部分，并不会让我退避。道格拉斯和他一起到阿尔及尔来，但王尔德似乎有点躲着他。

我尤其记得一个傍晚与他在一间酒吧里相遇。我走进去时，他坐在一张桌前，面前是一杯雪莉鸡尾酒，他手支着的桌上摊满纸张。

"抱歉，"他说，"这些是我刚收到的信。"

他又打开几封信，快速浏览了一下，先是微笑，又扬扬得意地发出咯咯的笑声。

"有趣！噢！真有趣！"他抬起眼看我，"我得告诉您，我在伦敦有个朋友帮我收信件。他把所有无趣的信件、商业信函、账单这些都留在一旁，只转寄来重要的信、情书……噢！这封是个年轻的……你们叫什么来着？……杂技演员？对，杂技演员写来的，长得非常可爱（他的重音都放在字的第二个音节，我现在似乎还听得到）。"他咯咯笑着，一脸得意，好像被自己逗乐了似的。"这是他第一次写信给我，错字不少。您看不懂英文真太可惜了！不然您就可以看看这个……"

他继续笑着、开玩笑，突然道格拉斯走了进来，裹着一件毛皮大衣，领子高高竖起，只露出眼睛和鼻子。他经过我身边时就像没认出我一样，站在王尔德面前，用尖锐、鄙视、怨恨的声音一口气吐出几句话，我一个字也听不懂，然后他就转身走了。王尔德忍受着这场突如其来的风暴，一句话也没回答，但是脸色变得苍白；波西走后，我们沉默了片刻。

"他总是这样跟我闹，"他终于开口，"他真可怕，不是吗？在伦敦，我们在萨沃伊酒店住了一阵子，在酒店包餐，一间对着泰晤士河的豪华套房……您知道，萨沃伊酒店非常高级，出入的都是伦敦最上流的人士。我们花了一大笔钱，所有人都对我们很愤怒，因为大家觉得我们两个游戏人间，而伦敦厌恨这样的人。我接下来要告诉您我为什么说这些。我们都在酒店餐厅进餐，餐厅很大，来的人很多是我认识的，但更多是他们认识我而我不认识他们，因为那时我的一出戏正在上演，并且非常成功，所有报纸上都刊登着介绍我的文章和照片。为了和波西安安静静地吃饭，我选了一张餐厅角落的桌子，离入口的大门远远的，但旁边有一扇小门，可以直通酒店内部。波西正等着我，一看到我从小门进来，就闹了起来。噢，恐怖的一幕！'我不要您从小门进来，'他说，'我绝不能忍受，我一定要您走大门进来，和我一起。我要餐厅里所有人都看到我们从身旁走过，每个人都说，是奥斯卡·王尔德和他的宠儿！'噢，他真可怕，不是吗？"

但他的整个描述，甚至最后那几句，都闪耀着对道格拉斯的欣赏，以及自己屈服于他的爱恋的乐趣。何况，道格拉斯的个性看起来比王尔德强硬多了，是啊，真的，道格拉斯比较"自我"（引申到这个字眼最负面的含义），似乎被某种命定的东西牵着走，有时几乎不负责任。他完全顺着自己的心意，当然也无法接受任何事、任何人不顺着他的心意。老实说，波西让我产生了极大的兴趣，但是"可怕"这两个字用得一点也没错，我相信对于王尔德写作生涯的毁灭，他必须负责任。王尔德和他在一起，显得温柔、犹豫、意志薄弱。道格拉斯身上带着孩子可能打碎自己最好的玩具的那种邪恶本能，永远无法满足，必须更多更多。下面这个例子可以看出他的厚颜无耻：有一天我问他王尔德两个儿子的消息，他不停强调那时年纪还很小的西里尔（我想是这个名字）长得多么俊俏，之后带着胜利的微笑，轻声说："他将会是我的。"——何况这孩子还有着罕见的诗人天赋，这在他音乐般的声调、动作、眼神、脸部表情中都可感受到，同时也能感受到生物学家所称的"一个模子印出来似的遗传基因"有多强大。

道格拉斯于次日或是两天之后出发前往卜利达，要去那里将一个年轻的"咖瓦弟"[1]一起带到比斯克拉去，因为他听了我对这个绿洲的描述，感到非常向往。但是想带个阿拉伯人远走，并不如他想象的那么简单，必须先得到他父母亲同意，到阿拉伯有关部门和警察局签字，这

---

[1] "咖瓦弟"（caouadji）是北非小咖啡馆里伺候客人的男孩。

足以让他在卜利达耽搁好几天。这几天里，王尔德觉得比较自由，能和我谈一些心里话，这是之前没有过的。我已经把我们之间最重要的谈话记录到别的书里了，我描绘他过度的自信、他粗哑的笑声、他欢乐时的狂热，我也曾说过，有时在这一切过度里，人们能窥见他日渐增加的忧虑。他的一些朋友认为他那时根本没料到，数天后回伦敦等待他的是什么，他们说王尔德一直到官司最后反转之前都信心满满、无可撼动。就这一点，我倒不这么认为，这不仅仅是我的个人感觉，而且是王尔德亲口说的话（我在这里绝对忠实地记录下来）证明他当时并不十分清楚状况，只是等待着某个悲剧性的结局，他既害怕这悲剧，却又几乎渴望它的到来。

"我已经顺着我的心意走了太久，"他跟我说过好几次，"已经不能继续走了。现在，该是发生些什么的时候了。"

王尔德对皮埃尔·路易特别有好感，因此对绝交之事非常在意。他问我后来是否见过路易，坚持想知道路易是否跟我说过和他绝交的事，我就把上面路易跟我说的话告诉了他。

"他真的是这样说的吗？"王尔德大叫，"您确定没有弄错吗？"

我确认了这句话，并说这句话也让我感到难过，他沉默了片刻，说：

"您一定也发现了吧，最令人厌恶的谎言其实是最接近现实的。但是路易当然无意说谎，他不知道自己说谎，只不过他根本没听懂我那天说的那句话。不，我不要相信他说谎，而要相信他听错了，完全听错了我那句话里的意思。您想知道我跟他说的是什么吗？在旅馆房间里，他开始用一些可怕的话来指责我，我不想为我的所作所为做任何解释，回答他说我不认为他有权利评判我，如果他宁愿相信其他人对我的评论，我也无所谓。路易跟我说，既然如此，他就只有离开我一途。我悲伤地看着他，因为我很喜欢他，正因如此，而且仅仅因为如此，他的指责让我分外难受。我感觉我们之间一切都结束了，就跟他说：'永别了，皮埃尔·路易。我想要一个朋友，却只能有情人。'说完这句他就走了，而我再也不想见到他了。"

同一天晚上，他还跟我解释他把自己的天赋都投入生活里了，投入作品中的只有才华。我把他这句发人深省的话记下来，后来也常引用。

另一天晚上，道格拉斯刚离开那里前往卜利达，王尔德问我想不想陪他去一家摩尔人的咖啡馆，有音乐演奏。我同意了，晚餐后到旅馆找他。咖啡馆并不太远，但王尔德走路有点困难，我们叫了一辆马车，载我们到甘必大大道上第四个餐厅露天座旁的蒙庞西耶街，王尔德请司机在那里等我们。原本坐在司机旁边的向导，带着我们走进一片车子进不来的迷宫，一直走到那家咖啡馆，它位于右手边第一条小巷，和大道上的台阶平行，因此可看出它十分陡峭。我们一边走，王尔德一边低声向我发表选择向导的理论，他说外表愈丑陋就愈代表是

好向导，若我们在卜利达的那个向导没带我们
找到好玩的地方，是因为他不够丑，今晚的这个，
则丑得吓人。

　　咖啡馆一点都不显眼，门面和旁边其他的
门一模一样，门半开着，我们不必敲门。王尔
德是这里的常客，这咖啡馆我已在《阿敏塔斯》
一书中描述过，因为后来我自己也常去。几个
阿拉伯老人盘着腿坐在席子上抽大麻烟，我们
坐到他们旁边时，完全无动于衷。刚开始我不
明白这咖啡馆有什么吸引王尔德的地方，但不
久之后，我看见一个还算年轻的"咖瓦弟"在阴
暗处蓄满灰烬的炉灶旁，帮我们煮两杯薄荷茶，
王尔德喜欢茶胜过咖啡。我在这奇异之地的麻
醉下半昏半沉，这时，半开的门边出现了一个
俊美的少年，他高支着手肘倚着门框站了一会
儿，身后的夜色使他的轮廓清楚浮现。他似乎
不确定该不该进来，正当我担心他会不会就这
样走了的时候，他以微笑回应王尔德对他做的
手势，走过来坐在我们对面一张凳子上，比我

们盘坐的铺席子的地板低一点。他从突尼斯风格的背心里掏出一根芦苇笛,开始灵巧地吹着。王尔德稍后告诉我,他叫穆罕默德,是"属于波西的";他刚才不知该不该进来,是因为他没看到阿尔弗雷德勋爵。他黑色的大眼睛流露出大麻烟遗留的慵懒,肤色如黑橄榄,我喜爱他按在笛子上修长的手指,他那孩子般纤细的身材,灯笼裤下露出的修长优雅的腿,一只腿弯曲着搭在另一只的膝盖上。煮咖啡的那个男孩走过来坐在他旁边,用阿拉伯鼓给他伴奏。笛子的声音如同清澈恒常的溪流,在寂静中流淌,让人忘却时空,忘却自己是谁,忘却一切烦忧。我们就这样一动不动,似乎过了一段永无止境的时光。我想这样继续待下去,但王尔德突然拉起我的手臂,打断了这美妙的时刻。

"跟我来。"他说。

我们走出咖啡馆,在小巷子里走了几步,后面跟着那丑陋的向导,我以为今晚大概就到此结束了,但在第一个转弯处,王尔德停下来,

把他的大手放在我肩膀上，弯下身来——他比
我高很多。他低声说：

"亲爱的，你想要那个乐师吗？"

噢！那条小巷多么昏暗啊！我还以为自己
的心脏会停止跳动，我是花了多大的勇气才能
用嘶哑的声音回答出"想"！

王尔德立刻转向向导，后者走上来，王尔
德在他耳边低声说了几句话，我一个字也没听
到。向导走开，我们走回停车的地方。

我们一坐上车，王尔德就开始笑，哈哈大
笑，胜利而非快乐的笑，停不下来的、无法控
制的、轻狂的笑；他看我被这笑声弄得愈是尴
尬，就笑得愈厉害。我必须说明，王尔德虽然
开始在我面前显露真正的他，却还完全不了解
真正的我。我谨慎小心，无论是在谈话还是举
止中，不让他有任何怀疑。他刚才的提议十分
莽撞，让他觉得有那么好笑的，是我立刻就接
受了。他开心得像个孩子，像个魔鬼。放荡的
人最大的乐趣，就是把别人拉入放荡。无疑地，

自从我在苏塞的经历之后，魔鬼已不能在我身上获得更大的胜利，但王尔德不知道这件事情，也不知道我早已被魔鬼征服。或者这么说也行（我春风得意、头抬得高高的，说被征服可适当？）：我在想象中、在思想上，早已打败了自己的一切犹豫。老实说，连我自己都不知道这一点，我想，是在回答他"想"的那一刻，才突然意识到。

王尔德不时中断笑声，并向我道歉："请原谅我这样笑，但我实在没办法，忍不住。"说完又继续笑得更大声。

车子停在一个剧院广场上，我们将车子打发走，步行到旁边一间咖啡馆门口时，他还在笑。

"现在时间还太早。"王尔德跟我说。我不敢问他和向导约定了什么，也不知那个乐师在哪里，如何、何时会来见我，甚至我怀疑他的提议没有下文，我不敢多问，怕泄露自己的欲望如此强烈。

我们在这家粗鄙的咖啡馆只待了一会儿，我想王尔德之所以没立刻前往之后我们要去的绿洲旅馆里的小酒吧，是因为那里大家都认识他，他不想让人家知道他和摩尔人咖啡馆有任何关联，因此故意在这里停留，更拉开一点外表与秘密之间的距离。

王尔德让我喝了一杯鸡尾酒，他自己则喝了好几杯。我们差不多等了半个钟头，多么漫长啊！王尔德还在笑，但已不是像先前那样痉挛般的笑，我们有一搭没一搭地说些不重要的话。我终于看他掏出手表。

"是时候了。"他站起身。

我们朝一个比较平民化的街区走去，下方是那个我忘了名字的大清真寺，从清真寺前面绕过，再往下走到港口，这里应该是从前全城最美的街区之一，现在却变成最丑的。王尔德走在我前面，进了一栋两边都有入口的房子，我们刚走进去，眼前就出现两个体形壮硕的警察，从另一个入口进来，我吓死了。王尔德看到我害怕，觉得很好玩。

"噢！亲爱的，不必担心，正好相反，这证明这家旅馆很安全，他们是来这里保护外国人的。我认识他们，是两个很好的孩子，而且很喜欢我的香烟。他们很清楚状况。"

我们让警察走在前面，我们在三楼停下，他们继续往上。王尔德从口袋里掏出一把钥匙，让我走进一间有两个房间的公寓，过了一会儿，那个丑陋的向导就来了，后面跟着那两个年轻人，各自裹在遮住了脸的长袍里。向导随之离开了。

自从那次之后，每次我追逐快乐之时，都是在追逐那一夜的回忆。自从苏塞那次经验之后，我又重新坠入可悲的堕落的恶习之中，就算偶尔能得到一些愉悦，也都是偷偷摸摸、蜻蜓点水。然而，有一个晚上，我享受到甜美，那是在科莫湖上一个小舟中和年轻船夫（那是在我去拉布雷维讷之前不久），我的狂喜被月光和湖水氤氲，被岸边的暗香笼罩。那一次之后，就什么都没有了，只有一片恐怖的荒芜沙漠，回荡着没有应答的呼唤、没有目标的冲动、筋疲力尽的梦魇、虚幻的欢愉、可悲的失望。前年夏天在拉罗克，我还以为自己会疯掉，我在那里的时间，几乎都关在房间里试图写作，但根本是徒劳（我那时正在写《乌连之旅》），我像着了魔、失了心，期望就算借最极端的逃避方式，只要让我能看见一线曙光就好。我想耗尽心里的魔鬼（我知道他要我做的是什么），被耗尽的却是我自己，我神经质地折磨自己，直到精疲力竭，直到只剩下愚蠢，只剩下疯狂。

啊！我走出了多么恐怖的地狱！而且没有一个朋友可以诉说，没有一个人可以给我忠告。我相信没有任何妥协的可能，又不想做任何让步，只能陷入地狱……但是，我为什么提起那段阴惨的日子呢？因为那段日子的回忆能解释那一夜我的狂野吗？我尝试借着玛丽亚姆让自己"正常化"，但这个努力并无结果，因为那完全不符合我，现在我终于找到我的"正常"了。

在这里，没有束缚和疑虑，在我留存的回忆中，没有任何灰暗。我的欢愉如此巨大，我想若有爱情混杂其中，欢愉就不可能如此满溢。这里何来爱情的问题呢？我怎么可能任肉欲左右我的心呢？我的欢愉和内心想法毫无关联，也不会引来任何懊悔。然而，我赤裸的怀里拥着那野兽般炙热、放荡、黝黑的身躯时所体验到的感觉，又该用什么字眼形容呢？

穆罕默德离开后的很长一段时间里，我还处在战栗的酣畅之中，尽管在他身上已领受数次欢愉，我仍旧多次回味那狂喜，在回到旅馆房间后将这余味的回忆延续至次日早上。

我知道这里的某些细节会引起人们耻笑，我如果删掉、修饰，让它们比较合乎常理，其实轻而易举。但我追求的不是常理，而是事实。事实不正是在其不合乎常理时才值得说出来吗？否则我何必说呢？

我只是竭尽全力，加上我刚读完薄伽丘的

《夜莺》[1]，所以并不觉得有什么可惊讶的地方。让我感到奇怪的首先是穆罕默德的惊讶，在他看来我显得如此过度。随后而来的，才是我真正觉得奇异的地方：尽管我如此陶醉又筋疲力尽，只有被筋疲力尽推到更极致时，我才能停止、休息。后来我经常体验到，无论理智和谨慎如何规劝我，强迫自己适可而止，都只是徒劳，因为每一次试着节制，在接下来独处的时候，就必须工作到筋疲力尽的状态，否则完全不能歇息，花的力气一点都没少。总之我并不想解释什么，我知道，在我告别生命时，对我肉体功能的运转也依旧知之甚少。

当晨曦初露之时，我就起床了。我跑，是的，真的奔跑，穿着凉鞋，一直跑到穆斯塔法区，甚至更远，丝毫未因前一夜而感到疲倦，反而觉得轻盈，一种灵魂和肉体的轻盈，一整天伴

---

[1] 薄伽丘《十日谈》中的一章，借房间里一只夜莺的歌声讲述了一段禁忌之恋。

随着我。

两年之后我和穆罕默德再次相见，他的脸没什么改变，看起来几乎和以前一样年轻，体态保持着原来的优美，但眼神已无以前那种颓废，我觉得那眼神里有冷硬、忧虑和堕落的意味。

他还是很吸引人，怎么说呢，甚至比以前更吸引人，但看起来不像以前那么放荡无耻。

达尼埃·B 和我在一起。穆罕默德把我们带到一间破烂旅馆的五楼，一楼有个小酒吧，水手们在里面干杯。老板要我们留下名字，我在登记簿上写下：塞萨尔·布洛克。达尼埃叫了啤酒和柠檬汽水。"为了装样子。"他说。我们走进房间，唯一的光亮源于我们为了上楼端着的那个烛台。侍者把饮料瓶和杯子拿上来，放在桌子上的烛台旁边。房间里只有两张椅子，达尼埃和我坐在椅子上，穆罕默德坐在我们中间的桌子上，他掀开阿拉伯白罩袍（他现在不穿突尼斯传统服装了），把双腿分别朝我们伸出。

"一人一只腿。"他笑着对我们说。

我坐在喝了一半的杯子旁，达尼埃一把抱住穆罕默德，带到房间深处的床上。他把他仰着放在床沿上，和床成十字交叉，很快，我只看到两条细细的腿垂在达尼埃身体两侧。达尼埃连大衣都没脱掉，显得非常高大，脸朝着床，我只看得到他的后背，光线昏暗，他的脸被卷曲的黑色长发遮住，在及地的大衣里，达尼埃显得巨大无比，趴在那个被他整个盖住的纤细身躯上，好像一个巨大的吸血鬼扑在一具尸体上。我几乎惊恐地大叫出来……

要了解其他人的爱、他们实践爱情的方式，向来很困难。甚至动物之间也是（我应该把这个"甚至"用在人类身上才对），我们可以因羡慕小鸟的歌唱、飞翔而写下这样的诗句：

啊！看那小鱼在自己天地里

多么怡然优游！[1]

甚至当一只狗吞食一根骨头时，我都同意是自然的兽性。但是每个物种获得欲望欢愉的行为都不一样，这是最令人困惑的。就算古尔蒙先生[2]在这一点上发现人与动物之间的行为类似，我还是认为这种类似只发生在单纯肉欲的范围里。但是在古尔蒙先生所称的"爱情实践"上，人与动物之间的差异却是最明显的，不仅仅是人与动物，人与人之间的差异通常也很大。倘若我们能看见邻人的爱情实践行为，一定会让我们觉得跟两栖类动物或是昆虫的交配同样怪异、同样粗鄙，甚至，怎么说呢，可以说同样恐怖。又何必举这么远的例子？就说像狗或

---

[1] 原文为德语，出自 18 世纪德国诗人舒巴特（Schubart）的诗作《鳟鱼》，他因政治原因被捕，在狱中创作了这首诗，舒伯特也曾为其谱曲。

[2] 雷米·德·古尔蒙（Rémy de Gourmont），法国象征主义文学的重要人物，以诗歌、散文、小说、文学批评闻名。

猫一样就行了。

无疑，正因如此，在这一点上人类才会有如此巨大的相互不理解，如此激烈的争议。

对我来说，我只能理解单独的、相互的、不带暴力的欢愉，而且像惠特曼一样，最微妙的接触往往就能让我满足。令我感到惊骇的，不仅是达尼埃的行为，还有穆罕默德如此愉快地参与其中。

那个可资纪念的夜晚过后没多久，王尔德和我就前往阿尔及尔，他因波西的父亲昆斯伯里侯爵提出的控诉被召回英国处理，我则是想赶在波西之前到比斯克拉。波西决定把阿里，也就是他爱上的那个卜利达的阿拉伯年轻人，带到比斯克拉，他寄给我一封信告诉我他要回来了，希望我等他，然后和他们两个一起去比斯克拉。要他在两天的旅途里单独和阿里在一起，会无聊至死，因为他发现阿里所知道的法文、英文和他自己知道的阿拉伯文不相上下。我的

个性很糟糕，这封信反而令我尽快启程，或许
是因为我不喜欢为这件事帮忙，为一个自以为
一切都是应得的人作嫁衣，又或许是我内心沉
睡的道德感认为把玫瑰上的刺拔掉并不合宜，
更或许我就是单纯没那个心情，反正我出发了。
但是，在塞提夫半途停留过夜时，我收到他的
一封紧急电报。

　　我经常以一种过度的热心面对搅乱我人生
路途的事，这是我的个性，我并不试着解释它，
因为连我自己都不明白……总之，我中断旅程，
在塞提夫等道格拉斯，怀着和前一天急着躲开
他一样的真性情。我感觉阿尔及尔到塞提夫的
路程长得可怕，但这等待更是漫长，真是永无
尽头的一天！接下来还有一天呢，怎么办？还
要一天行程才到得了比斯克拉，我边想边攀上
这个丑陋的殖民军事小城呆板规则的街道，我
想除非为了业务不得不来，或是士兵规定要驻
扎在这里，应该不会有其他人来吧。我在这里
看到的几个阿拉伯人样子也不得体，衣衫褴褛。

我急着想认识阿里。我本想着他应该是和穆罕默德差不多的咖啡店小工，但是眼见从火车下来的是个年轻的少爷，穿着华丽的衣服，束着丝质腰带，缠着金色头巾。他的一举一动多么有派头，眼光多么有傲气！旅馆仆役弯腰鞠躬时，他落下的微笑多么高高在上！昨日还身份低微的他，很快就明白自己要走在前头、第一个入座……道格拉斯找到一个主子，尽管他也衣着华丽，看起来却像听令的奴才，等着他那阔绰的仆人发号施令。所有的阿拉伯人，不管多贫穷，身体里都埋藏着一个阿拉丁，等着跳出来，只要命运轻轻一触，他立刻可以成为国王。

阿里确实很俊美，肤色白、额头纯净、下巴形状优美、脸颊丰润、一双妖姬般的眼，但是他的美不能打动我。他的鼻翼尖得冷酷，太过完美的眉毛弧线中透着冷漠，撇嘴时嘴角间流露出不屑的残酷，这打消了我所有的欲念。最让我退避三舍的是他身上的女性化特征，这或许正是吸引其他人的地方。我之所以说这些，也是让大家知道，我虽还和他相处了一段不短的时间，却从未心荡神驰，甚至相反。我经常看到道格拉斯一脸如获珍宝的模样，不但不让我羡慕，反而让我更谨守言行直到他离开，这心态甚至贯穿了我待在比斯克拉的全部时间。

前一年租给我们红衣主教套房的绿洲旅馆已经不营业了，但是皇家旅馆正好开张不久，我们在那里租了住处，就舒适和方便性来说，这里和绿洲旅馆不相上下。我们租了旅馆底楼的三个房间，其中两间是相通的，位于走廊尽头，可以通到外面。我们持有走廊的门钥匙，因为这道走廊只有我们使用，如此一来，我们就可以不通过旅馆，直接从外面进入房间，但我通常都是从我房间的窗户进出。我的房间里摆了一架钢琴，与道格拉斯和阿里各自的两个房间隔着一道走廊。我的房间和道格拉斯的房间朝着新建的赌场，中间隔着一片很大的空地，去年来我们露台玩耍的阿拉伯孩子，不上学的时候，现在都来这空地上玩。

我说过阿里不懂法文，因此我推荐阿特曼来当道格拉斯和他之间的翻译，阿特曼一知道我要来，便抛下本来的工作，想要跟着我，但我不知要雇用他做什么。之后想想，我应该责怪自己胆敢提议阿特曼来做这个工作，但是对一个阿拉伯人来说，道格拉斯和阿里之间的关系没有任何特别让人讶异的地方，而且那时我和阿特曼之间并没有多深厚的友谊，他是后来才渐渐赢得我深切的情谊的。我一讲出这个提议，他立刻匆匆接受了，我很快就明白，他接受这工作是因为可以多待在我身旁。这可怜的孩子，当他知道我决定一概不和道格拉斯出门散步时，苦着一张脸，因为这样他能看到我的时间就很少了。道格拉斯和阿里每天出门都带着他，一起开车去不太远的舍特马、特罗、西迪奥克巴那些绿洲玩，从旅馆的露台上，可以看到那些绿洲如墨绿色的玉石镶嵌在一片红色沙漠上。道格拉斯一直坚持要拉我一起去，但白费唇舌，我丝毫不同情他和两个随从在一起的枯燥乏味，我认为那是他找乐子要受的惩罚。"这是你自找的！"我想借着假装的严厉武装自己，不让自己轻易再次陷落。我的惩罚呢，则是埋首于工作，并且觉得自己做了补救，甚为自豪。现在，岁月让我变得乖顺，我惊讶于自己对那些已不再信奉的陈旧教条还存着这么多顾忌，然而我的道德思想还是依顺着它。若真要说我何以不由自主地反抗自己的身体，我必须承认，只能说是出于一种厌恶和恶意吧。我不喜欢波西，或说得更准确一点，他让我感兴趣远胜于喜欢；虽然他和善、体贴，或许甚至就因为他的和善体贴，我才更加警惕。和他谈话一下子就让我厌烦，然而如果和一个英国人，或只是一个比我稍微懂英国事物的法国人聊天，谈话一定多姿多彩。但是和道格拉斯在一起，寒暄话说完之后，他就会不停地、讨人厌地谈回那些令我最困窘、最不想谈的话题，而且正是因为他彻头彻尾毫无困窘的态度，更增加了我的困窘。无止境的用餐时间里在旅馆客桌上遇到他就够受了。他突然喊"我绝对得喝杯香槟才行"的样子多么迷人又淘气，我为什么老是阴沉沉地拒绝他递给我的那杯香槟呢？有时，下午茶时间还会遇到他和阿特曼、阿里在一起，又听到他已重复十遍的那句话（乐趣不在这句话，而是在重复）——"阿特曼，告诉阿里，他的眼睛像羚羊一样温柔。"他日复一日将无聊的底线再往后推一点。

这田园牧歌般的美好时光骤然结束。虽然波西知道阿里和一个来自温泉的年轻牧羊人暗通款曲时，兴致盎然地想看好戏，但当他知道阿里也对奥拉德奈勒女人——尤其是玛丽亚姆——感兴趣时，立刻暴怒起来。他无法忍受阿里和玛丽亚姆上床这个念头，更怀疑是不是已经发生了（我则是确定已经发生了），他愤怒地要求阿里坦白、忏悔，发誓他若不守承诺，就立刻将他解雇。我觉得道格拉斯与其说是嫉妒，不如说是气恼。"男孩子可以，"他抗议说，

"他和多少男孩子鬼混都可以，我任他自由，但是我无法忍受他和女人在一起。"其实我不认为阿里真的渴望玛丽亚姆的肉体，他这样做是为了表现自尊心，认为这样可以打破他性无能的谣言，我想他只是喜欢装装样子，模仿长辈。阿里摆出屈从的样子，但是道格拉斯对他已失去信任。有一天，他疑心病发作，翻阿里的行李，在衣服底下发现一张玛丽亚姆的照片，立刻撕得粉碎……真是一场悲剧，阿里后来被马鞭狂抽了一顿，惨叫声惊动旅馆里上上下下所有住客。我听到众人嘈杂的声音，但关在房里没出去，觉得不要插手干涉比较妥当。晚餐时道格拉斯出现了，脸色苍白、眼神冷峻，宣布阿里将搭下一班火车回卜利达去，也就是次晨第一班。他自己两天后也离开了比斯克拉。

就在那时，我意识到，眼前的消极景象给了我多大的动力去工作。现在我已无须拼命婉拒他驱车出游的邀请，因此反而每天都出门去。我经常是一大早长途跋涉穿越沙漠，时而顺着干涸的河床前行，时而爬上巨大的沙丘，在那里等着落日。我被无垠的奇异与孤独所迷醉，我的心比一只小鸟还轻盈。

阿特曼结束一天的工作后，晚上就来找我。道格拉斯和阿里走后，他又重拾向导的工作，以他柔软的身段，这无趣的工作最适合不过。他的本性天真，可以不经思考又毫无羞耻地带外国客人到奥拉德奈勒女人那里，就像他之前把道格拉斯的甜言蜜语翻译给阿里听一样。他向我叙述每天的工作，而随着对他的友谊加深，我愈来愈厌恶他这份殷勤讨好的勾当。然而他对我的信赖日深，告诉我的事也愈来愈多。

有一天晚上，他兴高采烈地来了。

"啊！今天过得真好！"他嚷着。他跟我解释今天赚了三十法郎，带一个英国客人到一个奥拉德奈勒女人那里，赚了她十块介绍费，中间虚报价钱多收了十块差价，英国人又给了十块酬谢。我生气了。我可以忍受他拉皮条的勾当，但是不诚实，我绝对不能接受。他惊讶我发脾气，刚开始以为是我心情不好。我从他身上得到的唯一反应，是他后悔自己太诚实，把所有都说给我听。于是我想到一个主意，诉诸我认为每个阿拉伯人内心都怀有的高尚情操，他似乎懂了。

"好吧，"他咕哝着说，"我把钱拿去还了。"

"我不是在要求你这么做，"我回嘴说，"只不过，如果你要当我的朋友，以后不要再做这种可耻的勾当了。"

"那么，"他微笑了起来，我又重新找回我喜爱的乖顺孩子了，"我最好以后都不要带外国人去找女人，这钱太好赚了。"

"你知道，"我为了鼓励他，继续说，"我这样要求你，是希望你将来在巴黎遇到我那些朋友的时候，不显得丢脸。"

带着阿特曼回巴黎的念头正在我心里慢慢滋长，我开始在写给母亲的信里提及，起先只是试探，之后愈来愈坚定，而她的反对也愈来愈强硬。没错，我素来喜欢反抗母亲的训诫，但是我也必须说，她有点太滥用训诫了。她在信里最常写的是一连串的告诫，有时告诫不算直接，用一种友善的公式美化："我不是要劝告你，只是提醒你注意……"但这种句子是最让我气恼的，我知道所谓的"注意"若没产生效果的话，母亲会再三重复，因为我们两个都不让步。为这件事，我试图说服她，如同我最终也说服了自己一样，说事关道德拯救，唯有把阿特曼带到巴黎才能救他，而我就像领养了阿特曼一样，对他有责任……母亲已经因我前几封激昂的信感到担忧，认为孤独和沙漠让我的脑袋出了问题。我的下一封信更让她恐慌到极点，信中我告诉她，我已用祖母留给我的一小笔钱，在比斯克拉买了一块地（我现在还保有那块地）。为了让这个突发的奇想看起来像深思熟虑过的智举，我这样归纳：倘若比斯克拉变成时髦的冬季旅游胜地而不再令我喜欢，那地价会"上涨"，到时卖了地的我会赚一笔钱；倘若比斯克拉继续维持原状，那就是这世上我最希望生活的地方，我会在那里盖栋房子，每年冬天过去住。我梦想在这房子的一楼开间摩尔人的咖啡馆，让阿特曼经营，我会邀所有的朋友来……这计划我没跟母亲提，光是其他的想法就足以让她判定我疯了。

母亲动用所有关系，向阿尔贝和她所有找得到的我的朋友求援。他们统一阵线来阻挠我，让我气急败坏。我收到多少各式内容的信！哀求、责备、威胁……我若是带阿特曼回法国，将会被大家当成笑话，我该怎么安置他？艾玛纽埃尔会怎么想？……然而我一直不为所动，直到我们的老玛丽那封措辞强烈的信，才让我不得不让步：她发誓我的"黑鬼"踏进家里的那一天，她就会离开我家。妈妈没了玛丽该怎么活呢？我让步了，不得不让步。

可怜的阿特曼！我不忍心一下推翻这日复一日以更多希望堆砌起来的梦想城堡。我很少放弃，若是遇到阻碍也顶多是延迟而已。这个美好的计划，表面上我屈服了，最后终究实践了，只不过是在四年之后。

阿特曼很清楚遭到困难，我刚开始没跟他说，他对我的坚强决心还有信心，但他察言观色，解读着我的沉默，观察到我阴沉的脸色。收到玛丽的信之后，我又等了两天，最后还是下决心告诉他这一切……

我们习惯每天晚上，在火车进站时分，走路到车站。现在他已经认识我所有的朋友——因为我不停地谈及他们，用他们来填补我的孤独。我们像小孩玩游戏，假装是去火车站接某个朋友。当然啦，那个朋友就在旅客里面，我们看着他下火车，奔到我怀里，大声说："啊！多么漫长的旅途！我还以为永远到不了呢，终于看到你啦！……"但是下车的人潮冷漠地走光了，留下阿特曼和我两个人，回程的路上两人因没接到想象中的人而觉得更亲近了。

我说过我的房间在一楼，打开门就通到外面。不远处是图古尔特路，一些阿拉伯人晚上回他们的村子都会经过这条路。晚上约九点钟时，我听见关着的护窗板上有轻轻的搔敲声——是萨迪克，阿特曼的哥哥，还有几个其他朋友。他们越窗进来，我准备了浓缩果汁和一些零食，大家蹲坐着围成一圈，听萨迪克吹笛子。这种如同处于时光之外的感受，是我在其他地方都不曾经历过的。

萨迪克只会说几个法文单词，我只会说几个阿拉伯文单词，但即使我们说同一种语言，又能表达更多吗？他的眼神、手势所传达的已经足够，尤其他握住我手的温柔方式，我的右手放在他的右手里，两只右手交叉握着往前走，像两个沉默的影子。最后那个晚上，我们就这样散着步（啊！决定离开对我何其艰难！我感觉似乎要离开自己的年轻岁月一样）。萨迪克和我并肩走了很久，经过咖啡馆和奥拉德奈勒女人聚集的街时，我对安·巴尔卡、玛丽亚姆微笑，也带着笑望向那间摩尔人的咖啡馆，阿特曼说这里是我的小赌场，因为去年保罗陪着 D 医生的太太到新开不久的真正赌场时，我和贝希尔、穆罕默德、拉尔比跑来这家阴暗肮脏的小咖啡馆玩牌。然后我们离开了这条街，远离光亮和噪声，一直走到牲畜饮水的槽边，我经常坐在那水槽边……

因为不想立刻抛下一切，我提议阿特曼至少陪我到坎塔拉，在那儿盘桓两天。春天已经在棕榈树下重生，杏树开满了花，蜜蜂嗡嗡飞舞，溪水灌溉着大麦田，高大的棕榈树掩映着洁白的杏花，而杏花又遮住了嫩绿色的麦田，一整片清朗的景色。我们在这伊甸园度过了天堂般的两天，留下的只有快乐和纯净的回忆。第三天早上，我到阿特曼的房间跟他道别，但找不到他，只好没见最后一面就走了。我不懂他为什么不在。坐在飞逝的火车上，已经离开坎塔拉很远，我忽然在沙河边看见他那白色的长袍。他坐在岸边，脸埋在双手里，火车经过时他没有抬头，没做任何动作，甚至没看见我对他挥手。火车载着我渐行渐远，我久久地看着那一动不

动的小小身影，迷失在沙漠里，悲伤不已，正
如同我绝望的样子。

　　我回到阿尔及尔，在那里上船返回法国，
连着四五班船开走了，我都没上船，借口说海
上风浪太大，事实上，想到要离开这个国家，
我的心仿佛撕裂了。皮埃尔·路易大病初愈，
从他度过冬天的塞维利亚前来和我会合。我依
稀记得他如此盛情，等不及要见我，匆匆往前
赶了好几站，我在到达阿尔及尔之前的几站，
出乎意料地看到他出现在我这节车厢门口。可
惜啊！我们见面还不到一刻钟（这我记得太清
楚了），就吵起来了。我承认我也有错，而且从
我之前所叙述的，可看出那时的我不是很好相
处，性格或许不像今日这样柔韧。然而我知道
路易是唯一会和我这样吵架的人，但就我所知，
他也会这样和别人吵架。我们那次吵架没有确
切的起因，倘若之后他的信件要出版，可以从
中找到许多这样的例子。他不断要用他的意见
或玩笑来压过你的，但我又觉得他不希望对方

退让，至少不要太快退让，因为他要的不是自己有道理，而是要和对方较量——如果避免使用"斗争"这个词的话。他一天从早到晚都是这副好斗的个性，任何事都能拿来当作找碴儿的借口。你说想走在阳光下，他就立刻说喜欢阴凉的地方；你跟他说话，他就闭着嘴一声不吭，或是故意不停哼着小调挑衅。当大家想安静的时候，他偏哼得更大声。这一切都让我恼怒到不行。

他不断强拉我到妓院去。我这么说，可能会让人误会我百般拒绝不肯去，不是的，我已经下定决心什么都不拒绝，所以也没摆臭脸就跟着他到了"安达卢西亚的星辰"。这是一间咖啡舞厅，没有阿拉伯风情，也没有西班牙味道，俗艳得令我恶心。皮埃尔·路易一开始就宣称，他喜欢的正是这俗艳，因此，我的恶心里也包含了对他的，想把他和周遭一切都吐出来。但是我并没有显露出来，我邪恶地想把自己推到底，不知被何种乱七八糟的、混合且模糊的感觉差使，只除了欲望之外。我想再一次尝试去年和安·巴尔卡全盘失败的经历，或许这一次会好一点，但是在恶心之余，我心中还有恐惧。路易火上浇油，在我耳旁说我选的那个女人是"安达卢西亚的繁星中最美的一颗"，这听起来无疑代表她是最危险的一个，这也解释了为什么她没被选走，只有我这种白痴才会选她。的确，她身上残存的青春和优雅，使她有别于其他女人，这应该让我有所警觉，还有当我选她的时候，其他女人发出的笑声，这些我都没有注意到。我激动地抗议，说他应该在还来得及的时候就警告我，他却反驳说，我应该很快会感受到症状的那个病，其实没什么大不了，再说那是寻欢必须付出的代价，想要逃过这个，就如同想逃避普遍法则一样。之后，为了让我放心，他举了一大堆伟大人物的名字，毫无疑问，这些人超过四分之三的天赋都来自梅毒。

　　现在回想我当时的脸色，这个警钟其实还挺好笑的，尤其我现在知道真的没什么可怕的，但当时我可一点都不觉得好笑。除了恶心和恐惧之外，我很快对路易滋生了一股狂怒。很确定了，我们无法再忍受彼此了。这一次重拾友谊的企图，我想是最后一次了。

皮埃尔·路易离开之后，我又在阿尔及尔待了几天，这几天是我最想重温的日子。我对任何具体的事物都没留下记忆，只记得一种奇特的热忱、快乐、狂乱，它在黎明时分就将我唤醒，将每时每刻凝固为永恒，让靠近我的心的一切变得透明晶亮，好似会挥发一般。

母亲非常担心我那个时期写给她的信，她认为我信中的激动一定来自某个对象，所以想象我恋爱了，有了私情纠葛，她还不敢明说，但我看得很清楚她信中充满暗示和影射。她哀求我回家，以便"断绝关系"。

若是她知道事实的话，一定会更为惊恐。因为断绝关系比逃避自我简单，而就算能成功地逃避自我，首先也得想要这么做。然而我不会在开始发现、正要发现自己心中新律法的这个时刻想逃避放弃。因为我不仅仅满足于从戒律中解放，我更想为我的疯狂辩护，为我的狂热辩护。

　　上面这几句话，会给大家造成一个印象，以为我在这一点上已不在乎别人的谴责，其实这几句话反而是针对人们可能的反对而做出的预防和回答，也让大家知道，连我自己都已经反对它。我不认为有哪一种看待道德和宗教问题的方式，或面对这些问题时的行为方式，是我在生命的某个时刻不曾体验并据为己有的。事实上，我希望将所有的分歧加以调和，通过包容一切，将酒神狄俄尼索斯与太阳神阿波罗之间的争斗，交由基督来裁决。在沙漠中，我对神的崇敬是如何推着我，让我往前寻求渴望，我又是如何、借着何种激昂的爱重新面对耶稣的教义。然而，现在还不是谈这个的时候，也先不谈当我以新的眼光读福音书时，汲取了什么启示，在教义里看见灵魂与大地骤然大放光明。我既遗憾也气愤教会对福音书中神圣教导所做的解释，透过那些解释，我几乎认不出它的面目了。我不断告诉自己，我们这西方世界之所以日渐灭亡，就是不知如何正确解读或不愿正确解读它；这成了我深切的信念，而揭发这个错误是我的责任。因此我计划写一本书，书名准备叫作《敌基督的基督教》。我已经写了很多页，若是时局比较平静，也无须顾虑书的出版可能会使几位朋友伤心，更不用担心其可能会严重损及我的思想自由的话（这是我认为最严重的后果），这本书无疑早就出版了。

这些严肃的问题很快就让我反复思量、心神不宁，但它们真正占据我全部心思，则是后来的事。就算我那时还不能清楚地阐述这些问题，它们也已经在我脑中，让我克制自己不陷入轻易取得的享乐主义的安逸纵容之中。现在先不说这个了。

我最终屈服于母亲的央求，在她前往拉罗克的两个星期前回到巴黎。我七月时也会去拉罗克和她会合，但那时再看到她，已是她临终之际。我们共度的那最后几天（我说的是在巴黎的时候）是一段轻松的休战期，再回忆起这几天，能带给我不少安慰。我若用"休战"这两个字，是因为我们之间不可能有长存的和平，就算两方同意存在误解而彼此妥协休息一阵，也只是暂时的。尽管如此，我不认为母亲是错的，她在扮演母亲的角色，虽然她折磨我最多。老实说，我觉得每一个意识到自己责任的母亲，都会想让孩子服从，而孩子却又很自然地不服从。我认为本来就应该是这样的，所以当我看到身旁几个父母亲和孩子和谐相处的例子时——例如保罗·洛朗斯和他母亲——我惊讶不已。

帕斯卡尔不就这么说过，我们从来爱的不是某些人，而是他们的优秀品质？我想母亲也正是如此。或者说，她爱的其实不是那些人拥有的优秀品质，而是她希望看到他们能培养出的优秀品质。至少，我试着用上面这句话来解释她为什么不断为别人努力奉献，尤其是为我。

而我已经对此厌倦到极点，到最后，绝望或许已经摧毁了我对她所有的爱。她爱我的方式有时让我恨她，让我恼怒不已。你们若被我这句话震惊，请想象一下，当关心变成不断的监视，变成永无止境永不放弃的忠告，针对你的行为、思想、开销、选择的布料、看的书、书名的选择……她不喜欢《地粮》这个书名，在尚未付梓还能改名之前，她是多么不知疲倦地一说再说。

至于可厌的金钱问题，好几个月以来，又增加了我们关系中新的争执的缘由：妈妈每个月给我她认为足够的生活费，我记得没错的话是三百法郎，通常三分之二我都花在买唱片和书籍上。她认为让我自由支配父亲留给我的钱（我也不知道有多少）绝非明智之举。而且她瞒着我，不让我知道其实成年之后我就有权支配这笔钱了。请大家不要误会，她这么做绝不是出于私人利益，只是想保护我，将我置于她的监护权下，最让我气急败坏的是，她是依照她认为的合宜、适度（在各种情况下都如此，尤其针对我）的标准来评判我的生活所需，衡量我能使用的钱。当我知道自己继承的财产数目时，她拿出账目给我看，有凭有据，完全合理，就像人们说的"数字的雄辩"：母亲每给我一笔钱都必须加以辩护，总是要证明她每个月发给我的生活费等同甚至超过我财产的获利，换另一种方式我绝对占不到好处——家里共同的支出也从账上扣去。而我觉得能够和解的方式就是反过来，只要我和她住在一起时，由我付给她食宿费。用这个方式，我们的争吵才平息了。

我刚才说过了，经过一段长时间的分离之后，那两个星期的相处毫无阴影。当然，我努力维持和平，就好像我们两个都有预感，这是我们一起度过的最后几天时光，妈妈也表现出我从未见过的随和。重逢的喜悦、发现我看起来比她从我信中想象出的样子要好，也无疑让她解除武装。我在她身上只感受到母亲的温暖，也乐于感受到自己是她的儿子。

我本以为再也不可能和她共同生活，但这

两个星期让我重拾希望，所以计划到拉罗克和她一起度过一整个夏天。她在我之前先去拉罗克，去把房子打开、清扫，艾玛纽埃尔也可能前去和我们相聚。因为，好像为了巩固我们的和谐似的，妈妈向我坦承，她最大的希望，就是看到我把她早已认定为儿媳妇的那个女人娶进门，或许她也觉得自己日渐衰弱，怕丢下我一个人吧。

我在去拉罗克和她相聚的途中，在我朋友住的圣农拉布勒泰谢停留了一阵子，在那里收到我们的老女仆玛丽的电报，速召我到拉罗克，母亲中风了。我急忙赶过去。当我看见她时，她躺在前几个夏季我拿来当工作室的那个大房间的床上，通常她到拉罗克只小住几天的话，不想把每个房间都打开清扫，只喜欢睡在这个房间里。我相信她认出了我，但似乎失去了对时间、地点、她自己以及周围人的清楚意识，因为她看到我来既没有显出惊讶，也没有露出高兴的样子。她的脸没有很大改变，但眼神涣散，脸部完全没有表情，好像她占据的肉体已不再属于她，不再受她掌控了。她这个样子如此怪异，让我觉得错愕甚于怜悯。枕头支撑着她半坐着，她的手露在床单外面，好像努力想在一本翻开的大簿子上记什么，还继续为这无法抑制的干涉、劝告、说服的需要而劳累。她似乎被内心的翻搅折磨着，手上的铅笔滑在白纸上，却没有留下一丝痕迹，这竭尽全力却徒劳的努力，让人看了心痛。我试着和她说话，但我的声音传不到她那儿；她试着说话，我又分辨不清她的话语。我希望她休息，把她面前的纸拿开，但她手上的铅笔继续在床单上写着。她的脸部线条终于松软，身体放松，手也不再写……我看着这双刚才绝望而徒劳地想写些什么的可怜的手，突然想象它们摆在钢琴琴键上，想到她之前曾不熟练地用它们来表达一点诗、音乐和美……想到这个，我心中涌起满满的尊敬，在床边跪下来，脸埋在床单中，压抑我的啜泣。

自己的伤痛不会让我流泪，不管心里多么

难受，脸上却是干的。总是有一半的我退后一步远观，看着另外一半，嘲笑地说："好了吧！你没那么不幸！"别人的伤痛却会引得我泪流满面，比我自己的伤痛更能真切体会。可最能引我流泪的，是所有与美、高尚、奉献、感恩、勇气有关的表现，或者是自然、纯真、孩子气的表现。同样，任何强烈的艺术情感都会立刻让我泪流满面。每次在美术馆或是音乐会上，我都会让旁边的人大为吃惊。我记得在佛罗伦萨的圣马可修道院里，我站在安吉利科[1]的大壁画前流泪，陪同我一起去的朋友格翁[2]也泪眼婆娑，使旁边两个年轻的英国女孩忍不住哈哈大笑。我承认，我们两个哭成一团的样子一定很

---

[1] 弗拉·安吉利科（Fra Angelico），意大利文艺复兴早期画家，多明我会修士。他只为教堂作画，且只画宗教题材的作品。当多明我会接管佛罗伦萨的圣马可修道院后，安吉利科和他的助手为其绘制了 50 幅壁画。

[2] 亨利·格翁（Henri Ghéon），法国剧作家、小说家、诗人，1887 年与纪德相识。两人关系亲密，共同参与创立了《新法兰西评论》。——编者注

滑稽。同样，有一阵子，我如此深入希腊罗马神话的世界，光是提起阿伽门农[1]这个名字，对这位"王中之王"的尊敬和钦佩就会拉开我秘密的泪水之闸。因此，并不是失去母亲让我灵魂翻搅伤痛（而且，真诚地说，我必须承认丧母并不令我伤痛，应该说我是看见母亲的痛苦而伤痛，而不是因为她辞世）。不是的，我哭泣的原因不是悲伤，而是对母亲那颗心的崇敬——

那颗心从未有过卑劣的想法，只为别人而活，不懈地为责任、为义务而跳动。这么做并非出于虔诚，而是天性使然，且带着如许的谦卑，母亲大可以像马莱伯[2]，甚至带着更多的真诚说：不论是在哪个祭坛上，我总是以卑微颤抖的手奉上如此渺小的献礼。我尤其崇敬的，是她不断努力的一生，努力一步一步接近她觉得

---

[1] 古希腊神话中的阿耳戈斯国王，特洛伊战争中希腊联军的统帅。

[2] 马莱伯（Malherbe），法国古典诗人，毕生追求诗歌语言的洗练和优雅。

好的、值得被爱的一切。

　　我一个人在那个大房间里，和她单独在一起，守候着死亡渐渐逼近的庄严步伐，听着那颗不肯放弃的心焦虑地跳动，那声音回荡在我心里。它还在坚强反抗呢！我曾见过其他人临终的样子，但没有一次让我觉得如此悲怆，或许之前那些人更令我觉得像是生命的完结，或是寿终正寝，也或许只是因为我没那么专心注意观察。妈妈确定不会醒来了，所以我也不急着把姨妈们叫来，只想一个人守着她。玛丽和我见证了她的最后一刻，当她的心脏停止跳动时，我感觉自己沉陷于一个充满爱的，悲伤的，却也自由的深渊。

　　那时我才发现，我的心灵如此容易因崇高壮丽而感到晕眩。我记得刚开始守丧期间，我活在一种道德的迷醉里，做出一些完全不经思考的举动，只要我觉得是高贵的举动，就立刻让我的理智和大脑都失去作用。我把母亲所有细软珠宝到处分送，给那些甚至几乎不认识她的远房亲戚，而这些她曾经拥有的小玩意，明明是我无价的纪念。我出于热情，出于满心的爱，甚至出于一种奇异的对匮乏的渴望，想抓住这个机会把我所有的财产散尽，连自己也想送出去。我内心的富足如此满溢，让我充满了某种醉人的自我献祭之感。仅仅是想到有所保留都让我感到羞耻，我只愿意听从于那些让我能够自我欣赏的事物。这种自由，正是母亲生前我所一再争取的，现在，它如同一阵狂放的海风吹来，几乎呛着了我，也吓着了我。我像一个突然被释放的囚徒，头昏目眩，像一只突然断了线的风筝，或是脱离了缆绳的小舟，随着风和浪东飘西荡。

除了对表姐的爱之外，我再也没有缚住自己的支柱了，娶她的决心是还能引导我生命的唯一方向。我当然爱她，而且这是我唯一确定的事，甚至我觉得我爱她胜过爱我自己。我跟她求婚的时候，为的是她，胜过为我自己，我尤其被一个广阔无垠的图景深深催眠：我想带着她到处闯，不顾有什么危险，因为我想没有什么是我的热情无法打败的。在我眼里，一切谨慎顾虑都只是懦弱，因为害怕而产生的懦弱。

我们最真诚的行为往往是最没经过深思熟虑的，事后再找寻解释也是徒然。某种宿命引导着我，或许也是我想反抗自己本性的一个挑战，因为，我爱艾玛纽埃尔，不就是爱美德和良善吗？将与我那永不满足的地狱相结合的，是崇高的天空，但是这地狱，我此刻已将它清除，是我守丧的泪水浇熄了地狱之火。我被纯净的蓝天眩惑了眼睛，不愿看到的事物就像不再存在于我生命之中。我相信自己可以把整个自我交给她，毫无保留。不久之后，我们订婚了。

附 录
Appendice

安娜·沙克尔顿，1860 年
Eugène Renouard, *Anna Shackleton*, 1860

莫里斯的信

我这本回忆录的第一章在《新法兰西评论》刊登之后，对家族情形比我清楚的表哥莫里斯·德马雷对文章提出一些更正。我在此直接附上他的信，当作勘误表：

安娜·沙克尔顿搬到克罗斯纳街和罗贝蒂先生毫无关联，安娜是在一八五〇、五一，或是五二年住到克罗斯纳街的，而罗贝蒂先生在五九年才从南特搬到鲁昂。

（我在母亲的信件里找到了正确的时间点。）

你说沙克尔顿家的孩子急忙从苏格兰搬到欧洲大陆来，是因为经济问题。事实上，沙克尔顿先生是受罗克利夫先生征聘，到位于埃尔伯夫路上的铸造厂当工头的。在金属冶炼方面，英国比法国先进许多，譬如他们的铁路工程和制成金属。修建巴黎到勒阿弗尔的铁路工程促使很多英国人来到鲁昂。

另一个错误，而且是很大的错误：根据你的文章，我母亲是在安娜进我们家之后才结婚的，甚至是隔了很久以后。然而，我母亲一八四二年结婚，我一八四四年出生。一八四二年的时候，你母亲才九岁。你可以想见，在六〇年代，我父亲不太可能是你口中的"新姨父"：因此你说龙多小姐们和"她们的"家庭教师，是不正确的。

你对安娜·沙克尔顿的描述我都同意，我再加上一点，而我提到这一点，是因为我非常赞赏安娜将她受压抑的渴望、失去控制的温柔深藏在心里，并未张扬。这一点，是我随着年纪增长而更能体会的，当我想到她，总是伴随着悲伤以及对命运不公的愤慨。

最后一点。你只描写了安娜刚开始来家里的情形。那个时期，安娜小姐是半下人的身份。但你没有提到她在你所谓的阶级里慢慢往上爬的情形，以及她如何渐渐成为家里的一员，最后成为我母亲、你母亲、露西舅妈的密友。在你母亲结婚之前，大家已经用"那些小姐"来称呼她们，安娜也包括在其中。她们相和相契，已成为一体。

又注——你确定龙多·德·蒙布莱先生是于一七八九年时出任鲁昂市长，而不是更后来？

还有一个无关紧要的细节，你确定弗勒尔小姐的学校是在塞纳街，不是在沃日拉尔街，介于卢森堡街和女士街之间？